Novas formas de
ensinar em sala de aula

N936 Novas formas de ensinar em sala de aula : estratégias baseadas em evidências para melhorar o desempenho dos alunos / Bryan Goodwin... [et al.] ; tradução : Luís Fernando Marques Dorvillé ; revisão técnica : Fernando de Mello Trevisani. – 3. ed. – Porto Alegre : Penso, 2025.
x, 227 p. ; 23 cm.

ISBN 978-65-5976-053-4

1. Educação. 2. Didática. I. Goodwin, Bryan.

CDU 37

Catalogação na publicação: Karin Lorien Menoncin – CRB 10/2147

BRYAN GOODWIN
KRISTIN ROULEAU

CHERYL ABLA
KAREN BAPTISTE
TONIA GIBSON
MICHELE KIMBALL

Novas formas de ensinar em sala de aula

estratégias baseadas em evidências para melhorar o desempenho dos alunos

3ª EDIÇÃO

Tradução
Luís Fernando Marques Dorvillé

Revisão técnica
Fernando de Mello Trevisani
Matemático. Professor, consultor educacional e formador de professores em metodologias ativas e inteligência artificial. Mestre em uso de recursos digitais na educação pela Universidade Estadual Paulista (Unesp). Doutorando em Metodologias Ativas e Inteligência Artificial na Unesp.

Porto Alegre
2025

Obra originalmente publicada sob o título *The New Classroom Instruction that Works: The Best Research-Based Strategies for Increasing Student Achievement*, 3rd Edition
ISBN 9781416631613

Translated and published by GA EDUCAÇÃO LTDA., with permission from ASCD. This translated work is based on *The New Classroom Instruction That Works: The Best Research-Based Strategies for Increasing Student Achievement*, 3rd Edition by Goodwin, Bryan and Kristin Rouleau with Cheryl Abla, Karen Baptiste, et al.

© 2023 McRel. All Rights Reserved. ASCD is not affiliated with GA EDUCAÇÃO LTDA., or responsible for the quality of this translated work. GA EDUCAÇÃO is the successor to GRUPO A EDUCAÇÃO.

Colaboraram nesta edição:

Coordenadora editorial
Cláudia Bittencourt

Editor
Lucas Reis Gonçalves

Capa
Paola Manica | Brand&Book

Preparação de originais
Heloísa Stefan

Leitura final
Nathália Bergamaschi Glasenapp

Editoração
Ledur Serviços Editoriais Ltda.

Reservados todos os direitos de publicação, em língua portuguesa, ao
GA EDUCAÇÃO LTDA.
(Penso é um selo editorial do GA EDUCAÇÃO LTDA.)
Rua Ernesto Alves, 150 – Bairro Floresta
90220-190 – Porto Alegre – RS
Fone: (51) 3027-7000

SAC 0800 703 3444 – www.grupoa.com.br

É proibida a duplicação ou reprodução deste volume, no todo ou em parte, sob quaisquer formas ou por quaisquer meios (eletrônico, mecânico, gravação, fotocópia, distribuição na Web e outros), sem permissão expressa da Editora.

IMPRESSO NO BRASIL
PRINTED IN BRAZIL

Autores

Bryan Goodwin é presidente e CEO da McREL International, uma organização sem fins lucrativos de aprimoramento escolar que ajuda instituições de ensino em todo o mundo a aproveitar o poder da curiosidade dos alunos, a ciência da aprendizagem e as práticas de ensino baseadas em evidências para promover o sucesso de cada aluno. É autor de muitos livros que transformam a pesquisa em prática para educadores, incluindo *Building a Curious School: Restore the Joy That Brought You to School* (2020), *Learning That Sticks: A Brain-Based Model for K–12 Instructional Design and Delivery* (2020), *Unstuck: How Curiosity, Peer Coaching, and Teaming Can Change Schools* (2018), *Balanced Leadership for Powerful Learning: Tools for Achieving Success in Your School* (2015), *The 12 Touchstones of Good Teaching: A Checklist for Staying Focused Every Day* (2013), e *Simply Better: Doing What Matters Most to Change the Odds for Student Success* (2011). Também escreve uma coluna regular de pesquisa para a revista mensal *Educational Leadership,* da Association for Supervision and Curriculum Development (ASCD). Goodwin já compartilhou seus *insights* com plateias do mundo todo. Ex-professor e jornalista, é formado pela Baylor University e tem mestrado pela University of Virginia.

Kristin (Kris) Rouleau, EdD, é diretora executiva de serviços de aprendizagem e inovação da McREL International, trabalhando com escolas, distritos e secretarias estaduais de educação, tanto em nível nacional quanto internacional, enquanto passam por mudanças e implantam práticas e modelos para reduzir as diferenças e aumentar o desempenho dos alunos. Mediante consultoria, treinamento e facilitação da aprendizagem profissional, Rouleau fornece serviços, estratégias e assistência técnica para promover os esforços de mudança, com uma paixão especial por auxiliar equipes de professores, líderes de escolas e distritos e agências educacionais em sua jornada de aprimoramento contínuo. Também está comprometida em garantir um desempenho equitativo para todos os alunos, acreditando firmemente em sua capacidade de atingirem elevados níveis de desempenho e no poder que professores e líderes têm de impactar positivamente a vida dos alunos que atendem.

Como coautora de *Learning That Sticks* (2020), *Curiosity Works: A Guidebook for Moving Your School from Improvement to Innovation* (2018), e *Unstuck: How Curiosity, Peer Coaching, and Teaming Can Change Your School* (2018), Rouleau compartilha a responsabilidade pelo desenvolvimento de novos produtos e serviços focados em estimular a curiosidade para melhorar o ensino, a liderança e a aprendizagem. É administradora escolar licenciada com mais de 30 anos de experiência em educação, trabalhando em comunidades racial e culturalmente diversas. Atuou como professora, especialista em currículo, diretora de escola dos anos iniciais do ensino fundamental e administradora de currículo em nível distrital. Rouleau obteve credenciais administrativas na University of Washington e tem mestrado em currículo e ensino pela Michigan State University e bacharelado em *elementary education* pela Western Michigan University. Fez seu doutorado em liderança para igualdade educacional, com área de concentração em aprendizagem profissional e tecnologia, na University of Colorado.

Cheryl Abla é consultora sênior da McREL International, onde desenvolve oficinas e sessões de aprendizagem profissional para professores do ensino fundamental e médio sobre estratégias de ensino baseadas em pesquisa nas áreas de tecnologia do ensino, aprendizagem de inglês e desenvolvimento de um ambiente escolar e de sala de aula centrado no aluno. Também presta consultoria para integração de tecnologia, liderança em tecnologia e treinamento de professores no *software* de observação de sala de aula da McREL, o Power Walkthrough®. Antes de ingressar na McREL, Abla lecionou em todas as séries do 1º ao 12º ano por mais de 20 anos. É coautora do livro *Tools for Classroom Instruction That Works* (2018) e colaboradora do *blog* Edutopia, da George Lucas Educational Foundation.

Karen Baptiste, EdD, é diretora de consultoria de serviços de aprendizagem e inovação na McREL International, onde presta serviços de aprendizagem profissional e consultoria a escolas, distritos e agências educacionais. A carreira de Baptiste começou no Departamento de Educação da Cidade de Nova York, onde foi educadora especial, instrutora e diretora de educação especial. Trabalhou com escolas de ensino fundamental e médio em todos os Estados Unidos, promovendo a melhoria do ensino e da aprendizagem com ênfase na implantação de qualidade de estratégias de ensino baseadas em evidências, inclusive ajudando os professores a criar ambientes de aprendizagem que incentivem a voz do aluno e a apropriação da aprendizagem. Sua experiência também inclui ser *coach* executiva de líderes estaduais, distritais e escolares em todo o país para que transformem a cultura escolar e as experiências educacionais dos alunos e de suas famílias.

Tonia Gibson é consultora sênior da equipe de serviços de aprendizagem da McREL International. Ela apoia projetos de educação, gestores escolares e distritais e professores no uso de pesquisas para aprimorar as práticas profissionais e fortalecer a melhora sistêmica. Trabalha com educadores para atender às suas necessidades identificadas, empregando uma série de estratégias, incluindo o uso de dados para reflexão, observações da prática e análise de dados de desempenho de pessoas e organizações. Além de liderar oficinas e fazer apresentações em conferências, Gibson desenvolveu guias práticos e materiais para professores e líderes e é coautora de *Unstuck: How Curiosity, Peer Coaching, and Teaming Can Change Your School* (2018). Atuou como professora e diretora assistente em escolas primárias em Melbourne, Austrália.

Michele Kimball, consultora administrativa da McREL International, a partir de sua experiência como educadora bilíngue da primeira infância no Texas e como consultora nacional de apoio escolar, desenvolve e auxilia educadores de forma a causar um impacto duradouro em seus alunos. Ela tem ajudado educadores e líderes educacionais a identificar e compreender as melhores práticas, habilidades e processos baseados em evidências que podem ser usados para mudar a cultura e fortalecer as metas da escola, promovendo a aprendizagem dos alunos. A experiência de Kimball inclui o fornecimento de serviços de treinamento e aprendizagem profissional relevantes e orientados por dados que contribuem para o desenvolvimento da capacidade de ensino com base nas necessidades dos professores e dos alunos.

Sobre a McREL

A McREL International é uma organização de pesquisa e desenvolvimento educacional sem fins lucrativos reconhecida internacionalmente, com escritórios em Denver, no Colorado, em Honolulu, no Havaí, e em Cheyenne, em Wyoming. Desde 1966, a McREL tem ajudado a transformar a pesquisa e o conhecimento profissional sobre o que funciona na educação em orientação prática para os educadores. Os membros da nossa equipe de especialistas e afiliados incluem pesquisadores respeitados, consultores experientes e autores com publicações que oferecem aos educadores orientação, consultoria e desenvolvimento profissional baseados em pesquisas para melhorar os resultados dos alunos.

Agradecimentos

Enquanto pesquisávamos e escrevíamos este livro, mantivemo-nos humildemente conscientes de que estávamos sobre os ombros de talentosos educadores e pesquisadores que criaram a 1ª e a 2ª edições de *Novas formas de ensinar em sala de aula*.* Especificamente, gostaríamos de agradecer a Robert Marzano, Debra Pickering, Jane Pollock, Ceri Dean, Bj Stone, Elizabeth Hubbell e Howard Pitler. Sua visão original acerca da necessidade de transformar as melhores pesquisas disponíveis em um conjunto gerenciável de práticas altamente eficazes para os professores não apenas embasou nossos esforços, mas também nos ajudou a imaginar o que esta edição poderia ser. Agradecemos a eles por abrirem o caminho para nós.

Gostaríamos de agradecer aos nossos colaboradores da McREL International, incluindo os pesquisadores Chelsey Nardi e Paul Burkander, que ajudaram a compilar e examinar os diversos estudos que formam a base de pesquisa para este livro. Além disso, temos uma dívida de gratidão para com Roger Fiedler, Eric Hubler e Ron Miletta, que forneceram inestimável *feedback* editorial e orientação desde o início até a conclusão do texto.

Também gostaríamos de agradecer aos atuais e antigos membros da equipe editorial da Association for Supervision and Curriculum Development (ASCD), incluindo Stefani Roth, que nos fez perceber que era hora de uma nova edição do livro, e a Susan Hills e Katie Martin, por seu olhar editorial aguçado e seu *feedback* construtivo durante toda a produção desta obra. Elas nos ajudaram a extrair as melhores e principais ideias daquilo que originalmente era um longo texto. Somos gratos por terem nos ajudado a encontrar, como disse Michelangelo, Davi no mármore.

Além disso, queremos agradecer aos educadores de muitos continentes, regiões e culturas que aplicaram o que aprenderam nas duas primeiras

---

* N. de E. A 1ª edição deste livro foi publicada no Brasil pela Artmed, em 2007, sob o título *O ensino que funciona: estratégias baseadas em evidências para melhorar o desempenho do aluno*.

edições e compartilharam suas experiências conosco. Um livro como este, por mais bem pensado ou artisticamente elaborado que seja, não passa de uma árvore desconhecida que cai em uma floresta até que educadores como vocês o peguem e o utilizem na prática profissional. Portanto, agradecemos a todos os educadores com os quais interagimos desde a publicação das duas edições anteriores por suas perguntas ponderadas, suas observações perspicazes e seus conselhos úteis.

Por fim, somos gratos às nossas famílias – pais, irmãos, cônjuges, parceiros e filhos – que nos encorajaram durante o longo processo que foi escrever um livro durante uma pandemia, aguentando nossa incessante digitação nos *laptops* à noite, nos fins de semana e nas férias. Vocês foram nossas caixas de ressonância e, é claro, nos lembram do que realmente importa: seu amor e seu apoio.

Sumário

Introdução: profissionalizando o ensino.................................... 1

Capítulo 1 Ajudando os alunos a se interessarem
   por aprender 13

Capítulo 2 Ajudando os alunos a se comprometerem
   com a aprendizagem 33

Capítulo 3 Ajudando os alunos a focar a nova
   aprendizagem 51

Capítulo 4 Ajudando os alunos a dar sentido
   à aprendizagem 77

Capítulo 5 Ajudando os alunos a praticar e refletir................ 105

Capítulo 6 Ajudando os alunos a ampliar e aplicar
   a aprendizagem 133

Capítulo 7 Juntando tudo.. 165

Apêndice Pesquisas que fundamentam
   Novas formas de ensinar em sala de aula....................... 175

Referências 205

Índice 217

Introdução
Profissionalizando o ensino

Ensinar é uma profissão? A maioria de nós supõe que sim – afinal, como educadores, passamos inúmeras horas em aprendizagem *profissional*, e muitos de nós acumulamos diplomas e credenciais para demonstrar nossa boa-fé *profissional*. Porém o que significa exatamente ser um profissional? Os educadores podem ter a mesma pretensão de ser membros de uma profissão, como os médicos, engenheiros e advogados?

Acreditamos que sim – e que devem.

Afinal, a base de qualquer profissão é o conhecimento compartilhado e preciso – uma compreensão comum de coisas como a anatomia humana na medicina, os princípios do projeto de construção na engenharia ou a jurisprudência e os princípios legais no direito. Como compartilharemos neste livro, o ensino pode (e deve) ser baseado em um conjunto robusto de conhecimentos científicos. Em resumo, assim como os médicos podem diagnosticar a doença de um paciente e oferecer um prognóstico, os educadores podem se basear na ciência para identificar as necessidades de aprendizagem dos alunos e usar soluções eficazes a fim de atender a tais necessidades.

A boa notícia é que essas soluções de ensino não são secretas nem estão fora do alcance dos educadores; você provavelmente já usa várias delas. Contudo, os educadores em geral não têm uma compreensão compartilhada dos princípios de ensino eficaz baseados em evidências. O campo se assemelha ao que os pesquisadores de Harvard descreveram como "[...] uma ocupação que tenta ser uma profissão sem uma prática" (City *et al.*, 2009, p. 33). Ou seja, embora a pesquisa *deva* ser a base da prática em sala de aula, os professores raramente compartilham o conhecimento sobre essa pesquisa, um vocabulário comum para aplicá-la ou uma cultura de trabalho conjunto para implementar as evidências a fim de orientar a prática.

Em comparação, outras profissões têm conhecimentos e vocabulários profissionais bem elaborados que permitem, por exemplo, que os médicos trabalhem juntos para diagnosticar o que pode estar afligindo um paciente, ou que uma grande equipe de engenheiros compartilhe planos de projeto enquanto trabalham na construção de uma ponte. Embora a ciência do ensino seja um pouco mais recente do que a da medicina ou da engenharia, ela é, no entanto, um campo robusto e que deve consolidar o ensino não apenas como uma arte ou um ofício, mas como uma verdadeira profissão. O objetivo central deste livro é ajudar o ensino a se tornar uma profissão *com uma prática*, indo além dos modismos e das teorias sem fundamento e recorrendo, em vez disso, à ciência cognitiva e aos estudos experimentais.

UMA NOVA REVISÃO DAS PESQUISAS É REALMENTE NECESSÁRIA?

Esse esforço para sintetizar as últimas pesquisas sobre ensino é o mais recente de uma série de projetos de pesquisa da McREL International que começaram há mais de duas décadas, quando uma equipe da McREL sintetizou as melhores pesquisas disponíveis sobre ensino em uma metanálise de pesquisa (Marzano, 1998). Essa análise serviu de base para o livro *Classroom Instruction That Works: Research-Based Strategies for Increasing Student Achievement* (Marzano; Pickering; Pollock, 2001),* que, sem dúvida, transformou o cenário da educação. Na década seguinte, educadores de todo o mundo compraram mais de um milhão de cópias do livro, que foi traduzido para mais de uma dezena de idiomas. No início da década de 2010, a McREL embarcou em um esforço de dois anos para atualizar a metanálise (Beesley; Apthorp, 2010), o que resultou em uma 2ª edição (Dean *et al.*, 2012).

---

* N. de E. Essa 1ª edição foi publicada no Brasil pela Artmed, em 2007, sob o título *O ensino que funciona*.

Agora, 20 anos depois da pesquisa inicial de metanálise e uma década após o segundo estudo e a 2ª edição do livro, acreditamos que é hora de outra atualização. Nas últimas duas décadas, a pesquisa educacional evoluiu significativamente, criando um conjunto crescente de estudos que empregam métodos científicos para medir, com muito mais precisão, o verdadeiro impacto de várias estratégias de ensino e aprendizagem nos resultados dos alunos.

NOVAS PERCEPÇÕES DE UMA NOVA GERAÇÃO DE PESQUISAS EMPÍRICAS

Essa nova onda de pesquisa foi motivada por um impulso federal bipartidário nos Estados Unidos (e em outras partes do mundo) para a pesquisa "padrão-ouro" em educação, o que ajudou a criar uma nova ciência de ensino e aprendizagem. Embora esses estudos mais recentes reflitam e reforcem muito do que encontramos em nossos dois estudos anteriores, eles também fornecem muitas percepções novas, convincentes e até surpreendentes sobre o que funciona em sala de aula.

Em termos simples, o que mais distingue essa nova geração de pesquisas é que elas utilizam projetos de pesquisa com base científica. Isso começa com a designação aleatória de alunos para (1) um grupo de tratamento ou experimento que recebe uma intervenção específica (p. ex., uma estratégia de ensino ou aprendizagem) ou para (2) um grupo de comparação ou controle que, em geral, recebe instrução como de costume. Empregar um projeto científico ajuda os pesquisadores a garantir que as descobertas não sejam simplesmente o resultado de variáveis interferentes, como nível de pobreza, conhecimento prévio e capacidade dos alunos – ou a competência do professor. Isso torna mais fácil fazer afirmações causais (ou seja, X causa Y) para que os educadores possam ter mais certeza do efeito de várias estratégias de ensino sobre os alunos.

ALGUMAS LACUNAS DE PESQUISAS ANTERIORES

As edições anteriores de *Novas formas de ensinar em sala de aula* se baseavam nas melhores pesquisas disponíveis que, na época, incluíam estudos que realizavam duas tarefas muito importantes. Primeiro, esses estudos isolavam uma estratégia de ensino específica e, em seguida, quantificavam o efeito dessa estratégia nos resultados dos alunos. Embora esses estudos fossem muito mais convincentes do que artigos teóricos com evidências episódicas ou qualitativas, na melhor das hipóteses, muitos deles ainda não representavam uma verdadeira pesquisa científica. De fato, apenas cerca de metade – 51 de 99 – dos estudos que examinamos para a 2ª edição do livro poderia ser classificada como estudos cientificamente planejados (Beesley; Apthorp, 2010).

Por exemplo, em muitos desses estudos, os professores e alunos não foram designados aleatoriamente para um grupo de tratamento ou controle. Um grupo de alunos foi escolhido para receber uma abordagem de ensino específica, e os pesquisadores compararam o desempenho dos alunos desse grupo antes e depois da intervenção com o desempenho dos alunos da população em geral. Essa metodologia pode permitir que fatores ocultos distorçam os resultados. Por exemplo, se os alunos que receberem uma intervenção já tiverem alto desempenho e estiverem prontos para um rápido crescimento na aprendizagem, a estratégia poderá parecer mais eficaz do que é. Em comparação, se os alunos do grupo de tratamento forem prejudicados por mais barreiras ao sucesso do que os da população em geral, a estratégia poderá parecer menos eficaz do que realmente é.

Muitos estudos incluídos na metanálise original também eram de natureza correlacional. Por exemplo, eles examinaram se a quantidade de deveres de casa que os alunos relataram fazer a cada semana estava associada às suas notas na turma (o que, de maneira não surpreendente, estava). No entanto, tal correlação não prova a causalidade. Fazer mais deveres de casa *pode* levar a melhores notas, mas outros fatores podem estar atuando. Os alunos que relatam fazer mais deveres de casa podem ser mais conscientes, mais motivados ou mais atentos nas aulas. Ou talvez seus pais sejam mais propensos a cobrá-los para que façam o dever de casa ou a pressioná-los para que tirem boas notas. O aumento do número de horas de dever de casa pode simplesmente refletir a pressão por conquistas ou a motivação (mesmo que relutante) dos alunos para fazer o dever de casa, tirar boas notas e fazer com que seus pais parem de cobrar. Em suma, não podemos concluir com segurança a partir dessa correlação, por mais forte que ela seja, que os professores devem passar mais deveres de casa aos alunos.

DESENVOLVENDO UMA CONTRIBUIÇÃO IMPORTANTE PARA O CAMPO

Sabíamos de tudo isso, é claro, quando realizamos nossas metanálises originais. De fato, esse é um dos principais motivos pelos quais realizamos uma metanálise: queríamos superar as armadilhas de amostras pequenas e de possíveis fatores interferentes encontrados em estudos anteriores. Essencialmente, uma metanálise combina muitos estudos menores em uma amostra maior – da mesma maneira como os meios de comunicação fazem quando criam "pesquisas de pesquisas", que mesclam pesquisas menores em pesquisas maiores para captar com mais precisão o sentimento do público com uma margem de erro menor.

Da mesma forma, na pesquisa educacional, a combinação de vários estudos menores (dos quais, individualmente, pode ser difícil tirar conclusões sólidas) em uma amostra grande permite que os pesquisadores afirmem com mais confiança que determinadas estratégias de ensino favorecem a aprendizagem dos alunos. Por isso *Novas formas de ensinar em sala de aula* se tornou tão importante e poderoso: para muitos educadores, foi a primeira vez que tiveram acesso a estratégias de alta eficácia baseadas em pesquisas reunidas em uma única coleção de práticas de ensino de fácil compreensão.

Dito isso, as metanálises têm deficiências. Se não forem cuidadosamente elaboradas, elas podem, na verdade, misturar maçãs e laranjas – forçando a adaptação de diversos estudos a uma única medida, mesmo que os estudos possam ter examinado várias abordagens ou estratégias ligeiramente diferentes, como diferentes tipos de *feedback* (p. ex., respostas corretas ou formativas) ou estratégias combinadas (p. ex., associar a aprendizagem cooperativa à aprendizagem baseada em problemas). As metanálises também podem ocultar sutilezas importantes. Por exemplo, alguns estudos sobre *feedback* constataram efeitos *negativos* na aprendizagem dos alunos, mas esses efeitos negativos desapareceram quando examinados em conjunto com outros estudos que relataram efeitos positivos. No entanto, talvez queiramos saber por que essas diferenças surgiram. Será que determinados tipos de *feedback* são menos benéficos para a aprendizagem? O *feedback* pode ser menos ou mais útil em determinadas situações?

UMA NOVA ABORDAGEM PARA UMA NOVA GERAÇÃO DE PESQUISAS

Com tudo isso em mente, adotamos uma abordagem diferente ao desenvolver a base de pesquisas para esta 3ª edição. Para começar, aplicamos os critérios de revisão do What Works Clearinghouse (WWC), do Institute of Education Sciences, a fim de garantir que os estudos em nossa base de pesquisa empregassem verdadeiros projetos de pesquisa científica e fossem revisados por pares. Por meio desse processo, identificamos 105 estudos baseados em sala de aula que usaram projetos científicos com amostras de tamanhos suficientes para oferecer afirmações causais válidas sobre a eficácia das estratégias de ensino em questão.

Além disso, seguindo a ideia de que as verdadeiras descobertas científicas devem ser replicáveis em diversos estudos, *Novas formas de ensinar em sala de aula: estratégias baseadas em evidências para melhorar o desempenho dos alunos* destaca apenas as estratégias que se mostraram eficazes em sete ou mais estudos. Em geral, essas estratégias foram examinadas em vários anos escolares, áreas temáticas e populações de alunos, o que sugere que elas são generalizáveis a todas as salas de aula.

Ademais, desta vez optamos por não mesclar os resultados quantitativos desses estudos em um único tamanho de efeito* por meio de uma metanálise. Como observado antes, fazer isso pode ocultar detalhes importantes nos resultados dos estudos e funcionar como uma espécie de salsicha psicométrica – misturando e transformando estudos heterogêneos em algo que, embora mais fácil de consumir, ofusca importantes ressalvas, deficiências e percepções dos estudos originais.

Em vez de apresentar um único tamanho de efeito, informamos quantos estudos fundamentam uma determinada estratégia e listamos cada um desses estudos com seus respectivos tamanhos de efeito, usando a medida prescrita pelo WWC de "índice de progresso" (ver https://ies.ed.gov/ncee/wwc/

---

* N. de R.T. Tamanho de efeito é um termo da estatística que se refere à magnitude ou à significância prática de um resultado estatístico baseado em uma amostragem específica, permitindo que se discuta sobre os resultados da pesquisa considerando a magnitude do efeito da intervenção realizada.

glossary). Essa pontuação fornece o número de percentis* adicionais que um aluno médio (ou seja, um aluno no 50º percentil) ganharia após receber a intervenção do tratamento. Por exemplo, uma pontuação de índice de progresso de valor 10 significa que um aluno médio no grupo de tratamento melhoraria do 50º para o 60º percentil após receber a intervenção (enquanto um aluno médio no grupo de controle permaneceria no 50º percentil).

Isso posto, lembramos aos leitores de que o tamanho de efeito é apenas uma *estimativa* do impacto de uma determinada estratégia ou um conjunto de estratégias, e não uma garantia. Estudos de estratégias semelhantes, na verdade, raramente relatam o mesmo tamanho de efeito (o que ilustra, em primeiro lugar, o fato de que todos eles são estimativas). Quando surgem discrepâncias nos tamanhos de efeito nos estudos rigorosos que examinamos, oferecemos algumas explicações sobre o motivo dessas diferenças, para que você, como educador profissional, possa fazer seus próprios julgamentos sobre como e quando usar a prática em questão com os alunos.

Talvez o mais importante seja o fato de que nossa análise atual da pesquisa não começou com a conclusão precipitada de que as nove categorias de práticas de ensino eficazes destacadas nas edições anteriores deste livro representavam a palavra final sobre as estratégias de ensino eficazes. Em vez disso, como verdadeiros cientistas, começamos do zero, dando uma nova olhada no que uma nova geração de pesquisas nos informa sobre o ensino eficaz e quais práticas todos os professores devem incorporar ao seu repertório profissional.

FOCO NA DIVERSIDADE, NA EQUIDADE E NA INCLUSÃO

Talvez o mais importante seja que, ao construir a base de pesquisa para este livro, buscamos intencionalmente estudos de intervenções realizadas em grupos de alunos historicamente desfavorecidos, incluindo alunos negros, em

---

* N. de R.T. Percentil é uma medida estatística que representa cada uma das 100 partes iguais de um conjunto ordenado em ordem crescente dos dados. A primeira parte dessas 100 partes será o primeiro percentil, e assim sucessivamente. Ao falarmos, portanto, no vigésimo percentil, estamos falando de 20% dos dados, ou das 20 primeiras partes do conjunto de 100 partes, sendo elas as 20 primeiras partes menores, já que o conjunto é ordenado de forma crescente. Ou seja, o 20º percentil representa 20% dos dados do conjunto analisado.

situação de pobreza, bilíngues em formação e aqueles com baixos níveis de desempenho anterior. Como se vê, uma grande quantidade de pesquisas experimentais nas últimas duas décadas concentrou-se explicitamente na identificação de intervenções eficazes para esses alunos. Como resultado, a maioria dos 105 estudos em nossa base de pesquisa (ver Apêndice) foi realizada com populações diversas de alunos. Especificamente, observamos o seguinte:

- Cinquenta e cinco (52%) foram realizados em salas de aula em que 40% ou mais da população eram alunos não brancos (afro-americanos, hispânicos ou indígenas).

- Quarenta e cinco (43%) foram realizados em salas de aula em que 40% ou mais dos alunos eram qualificados para programas que oferecem refeição gratuita ou a preço reduzido.

- Trinta e quatro (32%) foram realizados com alunos com dificuldades de aprendizagem constatadas ou considerados em risco de fracasso acadêmico em função do baixo desempenho anterior.

- Vinte (19%) foram realizados em salas de aula em que 25% ou mais da população de alunos foram identificados como alunos bilíngues em formação.

Os demais estudos incluídos em nossa amostra (30 estudos – ou 29%) foram realizados em salas de aula onde a maioria dos alunos não refletia esses grupos ou cujos dados demográficos não foram informados. Isso significa que, em vez de começar com pesquisas sobre populações de alunos em geral e tentar extrapolar os resultados para alunos diversos, a base de pesquisa de *Novas formas de ensinar em sala de aula* começa com alunos diversos e, portanto, identifica estratégias de ensino que comprovadamente funcionam para diferentes alunos. Não surpreende, portanto, que muitas das estratégias desta edição reflitam o que outros identificaram como "práticas culturalmente relevantes" – incluindo tornar a aprendizagem relevante para os alunos, envolvê-los no pensamento crítico e na reflexão sobre sua aprendizagem e ajudá-los a desenvolver uma visão positiva de si mesmos como alunos por meio da definição de metas e da aprendizagem por pares. Talvez o mais significativo seja o fato de que muitas das práticas de ensino destacadas neste livro se mostraram capazes de eliminar as diferenças de aprendizagem entre grupos de alunos historicamente marginalizados e seus colegas. Assim, as estratégias destacadas aqui podem ajudar a definir, de forma científica, as práticas de ensino que favoreçam resultados mais equitativos para todos os alunos.

NOVAS ORIENTAÇÕES A PARTIR DE NOVAS PESQUISAS

Como era de se esperar, nossa nova metodologia produziu um conjunto diferente de estratégias de ensino de alta eficácia. Embora muitas dessas estratégias reflitam aquelas de edições anteriores, elas diferem em alguns aspectos importantes.

Um conjunto menor de estratégias

Em especial, identificamos um conjunto menor de estratégias – reduzindo de 48 estratégias agrupadas em nove categorias na 2ª edição de *Novas formas de ensinar em sala de aula* para 14 estratégias neste livro. Isso não significa que as estratégias destacadas nas edições anteriores *não* funcionem; significa apenas que, em nossa nova análise, não conseguimos encontrar estudos cientificamente elaborados que as fundamentem. Entretanto, como diz o ditado, a ausência de evidência não significa evidência de ausência. Em alguns casos, as estratégias identificadas por meios menos científicos (p. ex., pesquisas ou estudos correlacionais) ainda podem ser válidas. Portanto, não defendemos que os professores abandonem as estratégias destacadas em edições anteriores que ficaram de fora desta lista, em especial se as considerarem benéficas. Em vez disso, gostaríamos de dizer o seguinte: as estratégias destacadas em *Novas formas de ensinar em sala de aula* demonstraram, cientificamente, que são capazes de promover uma melhor aprendizagem para alunos diversos. Portanto, podemos afirmar inequivocamente que os professores devem dominar e incluir essas estratégias em sua prática profissional.

Orientação prática para cada estratégia

Uma estratégia só é significativa se os professores puderem aplicá-la prontamente em suas salas de aula. Embora este livro seja baseado em pesquisas, nossa intenção não é oferecer detalhes exatos de cada estudo, mas sim "ir direto ao ponto", por assim dizer, com orientações práticas que você pode aplicar em sala de aula. Caso deseje se aprofundar mais na pesquisa que fundamenta cada estratégia, apresentamos resumos no Apêndice e resumos mais detalhados de cada estudo em um recurso *on-line* gratuito disponível na página do livro em **loja.grupoa.com.br**.

Também reconhecemos que o mais importante em qualquer estratégia de ensino baseada em evidências é a forma como os professores a *adaptam* às necessidades específicas de seus próprios alunos. Portanto, para cada estratégia, destacamos os princípios norteadores que derivam da pesquisa e oferecemos dicas de sala de aula sobre como aplicar esses princípios – não para prescrever abordagens únicas, mas para ajudá-lo a exercer seu próprio julgamento profissional no uso dessas estratégias a fim de atender às necessidades exclusivas de cada aluno em sala de aula.

Links para a ciência da aprendizagem

Associamos essas estratégias ao que se conhece sobre a ciência da aprendizagem, como relatado em nosso livro *Learning That Sticks* (Goodwin; Gibson; Rouleau, 2020). Nas duas décadas que passamos ajudando os professores a aplicar as estratégias do livro *Novas formas de ensinar em sala de aula*, descobrimos de forma consistente que o verdadeiro ponto de inflexão no crescimento profissional de qualquer professor (ou seja, o momento em que ele se transforma em verdadeiro profissional) é quando usa estratégias baseadas em evidências de forma intencional (isto é, sabendo não apenas o *que* funciona, mas também *quando* e *por que* funciona). Como a ciência da aprendizagem aborda o modo como cada cérebro humano funciona, independentemente do contexto cultural ou da formação, ela oferece percepções que são válidas para todos os alunos. Assim, alinhamos essas estratégias com as seis fases de aprendizagem descritas em *Learning That Sticks* para ilustrar como os professores podem usá-las para, por exemplo, ajudar os alunos a "se concentrarem no novo aprendizado" ou "dar sentido ao aprendizado".

O NOVO CONJUNTO DE ESTRATÉGIAS

Nossa revisão e análise abrangente de estudos científicos identificou 14 estratégias de ensino com efeitos positivos significativos em um conjunto diversificado de alunos.

A Figura I.1 mapeia essas estratégias para as seis fases da aprendizagem identificadas em *Learning That Sticks* (Goodwin; Gibson; Rouleau, 2020).

FASE DA APRENDIZAGEM	ESTRATÉGIAS DE ENSINO
Interesse em aprender Para se engajar na aprendizagem, os alunos devem primeiro se interessar pelo conteúdo e considerá-lo digno de atenção.	Estratégia 1: Estímulos de interesse cognitivo
Comprometimento com a aprendizagem Como toda aprendizagem exige um esforço mental contínuo, os alunos devem se comprometer com ela.	Estratégia 2: Definição e monitoramento das metas pelos alunos
Foco na nova aprendizagem Uma vez que os estudantes estejam interessados e comprometidos com o processo de aprendizagem, eles devem encontrar caminhos que os ajudem a desenvolver novos conhecimentos e habilidades.	Estratégia 3: Ensino de vocabulário Estratégia 4: Ensino e modelagem de estratégias Estratégia 5: Visualizações e exemplos concretos
Sentido da aprendizagem Todo processo de aprendizagem consiste em conectar novos conhecimentos com conhecimentos prévios, agregar ideias em modelos mentais e integrar habilidades discretas em sequências maiores que podem ser usadas para resolver problemas e realizar tarefas.	Estratégia 6: Perguntas de alto nível e explicações dos alunos Estratégia 7: Aplicação inicial orientada com *feedback* formativo Estratégia 8: Consolidação da aprendizagem com o auxílio dos pares
Prática e reflexão Depois de construir e dar sentido à aprendizagem, os alunos precisam passar várias vezes por um processo de ativação e repetição para armazená-la na memória de longo prazo.	Estratégia 9: Prática de recuperação ("questionário para lembrar") Estratégia 10: Prática independente, mista e espaçada Estratégia 11: Suporte direcionado (prática de reforço)
Ampliação e aplicação Para que armazenem e recuperem a nova aprendizagem, os alunos devem se engajar com ela de várias maneiras – aplicando-a para resolver problemas complexos da vida real ou ampliando-a por novos caminhos.	Estratégia 12: Escrita cognitiva Estratégia 13: Investigações orientadas Estratégia 14: Resolução estruturada de problemas

FIGURA I.1 As seis fases da aprendizagem e as estratégias de ensino que as fundamentam.

Organizamos os capítulos deste livro de acordo com essas seis fases da aprendizagem. Cada capítulo oferece uma breve visão geral da fase e da ciência cognitiva por trás dela e, em seguida, compartilha as estratégias de ensino ligadas a essa fase da aprendizagem. Para cada estratégia, oferecemos princípios norteadores de pesquisa e dicas práticas para aplicá-los em sala de aula. O capítulo final inclui sugestões de como trabalhar com seus colegas para incorporar essas estratégias em sua própria prática profissional, a fim de garantir que o ensino se torne uma profissão *com* uma prática em sua escola, para que, juntos, vocês possam promover o sucesso de cada aluno.

1

Ajudando os alunos a se interessarem por aprender

Correndo o risco de dizer o óbvio, para aprender qualquer coisa, é preciso prestar atenção a ela, ou seja, *interessar-se* por ela. Por mais simples que isso possa parecer, nosso cérebro é muito bom em ignorar o que está acontecendo ao nosso redor. Isso porque, embora nossos sentidos absorvam cerca de 11 milhões de bits de informação por segundo, nosso cérebro consegue processar apenas cerca de 120 bits por segundo (Levitin, 2015). Para evitar a sobrecarga de informações, nosso cérebro desconsidera a maioria dos estímulos em nosso ambiente e presta atenção apenas no que consideramos os bits de informação mais importantes.

As implicações para o ensino são consideráveis. O cérebro dos alunos é projetado para ignorar a maior parte do que está acontecendo na sala de aula. Cabe aos professores, então, usarem técnicas testadas e comprovadas – o que chamamos de *estímulos de interesse cognitivo* – para ajudar a aprendizagem a passar pelos filtros mentais dos alunos e entrar em seu cérebro. Neste capítulo, compartilharemos as principais descobertas e estratégias práticas de estudos científicos que demonstram o poder de estimular o interesse do aluno como uma pré-condição essencial para que a aprendizagem ocorra.

O QUE DIZEM AS PESQUISAS

Primeiro, exploraremos por que é tão importante que os alunos se interessem, em primeiro lugar, por aprender e o que acontece com o interesse dos alunos quando entram na escola. Também compartilharemos um "segredo aberto" para estimular o interesse dos alunos que, infelizmente, continua inexplorado em muitas salas de aula e escolas.

O engajamento dos alunos está fortemente correlacionado tanto ao sucesso dos alunos quanto à qualidade dos professores

Esta é a primeira grande ideia das pesquisas: *o interesse e a motivação do aluno são importantes*. As pesquisas demonstram que o sucesso acadêmico é o resultado de muitos fatores, incluindo a qualidade da escola e dos professores, a pressão dos pais pelo desempenho, o aprendizado anterior e o interesse e a motivação do aluno. Como se vê, o interesse e a motivação do aluno têm tanta influência sobre o sucesso acadêmico quanto a qualidade do ensino, há muito apontada como o fator mais importante dentro da escola ligado ao sucesso do aluno. O interesse e a motivação são responsáveis por aproximadamente 14% da variação nos resultados dos alunos, enquanto a qualidade do professor contribui com cerca de 13% da variação em seus resultados (Marzano, 2001).

No mundo real, é claro, o interesse e a motivação dos alunos e a eficácia dos professores costumam estar interligados: ótimos professores podem despertar – e realmente despertam – o interesse e a motivação dos alunos. De fato, pesquisas empíricas demonstram que, quando os professores se concentram em despertar o interesse dos alunos, eles podem ter efeitos positivos significativos sobre a motivação dos alunos e, por sua vez, sobre os resultados do aprendizado. Essa é uma notícia particularmente boa, uma vez que a mesma análise de fatores ligados ao sucesso do aluno (Marzano, 2001) constatou que o *status* socioeconômico do aluno é responsável por 10% da variação em seu desempenho geral. Em outras palavras, uma combinação de alunos motivados e professores eficientes pode mais do que compensar as barreiras do *status* socioeconômico.

O esforço dos alunos compensa a capacidade

Um dos principais motivos pelos quais o interesse e a motivação estão tão fortemente ligados ao sucesso do aluno é que a motivação tende a se traduzir em esforço. De fato, as pesquisas educacionais confirmam o velho ditado de que "o trabalho árduo supera o talento quando o talento não trabalha duro". Usando o tempo gasto na resolução do dever de casa como indicador de esforço, Keith (1982), por exemplo, descobriu que, com apenas 1 a 3 horas de dever de casa por semana, os chamados alunos de baixa capacidade (aqueles no 25º percentil em testes de aptidão padronizados) obtiveram notas proporcionais às dos alunos de capacidade média (aqueles no 50º percentil) que não gastaram tempo com tarefas de casa. Da mesma forma, os alunos de capacidade média que investem 2 a 3 horas a mais por semana no dever de casa do que os alunos de alta capacidade (aqueles no 75º percentil ou superior) obtêm as mesmas notas que os alunos de alta capacidade. Em resumo, a capacidade do aluno não é uma característica fixa; apenas 25 minutos por dia de esforço extra podem levar os alunos a níveis mais altos de desempenho. O esforço do aluno é muito importante.

Os alunos apresentam menos curiosidade e engajamento quanto mais tempo permanecem na escola

Embora o interesse e a motivação dos alunos possam contribuir significativamente para seu desempenho, a cada ano que passam na escola, os alunos ficam menos motivados e engajados. Uma pesquisa Gallup com 500 mil alunos do 6º ano ao final do ensino médio, por exemplo, constatou que, embora muitos (8 em cada 10) dos alunos do ensino fundamental se sintam "engajados" na escola – ou seja, atentos, curiosos e otimistas em relação à aprendizagem –, no ensino médio esse número cai pela metade (Busteed, 2013).

Certamente, o fato de os adolescentes expressarem tédio e apatia não é um fenômeno novo nem representa uma mudança radical nas atitudes das gerações (quem de nós não reclamou de tédio quando estava na escola?). No entanto, devemos nos perguntar por que isso acontece. Por que tantos alunos do ensino fundamental e médio reclamam de tédio quando o ensino médio deveria ser o momento em que eles exploram os mistérios da ciência, o drama complexo da história humana, a linguagem elegante da matemática e as obras de literatura que revelam nossa humanidade em comum? Felizmente, o tédio dos alunos não precisa ser um fato consumado. Vários estudos apontam para maneiras práticas de os professores despertarem a curiosidade, o interesse e a motivação dos alunos.

As recompensas internas são motivadores mais poderosos para a aprendizagem profunda do que as recompensas externas

Décadas de pesquisas em psicologia sugerem que há basicamente duas maneiras de motivar os alunos: (1) recompensas *externas* (p. ex., usar notas, estrelas douradas ou adesivos para estimular e persuadir os alunos a aprender) e (2) recompensas *internas* (p. ex., ajudá-los a encontrar interesse e significado inerentes ao domínio de novos conhecimentos e habilidades). As recompensas externas são comuns nas escolas. No entanto, como Alfie Kohn (1999) observou, o efeito final do uso de recompensas externas para motivar os alunos é que, com o tempo, eles começam a ver a aprendizagem não como algo que *querem* fazer, mas como uma tarefa que *precisam* fazer: algo a ser realizado se quiserem doces, mais tempo nos brinquedos do parquinho da escola ou notas médias decentes (GPA).* Por exemplo, quando os pesquisadores recompensaram crianças pequenas com biscoitos por fazerem desenhos (algo que elas faziam por prazer antes do estudo), esses alunos ficaram menos propensos a se entreterem depois fazendo desenhos, presumivelmente porque as recompensas externas transformaram uma atividade que antes era divertida em algo feito para agradar aos outros (Deci; Ryan; Koestner, 1999).

---

* N. de R.T. GPA é a sigla para *grade point average*, um tipo de média ponderada comum de estudantes e instituições de ensino calculada nos ensinos médio e superior nos Estados Unidos. O GPA de um estudante é a média ponderada das notas desse estudante em um determinado período. Cada disciplina pode ter um peso nesse cálculo, mas no ensino médio normalmente todas têm o mesmo peso. No Brasil, os estudantes são avaliados com notas de 0 a 10, portanto, o GPA de um estudante brasileiro seria um número entre 0 e 10. Nos Estados Unidos, os estudantes são avaliados com as letras A, B, C, D e F (eles pulam a letra E). Assim, para o cálculo do GPA, para cada letra, atribui-se um número: 4 para A, 3 para B, 2 para C, 1 para D e 0 para F. Portanto, o GPA nos Estados Unidos é um número entre 0 e 4, sendo 0 o menor e 4 o maior resultado possível. De forma geral, o resultado representa o desempenho de um estudante no ensino médio (ou superior) no período considerado.

Os professores que dependem de recompensas externas podem passar a mensagem errada: que a aprendizagem é uma provação a ser suportada, em vez de uma oportunidade a ser apreciada e desfrutada. Além disso, 40 anos de pesquisa mostram que as recompensas extrínsecas apenas motivam o desempenho em tarefas mais simples, enquanto as recompensas intrínsecas motivam o desempenho em tarefas mais complexas (Cerasoli; Nicklin; Ford, 2014). Algumas formas de aprender algo, como a memorização de habilidades e fatos básicos, são simples e inerentemente menos agradáveis para os alunos. É de bom senso que os professores usem ocasionalmente recompensas externas para motivar os alunos a concluírem tarefas simples do processo de aprendizagem, como recompensá-los com pequenos prêmios por superar a pontuação máxima anterior na tabuada. Porém, se o objetivo é que os alunos se envolvam em uma aprendizagem mais complexa – por exemplo, usar fatos matemáticos básicos para resolver problemas complexos do mundo real –, os professores precisam ajudar os alunos a identificar as recompensas intrínsecas desse processo, por exemplo, explorando a curiosidade, a experiência pessoal e os interesses. No Capítulo 2, exploraremos diferentes maneiras de incentivar os alunos a se comprometerem com a aprendizagem.

A curiosidade prepara o cérebro para a aprendizagem e contribui para sua retenção

Pesquisas sobre o cérebro mostram que despertar a curiosidade, além de tornar a aprendizagem mais gratificante, contribui para uma maior retenção do aprendizado (Gruber; Gelman; Ranganath, 2014). Afinal, esse é nosso verdadeiro objetivo como educadores: garantir que os alunos aprendam e se lembrem do conteúdo que aprendem em nossas salas de aula. Basicamente, a curiosidade deixa o cérebro sedento por novas aprendizagens e, portanto, mais apto a retê-las. O resultado disso tudo é que o interesse e a motivação dos alunos são essenciais para seu sucesso. Todavia, conforme observado, quanto mais tempo os alunos permanecem na escola, menor é o interesse que sentem por ela.

Felizmente, estudos empíricos indicam uma estratégia testada e comprovada para motivar os alunos, aproveitando sua curiosidade, seus interesses e suas experiências: *estímulos de interesse cognitivo*.

ESTRATÉGIA 1: ESTÍMULOS DE INTERESSE COGNITIVO

Os estímulos de interesse cognitivo motivam a aprendizagem ao estruturar unidades e lições de forma a tornar a aprendizagem estimulante e relevante para os alunos.

Estudos experimentais apontam para o poder de despertar a curiosidade intelectual dos alunos e tornar a aprendizagem relevante para eles, uma estratégia que chamamos de *estímulos de interesse cognitivo*. Usamos a palavra *cognitivo* intencionalmente aqui porque a chave é fazer com que os alunos pensem sobre o que aprenderão. Os estímulos de interesse cognitivo não são apenas artifícios ou truques de sala de aula que chamam a atenção dos alunos, mas que não conseguem preparar seu cérebro para a aprendizagem. Em vez disso, são métodos comprovados para ajudar os estudantes a se engajarem intelectualmente e se tornarem intrinsecamente motivados para aprender. Coletivamente, esses estudos oferecem evidências convincentes de que os professores podem (1) estimular o interesse dos alunos pela aprendizagem e, ao fazê-lo, (2) melhorar o desempenho dos alunos.

Identificamos 14 estudos com efeitos significativos para os quais os estímulos de interesse cognitivo eram um elemento central da intervenção (ver Apêndice). Essas intervenções tiveram pontuações de *índice de progresso* que variaram de 8 a 49 – o que significa aumentar o desempenho de um aluno médio (ou seja, no 50º percentil) de 8 para 49 pontos do percentil. Esses estudos foram realizados em várias áreas temáticas e níveis de ensino, considerando uma diversidade e variedade de alunos. É importante observar que os estímulos de interesse cognitivo raramente são estratégias autônomas. Na maioria das vezes, eles são elementos-chave de intervenções maiores, o que sugere que essa estratégia deve ser integrada a outras estratégias comprovadas.

Princípios norteadores para os estímulos de interesse cognitivo

Os seguintes princípios norteadores para os estímulos de interesse cognitivo derivam dos 14 estudos analisados.

Estímulos de interesse cognitivo eficazes estão diretamente relacionados a resultados de aprendizagens desejados.
Você provavelmente está familiarizado com apresentadores que abrem suas falas com um relato ou uma piada espirituosa que pode chamar a atenção dos ouvintes, mas que tem pouca conexão com o tópico em questão. Depois, talvez você consiga se lembrar da piada ou anedota do apresentador... mas não do conteúdo real de suas falas. Os professores podem cometer o mesmo erro em suas salas de aula. Em um esforço para chamar a atenção dos alunos, eles compartilham um vídeo engraçado, contam uma anedota divertida ou fazem uma referência à cultura popular que tem pouco a ver com o que será aprendido e pode servir apenas para confundir os alunos. Portanto, é importante observar que, em todas as intervenções eficazes estudadas, os estímulos de interesse cognitivo foram cuidadosamente elaborados a fim de atrair os alunos para o conteúdo em questão, ancorando sua aprendizagem em perguntas que provocam curiosidade ou desafios significativos.

Por exemplo, dois estudos (Bottge *et al.*, 2014, 2015) relataram efeitos positivos para o "ensino aprimorado baseado em âncoras",* apresentando problemas complexos de matemática aos alunos com dificuldades de aprendizagem, com vídeos introdutórios desenvolvidos para tornar os problemas interessantes e relevantes. Um desses vídeos mostrava três amigos tentando construir uma rampa de *skate* com um orçamento limitado, o que exigia que eles fizessem medições, convertessem pés em polegadas, calculassem impostos sobre vendas e resolvessem outros problemas. Da mesma forma, Vaughn *et al.* (2017) encontraram efeitos positivos para uma intervenção que incluía um "guarda-chuva de conceitos" para estruturar o ensino de estudos sociais para alunos do 8º ano em escolas com alto percentual de alunos bilíngues em formação e alunos em situação de pobreza. No início de cada aula, os professores engajavam os alunos em uma rotina de 10 a 15 minutos que incluía um videoclipe envolvente que estruturava o objetivo da aula seguinte, vinculava o novo conceito ao conhecimento prévio e indicava

---

* N. de R.T. O termo "âncora" se refere a algo que pode ser utilizado pelo professor para iniciar uma aula: um vídeo, um trecho de música, um depoimento de alguém, uma ilustração ou figura, uma fotografia, um pequeno texto, um relato pessoal ou qualquer outro objeto ou ação, dando a possibilidade ao professor de continuar sua aula a partir disso. É um termo muito presente na aprendizagem baseada em projetos e na abordagem STEAM.

as estratégias de pensamento que os alunos precisariam aplicar durante a aula (p. ex., comparação e contraste, causa e efeito, tomada de perspectiva).

As experiências práticas de aprendizagem aumentam o interesse dos alunos.

Em vários estudos, os estímulos de interesse cognitivo envolveram os alunos em experiências práticas de aprendizagem criadas para despertar a curiosidade e o interesse dos alunos, transformando conceitos abstratos em quebra-cabeças, desafios e problemas concretos a resolver. Por exemplo, Guthrie *et al.* (2004) estudaram os efeitos do ensino de ciências para um grupo racialmente diverso de alunos do 3º ano com uma combinação de estratégias cognitivas (p. ex., ativação do conhecimento anterior, perguntas de alto nível, organizadores gráficos, ensino direto sobre a estrutura do texto) e práticas motivacionais, como envolver os alunos em experiências práticas de aprendizagem (p. ex., dissecar pelotas de coruja)* e fornecer a eles textos interessantes relacionados à sua aprendizagem prática. Comparando um grupo de alunos que recebeu apenas estratégias cognitivas e um grupo de controle que recebeu ensino tradicional, os alunos que receberam estratégias cognitivas e motivacionais superaram significativamente os que receberam somente estratégias cognitivas (índice de progresso = 26) e os que receberam apenas ensino tradicional (índice de progresso = 46).

Estabelecer conexões pessoais com a aprendizagem aumenta a motivação e o desempenho.

Estudos experimentais também descobriram que ajudar os alunos a estabelecer conexões pessoais com a aprendizagem aumenta a motivação e o desempenho. Por exemplo, Hulleman *et al.* (2010) descobriram que os estudantes universitários que escreveram pequenos ensaios relacionando o que estavam aprendendo em um curso de psicologia com suas vidas pessoais não apenas demonstraram maior interesse no curso, mas também obtiveram notas mais altas. Os efeitos foram ainda maiores para os alunos que demonstraram baixo interesse e aproveitamento durante a primeira metade do curso.

---

* N. de R.T. Pelota ou egagropila, em ornitologia, é uma massa de matéria não digerida do alimento de aves que algumas espécies regurgitam ocasionalmente, como as corujas.

Do mesmo modo, Anand e Ross (1987) revelaram os benefícios de ajudar grupos de alunos racialmente diversos (52% afro-americanos) a fazer conexões pessoais com sua aprendizagem, comparando os efeitos de engajar alunos de 5º e 6º anos em três versões diferentes de uma aula assistida por computador sobre divisão de frações. Na primeira condição, informações pessoais sobre os alunos (p. ex., seus amigos, interesses, *hobbies*) foram incorporadas aos problemas de matemática. Na segunda condição, os problemas foram apresentados com contextos concretos (realistas, mas ainda hipotéticos). Na terceira condição, os problemas foram apresentados em um formato abstrato tradicional. Posteriormente, os alunos que receberam problemas personalizados não apenas relataram maior interesse em aprender, mas também demonstraram melhor desempenho nos pós-testes do que os alunos que receberam problemas apenas com representações concretas (índice de progresso = 31) e problemas tradicionais com representações abstratas (índice de progresso = 44).

Em linhas semelhantes, Cordova e Lepper (1996) descobriram que os alunos que se envolveram em uma versão lúdica de aprendizagem de matemática (ou seja, resolver problemas de matemática para "navegar em uma nave espacial") com informações pessoais (p. ex., seus próprios nomes, nomes de amigos, comidas favoritas) incorporadas ao jogo demonstraram não apenas maior interesse em aprender, mas também melhores resultados de aprendizagem do que os alunos que se envolveram em um jogo de matemática semelhante sem a estrutura de fantasia (índice de progresso = 49) ou jogaram o jogo de fantasia de nave espacial sem detalhes pessoais incluídos (índice de progresso = 37). Em outro estudo, um componente-chave de uma intervenção para alunos do ensino fundamental com efeitos positivos significativos na melhoria da aprendizagem dos alunos em estudos sociais (índice de progresso = 49) e ciências (índice de progresso = 48) incluiu um dia inteiro de lições conceituais projetadas para despertar o interesse cognitivo ao conectar conceitos acadêmicos à vida dos próprios alunos de baixa renda e racialmente diversos (Dombek *et al.*, 2017). Coletivamente, esses estudos revelaram o poder de ajudar os alunos a fazerem conexões pessoais com seu processo de aprendizagem.

A aprendizagem cognitivamente desafiadora aumenta o interesse do aluno.

Vários estudos demonstraram que os alunos com baixo desempenho não precisam de aulas ou textos mais fáceis ou menos desafiadores. Na verdade, eles se beneficiam do oposto: experiências de aprendizagem que os envolvam em ideias cognitivamente complexas e os exponham a textos acessíveis, porém instigantes. Por exemplo, em um estudo de larga escala (Stevens, 2003) que envolveu quase 4 mil alunos em escolas urbanas de ensino médio com alto índice de pobreza, a intervenção foi projetada para envolver os alunos com textos de alto interesse e cognitivamente desafiadores de autores conhecidos (p. ex., Langston Hughes, Pearl S. Buck, Isaac Asimov) e exercícios de escrita frequentes e desafiadores (p. ex., "Escreva um conto no estilo de O. Henry"). Os alunos do grupo de tratamento superaram de forma significativa os do grupo de controle nos parâmetros de vocabulário de leitura (índice de progresso = 13), compreensão de leitura (índice de progresso = 10) e expressão da linguagem (índice de progresso = 15).

Da mesma maneira, Kim *et al.* (2017) encontraram efeitos positivos em uma abordagem de um ano desenvolvida para melhorar os resultados de leitura em um grupo de alunos do ensino médio com histórico de baixos níveis de desempenho nessa atividade (pontuação no percentil 30 ou abaixo dele) em escolas com níveis moderados a altos de pobreza (49 a 90% de beneficiários de programas de refeição gratuita ou a preço reduzido). Os alunos do grupo de tratamento se envolveram na leitura de obras de ficção e não ficção cognitivamente complexas, pessoalmente relevantes e acessíveis. Em suma, em vez de simplificar ou "emburrecer" a aprendizagem em um esforço equivocado para torná-la mais acessível, a intervenção tinha como objetivo motivar os alunos e despertar o interesse cognitivo, expondo-os a textos legíveis que desafiavam seu pensamento e despertavam sua curiosidade. Os alunos que receberam a intervenção demonstraram não apenas maior envolvimento com a leitura (índice de progresso = 31), mas também melhorias estatisticamente significativas na compreensão da leitura (índice de progresso = 8).

Dicas de sala de aula para estimular o interesse cognitivo

Esses estudos revelam o poder de estimular o interesse e a curiosidade dos alunos ao expor os estudantes a ideias e conceitos cognitivamente desafiadores, envolvendo-os em um processo de aprendizagem prático e relevante e ajudando-os a estabelecer conexões pessoais com sua aprendizagem. Deixar de estimular o interesse dos alunos pela aprendizagem é, na verdade, pedir que superem os filtros mentais naturais de seu próprio cérebro para prestar atenção ao que está acontecendo na sala de aula. Por outro lado, estimular o interesse dos alunos na aprendizagem pode tornar todo o processo mais produtivo e alegre. A seguir, são apresentadas algumas dicas práticas para transformar essa pesquisa em atividades práticas em sala de aula.

Ative a aprendizagem anterior para criar uma lacuna de conhecimento integrada a outras estratégias comprovadas.

A ativação do conhecimento prévio é uma maneira poderosa de estimular o interesse do aluno (Guthrie *et al.*, 2004; Vaughn *et al.*, 2017). A curiosidade em si é simplesmente o reconhecimento de uma lacuna no conhecimento, que exige um "ponto de referência" (Loewenstein, 1994). Os alunos precisam saber algo sobre um tópico antes de se interessarem por ele. Por exemplo, você pode ter mais curiosidade sobre o treinamento de cães se tiver adotado um filhote recentemente.

Na sala de aula, é importante ajudar os alunos a conectar a nova aprendizagem ao conhecimento prévio, ajudando-os a perceber uma lacuna importante em seu conhecimento. Isso cria um "incômodo" mental que eles desejam remover. A seguir, apresentamos um modelo simples que você pode usar quando começar a ativar o conhecimento prévio dos alunos para estimular o interesse deles na nova aprendizagem: "Você sabe _____, mas sabe/sabia que _____?". Por exemplo:

- Você sabe *como calcular a área de formas geométricas com lados retos*, mas sabia que *existe uma fórmula "mágica" que pode ser usada para calcular a área de um círculo*?
- Você conhece *as ruínas de uma antiga civilização nas selvas da América Central*, mas sabe *como essa outrora poderosa civilização desapareceu*?

- Você sabe que *as pessoas costumam apresentar argumentos do tipo "ponto de não retorno" que preveem que pequenas ações levarão a desastres*, mas você sabia que *essas afirmações são, na verdade, falácias lógicas*?

As perguntas são, obviamente, o cerne da curiosidade. Ao planejar uma unidade ou aula, considere primeiro a aprendizagem anterior que os alunos trazem e, em segundo lugar, a nova aprendizagem que eles encontrarão. Isso o ajudará a estruturar a aprendizagem como uma série de perguntas que ajudam os alunos a ativar a aprendizagem anterior e a conectá-la com o que está por vir. A Figura 1.1 traz alguns exemplos, organizados por área de conteúdo.

Use ganchos de curiosidade.

Muitas das intervenções eficazes destacadas neste capítulo começaram com professores fazendo perguntas para despertar a curiosidade dos alunos. Há alguns ganchos de curiosidade comprovados que surgiram de pesquisas.

Mistérios. Robert Cialdini (2005), psicólogo da Universidade Estadual do Arizona, escreveu um artigo chamado "Qual é o mecanismo secreto para obter o interesse dos alunos? A resposta está no título". Nesse artigo, ele compartilhou sua epifania após analisar dezenas de artigos científicos tentando descobrir como tornar conteúdos complexos interessantes para os alunos. Os melhores escritores de ciência, observou Cialdini, evitam a típica abertura que induz ao bocejo: "Neste artigo, apresentarei argumentos a favor de minha teoria de XYZ". Em vez disso, eles fazem perguntas – perguntas tais como "De que são feitos os anéis de Saturno: rocha ou gelo?". Em seguida, criam suspense sobre seu tópico – argumentos a favor da rocha e do gelo – antes de resolver a questão (a resposta, nesse caso, é que os anéis de Saturno são feitos de rocha e de gelo). Você pode adotar uma abordagem semelhante em sala de aula, apresentando a aprendizagem como um mistério: "O que causou a extinção do mamute peludo?"; "Como o Exército Colonial Americano, em número muito inferior, poderia ter derrotado o Império Britânico?"; "Como os cientistas medem a distância entre planetas distantes?"; "O que as pessoas usavam antes da invenção dos relógios?".

Polêmica. A pesquisa também mostra que a polêmica gera curiosidade (Loewenstein, 1994). Em um experimento agora famoso, Lowry e Johnson (1981) designaram aleatoriamente alunos do 5º e 6º anos para trabalharem

LINGUAGENS	MATEMÁTICA	CIÊNCIAS	CIÊNCIAS SOCIAIS	ARTES
Vocês conhecem os verbos. Mas sabiam que alguns verbos são fracos e outros são fortes... e que os bons escritores usam verbos fortes para "dar força" às suas frases?	É provável que vocês já tenham ouvido previsões matemáticas – por exemplo, que um time esportivo tem 60% de chance de ganhar um jogo. Mas o que isso significa realmente?	Com base no que vocês aprenderam sobre os cinco grupos de animais, quais vocês acham que estão mais bem adaptados a climas frios?	Todos vocês já usaram dinheiro para comprar coisas. Mas vocês já se perguntaram como o dinheiro *funciona*? Por que aceitamos um pedaço de papel em troca de bens e serviços?	O que aprendemos com nossa mistura de cores que pode nos ajudar a criar um mosaico de uma única cor com diferentes tonalidades?
Vocês já terminaram de ler algo e perceberam que não absorveram muita coisa? Como podemos ler com atenção para que isso não aconteça?	Usamos equações lineares para representar relações proporcionais constantes. Mas e se as relações não forem constantemente proporcionais?	Todos vocês já viram seres vivos crescerem. O que vocês acham que pode estar acontecendo dentro deles para fazê-los crescer?	Vocês já ouviram pessoas criticando o presidente e outros líderes eleitos? Vocês sabiam que em muitos países essas críticas são ilegais? Como conseguimos corrigir isso?	Aprendemos sobre as "regras" das escalas e dos acordes menores. Como seria o som se "quebrássemos" essas regras com notas cromáticas adicionais chamadas "notas azuis"?
Vocês já perceberam como as pessoas podem ver o mesmo evento de forma bem diferente? Durante esta unidade, aprenderemos a apreciar como as diferentes culturas e experiências dos escritores influenciam seus pontos de vista.	Como podemos usar o que aprendemos sobre modelagem matemática a fim de prever a quantidade de água necessária para sustentar o crescimento populacional em áreas áridas, como o oeste dos Estados Unidos?	Se vocês já estiveram perto de uma praia no verão, provavelmente já sentiram a brisa do mar durante o dia e a brisa da terra durante a noite. Que princípios científicos podem explicar esses fenômenos?	Vimos como Roma se esforçou para manter um império espalhado por vastas extensões de água e terra e culturas muito diferentes. O que pode ser diferente para um império, como o chinês, ao se espalhar por regiões mais coesas do ponto de vista geográfico e cultural?	Com base no que vocês aprenderam sobre a dança moderna nos Estados Unidos, de que forma ela reflete a cultura, o patrimônio e os povos únicos desse país?

FIGURA 1.1 Questões que usam a aprendizagem anterior para estimular o interesse cognitivo.

em grupos. Um grupo foi instruído a chegar a um consenso sobre um determinado tópico (p. ex., mineração a céu aberto ou designação de lobos como espécies ameaçadas de extinção); o outro foi incentivado a desenvolver seus próprios argumentos sobre o tópico. Os alunos do segundo grupo demonstraram mais interesse no tópico, buscaram mais informações sobre ele e estavam mais propensos a abrir mão de um período de recreio para assistir a um filme sobre o assunto.

Sim, algumas polêmicas podem ser muito delicadas para abordar em sala de aula (podem até ser oficialmente "proibidas"), mas muitas não são. Alguns exemplos:

- Somos vítimas do destino, como os amantes predestinados Romeu e Julieta, ou temos controle sobre nossas circunstâncias?
- Uma maneira de reduzir os gases de efeito estufa seria construir usinas nucleares. Depois de explorar os prós e contras dessa fonte de energia, o que você acha?
- Existe outra maneira de calcular a área dessa forma irregular? Qual é a melhor e por quê?
- "A mídia social faz mais mal do que bem aos jovens." Como você responderia a essa afirmação, usando fatos e lógica para embasar seu argumento?

Charadas e suspense. Sequências incompletas (p. ex., 1, 2, 3, 5, 8 . . . o que vem a seguir?), narrativas inacabadas (p. ex., um suspense antes de um intervalo comercial) e enigmas sem solução (p. ex., $5 + x = 8$; $12 - x = 9$, qual é x?) criam suspense. Alguns exemplos de maneiras de criar suspense em sala de aula:

- Vimos que Ralph e Jack têm personalidades muito diferentes. Ambos são líderes, mas a tensão entre eles está aumentando. O que você acha que vai acontecer agora que eles estão sozinhos na ilha?
- Sabemos que a mistura de bicarbonato de sódio e vinagre gera gás carbônico. O que acontecerá quando colocarmos essa mistura em um frasco com uma vela acesa?
- Vimos que alianças complexas se formaram em toda a Europa no início do século XX. O que aconteceria se o líder de uma dessas nações fosse assassinado?

- Em que ponto um quadrado se torna um retângulo?

Conflito cognitivo. Os alunos também sentem curiosidade quando encontram algo que entra em conflito com sua aprendizagem ou suas concepções anteriores – por exemplo, quando aprendem que os ventos que sopram do topo de montanhas frias tornam os vales abaixo *mais quentes*, e não mais frios, ou que oferecer aos consumidores no supermercado vários sabores de geleia faz com que eles sejam menos propensos a comprar um pote do que quando lhes são oferecidas apenas algumas opções. O conflito cognitivo faz com que os alunos se perguntem: "Por que isso *acontece*?".

Os conceitos errôneos comuns dos alunos em geral são uma boa maneira de criar um conflito cognitivo. Alguns exemplos a seguir:

- Quando os jogadores fazem vários pontos seguidos em um jogo de basquete, eles realmente têm uma "mão boa" (como muitas pessoas pensam) ou essa sequência de arremessos bem-sucedidos reflete apenas uma probabilidade matemática aleatória?
- Muitos alunos acham que a melhor maneira de estudar é reler um capítulo várias vezes. No fim das contas, isso não é verdade. Hoje, aprenderemos uma estratégia melhor.
- Quando um país menor enfrenta um país maior em um conflito militar, o país maior sempre leva a melhor? Nem sempre!
- O que é mais frio, a parte de metal da sua cadeira ou a parte de tecido? Na verdade, as duas têm a mesma temperatura. A parte metálica da cadeira parece mais fria ao toque por causa de algo que aprenderemos hoje chamado de "transferência de calor".
- Quando você divide por uma fração, por que os números ficam maiores?
- Quando você multiplica um número inteiro por um decimal, o produto é menor do que o número inteiro original. O que acontece quando você divide usando decimais?

Um axioma de Hollywood afirma que um filme que não consegue prender o público nos primeiros 10 minutos provavelmente será um fracasso nos cinemas. O mesmo pode ser dito das aulas e unidades em sala de aula. Assim como o público dos filmes, os alunos trazem para a sala de aula interesses, necessidades, motivações e lentes culturais variadas. Alguns gostam de mistérios e outros gostam de resolver problemas e quebra-cabeças. Alguns alunos são motivados a ajudar os outros, enquanto outros querem arregaçar as mangas e se envolver em trabalhos práticos. Nenhuma estratégia isolada é capaz de estimular a imaginação de todos os alunos, despertar sua curiosidade ou tornar a aprendizagem relevante para eles. Portanto, como em um bom filme, é melhor oferecer vários "ganchos" a fim de atrair os alunos para a aprendizagem. Você pode planejar unidades e aulas para identificar várias maneiras de atrair cada aluno para a aprendizagem (veja o processo descrito na Figura 1.2).

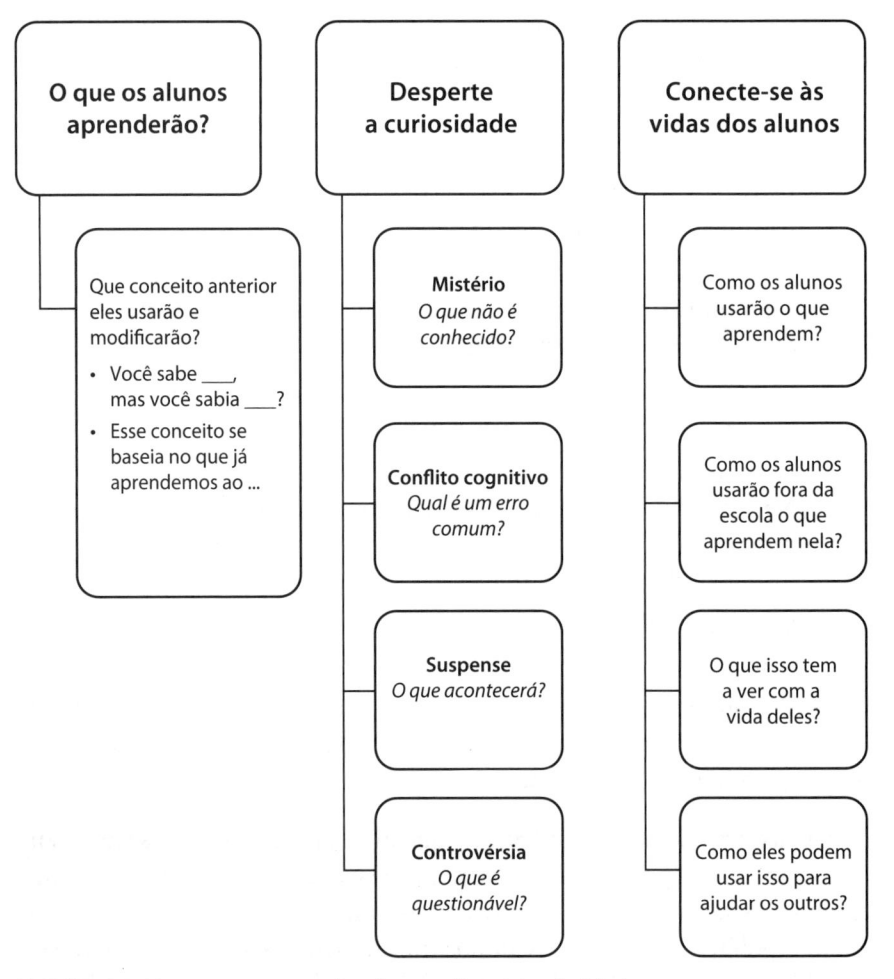

O que os alunos aprenderão?	Desperte a curiosidade	Conecte-se às vidas dos alunos
Que conceito anterior eles usarão e modificarão? • Você sabe ___, mas você sabia ___? • Esse conceito se baseia no que já aprendemos ao ...	**Mistério** *O que não é conhecido?*	Como os alunos usarão o que aprendem?
	Conflito cognitivo *Qual é um erro comum?*	Como os alunos usarão fora da escola o que aprendem nela?
	Suspense *O que acontecerá?*	O que isso tem a ver com a vida deles?
	Controvérsia *O que é questionável?*	Como eles podem usar isso para ajudar os outros?

FIGURA 1.2 Um processo para planejar ganchos de curiosidade.

Ajude os alunos a fazer conexões relevantes com a nova aprendizagem.

Estudos com alunos do ensino médio (Hulleman; Harackiewicz, 2009) e universitários (Hulleman *et al.*, 2010) demonstraram que incentivar os alunos a fazer conexões pessoais e práticas com o novo conteúdo melhora a motivação e a aprendizagem. Os alunos mais velhos geralmente conseguem fazer conexões, por exemplo, com sugestões de redação que lhes pedem para relacionar o que estão aprendendo com sua própria vida. Os alunos mais jovens podem precisar de apoio adicional para fazer essas conexões. Uma boa maneira de começar é mostrar a eles como usar o que estão aprendendo no mundo real. Alguns exemplos:

- Somar, subtrair, multiplicar e dividir frações é algo que precisamos fazer com frequência. Por exemplo, se sua receita rende quatro porções, mas você precisa assar para seis pessoas, o que fazer quando a receita diz para usar 1½ xícara de leite e 2¼ xícaras de farinha?
- Você já viu algo interessante e quis descrevê-lo para outras pessoas? Vamos aprender como escritores e poetas usam palavras para criar imagens na mente de outras pessoas.
- Tenho certeza de que você odeia ficar doente. Durante esta unidade, aprenderemos o que nos deixa doentes e o que acontece em nosso corpo quando estamos doentes, para que possamos ajudá-lo a combater a batalha que se trava dentro dele quando estamos mal e a nos recuperarmos mais rapidamente.
- Você sabia que a maioria dos atletas usa o conhecimento de ângulos para ter sucesso em seus esportes? Vamos aprender sobre ângulos e como eles ajudam os atletas (e nós) a melhorarem seu desempenho.
- Os políticos são famosos por distorcer a verdade em seus discursos. Vamos aprender a identificar afirmações falsas e substituí-las por fatos e detalhes confiáveis.
- Nas próximas lições, aprenderemos sobre a gravidade e a força centrífuga, duas forças que ajudam a manter o equilíbrio quando você está andando de bicicleta.
- Por que é importante saber ver as horas em um relógio analógico? Vamos ser capazes de ler o relógio no fundo da sala de aula para que

você possa saber facilmente quando é o intervalo, o almoço e as atividades especiais todos os dias.

Conheça seus alunos.

Como os alunos trazem diferentes interesses, motivações e lentes culturais para sua sala de aula, identificar ganchos que estimulem seu interesse exige que você pense além de si mesmo e do que *você* acha interessante. Em vez disso, tome medidas para identificar quais aspectos do conteúdo podem interessar aos seus alunos. Simples sugestões de redação no início de um semestre ou ano letivo podem ajudá-lo a saber mais sobre a vida pessoal e os interesses de seus alunos:

- Muitas vezes perco a noção do tempo quando eu _____.
- Uma curiosidade que tenho no momento é _____.
- Se eu pudesse mudar uma coisa no mundo, seria _____.
- Uma coisa interessante que a maioria das pessoas não sabe sobre mim é _____.
- Minha família incutiu em mim o valor de _____.
- O personagem histórico que eu mais gostaria de encontrar é _____ porque _____.
- Acho que a coisa mais importante que você deveria saber sobre mim enquanto professor é _____.

Quanto mais você conhecer seus alunos, maior será a chance de empoderá-los para que façam as próprias conexões com o que vão aprender. Afinal de contas, é mais importante que os alunos encontrem os *próprios* interesses e razões para aprender do que outras pessoas lhes digam o que pensar ou sentir sobre seu processo de aprendizagem.

REFLEXÕES FINAIS: ALUNOS DESMOTIVADOS... OU AULAS DESMOTIVADORAS?

Muitas vezes, ouvimos os professores lamentarem que seus alunos estão desmotivados, como se o desinteresse fosse um traço de personalidade ou uma falha de caráter. No entanto, o que a pesquisa demonstra é que o desinteresse dos alunos é uma resposta às condições da sala de aula. Em poucas palavras, *os alunos se desinteressam quando as salas de aula são desinteressantes.*

Neste capítulo, analisamos algumas estratégias simples e diretas que você pode usar para despertar a curiosidade dos alunos e seu interesse em aprender. Sim, essas estratégias requerem algum tempo adicional para que sejam planejadas e aplicadas, mas valem a pena. Se seus alunos não prestarem atenção ao que está acontecendo em sala de aula – se não acharem interessante, relevante ou significativo –, pode ter certeza de que eles não aprenderão.

Estimular o interesse dos alunos é, obviamente, apenas o início do processo de aprendizagem. Contudo, ele pode potencializar outras estratégias de ensino eficazes e oferecer benefícios tangíveis para os alunos com baixo desempenho. No Capítulo 2, exploraremos a próxima fase da aprendizagem – que, na verdade, consiste em manter o interesse dos alunos na aprendizagem, ajudando-os a se apropriarem de sua aprendizagem e a direcioná-la para a memória de longo prazo.

2

Ajudando os alunos a se comprometerem com a aprendizagem

Aprender qualquer coisa de maneira profunda requer uma energia mental constante: prestar atenção, dar sentido, praticar e, muitas vezes, reencontrá-la até que fique profundamente enraizada na memória de longo prazo. Em suma, a aprendizagem exige que nosso cérebro se mantenha ligado durante longos períodos de tempo. No entanto, como destaca o cientista cognitivo Daniel Kahneman (2011, p. 31), "[...] uma das principais características [do cérebro] é a preguiça, uma relutância em investir mais esforço do que o estritamente necessário". Isso significa que, para aprender seja o que for, temos de convencer nosso cérebro de que vale a pena fazer um esforço para nos mantermos ativos e concentrados no processo de aprendizagem. E fazer isso requer um comprometimento com a aprendizagem, a segunda das seis fases da aprendizagem.

Neste capítulo, vamos explorar algumas ideias-chave da ciência cognitiva e resultados importantes da investigação experimental que indicam uma estratégia prática para ajudar os alunos a se comprometerem com a aprendizagem.

O QUE DIZEM AS PESQUISAS

Começaremos com o que a ciência cognitiva nos diz sobre a razão pela qual muitas vezes é difícil para os alunos se comprometerem com a aprendizagem, o que explica a importância de ajudá-los a utilizar as poderosas substâncias químicas do seu cérebro necessárias para se manterem "ligados".

Aprender requer uma enorme energia mental

O processo de aprendizagem requer algo que Kahneman (2011) chama de "pensamento esforçado". Como ele explica, o cérebro tem dois sistemas operacionais. Um é o cérebro de *pensamento rápido*, que opera automaticamente, com pouca reflexão, muitas vezes porque reativa a aprendizagem anterior que foi convertida em roteiros mentais automatizados. Por exemplo, uma vez que você aprendeu a andar de bicicleta, seu cérebro de pensamento rápido assumiu o controle, permitindo que você passeie pela rua sem pensar muito em manter o equilíbrio, dirigir ou pedalar. O segundo sistema é o cérebro de *pensamento lento*, que exige atenção concentrada. Por exemplo, enquanto aprendia a andar de bicicleta, você precisava concentrar toda a sua atenção na mecânica de pedalar, dirigir em linha reta e manter o equilíbrio. O cérebro de pensamento lento pode ser facilmente interrompido quando a atenção é desviada – por exemplo, quando um ciclista novato tenta acenar para uma câmera e prontamente se desvia para o meio-fio. De modo geral, o cérebro de pensamento lento está no comando (é semelhante ao fluxo de consciência). Entretanto, como observa Kahneman, o cérebro quer constantemente voltar para o modo de baixa energia e evitar a aprendizagem e outras formas de pensamento que exijam esforço, especialmente se não houver nenhuma recompensa por esse esforço. Isso nos leva à próxima grande ideia.

Estabelecer e alcançar metas torna o processo de aprendizagem mais recompensador

Felizmente, algumas formas de pensamento podem ser recompensadoras o suficiente para convencer nosso cérebro a permanecer ligado. Satisfazer a curiosidade enche o cérebro com a "molécula de recompensa" dopamina (Gruber; Gelman; Ranganath, 2014). O mesmo se aplica ao cumprimento de uma meta; até algo tão simples quanto marcar como realizado um item de uma lista de tarefas proporciona uma recompensa de dopamina. Em resumo, atingir uma meta é uma sensação boa e cria um vício positivo – que pode ser poderoso o suficiente para convencer o cérebro de que todo aquele esforço valeu a pena pela recompensa de dopamina no final.

É claro que as metas são mais significativas quando definidas por nós mesmos, em vez de nos serem entregues. Por exemplo, a maioria das pessoas não gostaria que outra pessoa lhes passasse (ou mesmo sugerisse) uma resolução de Ano Novo. No entanto, isso é, na verdade, o que um professor faz quando apresenta metas de aprendizagem aos alunos sem convidá-los a se apropriarem dessas metas. Para realmente ajudar os alunos a se comprometerem com a aprendizagem, os professores precisam ajudá-los a estabelecer metas pessoais para que possam ver o que estão aprendendo como algo valioso e alcançável.

É mais provável que os alunos persigam metas que considerem relevantes e alcançáveis

O pesquisador Jere Brophy (2004) resume 25 anos de pesquisa sobre a motivação dos alunos em uma fórmula simples: *valor* × *expectativa*. Você pode ajudar os alunos a lidar com a primeira metade dessa equação – *valor* – usando estímulos de interesse cognitivo que convençam seus cérebros de que querem aprender algo (p. ex., porque é fascinante), precisam aprender algo (p. ex., porque é útil) ou acham que devem aprender algo (p. ex., porque ajudará outra pessoa). Você pode abordar a segunda metade dessa equação – *expectativa* – ajudando os alunos a dividir metas maiores em etapas menores que criem um caminho para o sucesso. Por exemplo, em um estudo realizado anos atrás, Bandura e Schunk (1981) descobriram que os alunos que estabeleceram metas pessoais realistas e de curto prazo (p. ex., completar seis páginas de materiais instrucionais por sessão de aula) tiveram mais sucesso do que aqueles que estabeleceram metas de aprendizagem "distantes" (p. ex., ter como meta completar todas as 42 páginas em sete sessões) ou nenhuma meta.

As metas de domínio são mais poderosas do que as metas de desempenho

Para que as metas realmente ajudem os alunos a se comprometerem com a aprendizagem, elas devem ser estruturadas como metas de aprendizagem, e não apenas de obtenção de uma nota. Em uma série de experimentos em sala de aula, a pesquisadora da Universidade de Stanford Carol Dweck (2000) demonstrou que os alunos que estabeleceram metas de desempenho para a aprendizagem – metas que refletem o desejo de "parecer inteligente... e evitar parecer burro" (p. ex., "Quero tirar nota máxima em inglês") – tinham maior probabilidade de se sentirem desamparados, inadequados e frustrados diante dos desafios da aprendizagem. Por outro lado, os alunos que estabeleceram metas de domínio que refletiam um "desejo inato de aprender novas habilidades, dominar novas tarefas ou entender coisas novas – um desejo de "ficar mais inteligente" (p. ex., "Quero melhorar minha escrita") – tinham maior probabilidade de aceitar os fracassos iniciais com tranquilidade e prosseguir para atingir suas metas (Dweck, 2000).

Os alunos estão mais aptos a se comprometerem com a aprendizagem quando associam o esforço ao sucesso

Também é importante ensinar aos alunos – geralmente de forma direta – a ligação entre esforço e sucesso. O psicólogo Martin Seligman passou sua carreira estudando por que algumas pessoas são mais bem-sucedidas do que outras. Ele descobriu que as pessoas bem-sucedidas tendem a atribuir seus sucessos (e fracassos) a seus próprios esforços (ou à falta deles) em vez de sorte ou azar – uma característica que ele chamou de "otimismo aprendido", em oposição ao "desamparo aprendido" (Seligman, 2006, p. 15). O otimismo aprendido, observou Seligman, costuma surgir por meio de "experiências de domínio" – oportunidades de obter sucesso, incluindo a realização de pequenas metas. Com o passar do tempo, à medida que os alunos estabelecem e atingem metas, eles veem seus sucessos como resultado não de sorte ou talento, mas sim de seus próprios esforços e, portanto, estão mais aptos a se verem como senhores de seus próprios destinos.

Esse único fator, chamado *controle do destino*, tem uma influência positiva (ou negativa) mais poderosa sobre o desempenho dos alunos do que qualquer outro fator sob o controle da escola (Coleman, 1966). Nas últimas décadas, os pesquisadores descobriram, na verdade, que o fato de os alunos terem um lócus *interno* de controle (ou seja, acreditarem que podem moldar os resultados de sua vida por meio de suas próprias ações), em comparação com um lócus *externo* de controle (ou seja, verem suas circunstâncias moldadas por forças externas fora de seu controle), é um dos mais fortes indicadores de sucesso na escola e na vida. Por exemplo, os alunos que abandonam o ensino médio são mais propensos a terem um lócus *externo* de controle (Ekstrom *et al.*, 1986), ao passo que os alunos com alto desempenho, de baixa renda e não brancos são mais propensos a terem um lócus interno de controle (Finn; Rock, 1997).

Para os alunos marginalizados, um forte lócus interno de controle pode neutralizar os efeitos prejudiciais da "ameaça do estereótipo", o fenômeno bem documentado de alunos com baixo desempenho quando se sentem em risco de serem julgados com base em sua raça, seu gênero ou outra identidade social. Richardson, Abraham e Bond (2012) descobriram que o sentimento de controle sobre a própria vida, a autoeficácia acadêmica e a orientação para metas contribuíram para cerca de 20% da variação nos GPAs dos estudantes universitários. Esse poder preditivo é quase o mesmo das notas do ensino médio e dos resultados do vestibular.

ESTRATÉGIA 2: DEFINIÇÃO E MONITORAMENTO DAS METAS PELOS ALUNOS

O engajamento dos alunos na definição e no monitoramento das metas os ajuda a manter o comprometimento com a aprendizagem.

Embora o cérebro prefira evitar o pensamento esforçado necessário para a aprendizagem, as pesquisas mostram que a definição de metas é uma maneira poderosa de superar essa tendência natural de voltar ao modo de pouco esforço. Quando você ajuda os alunos a estabelecer e atingir metas pessoais de aprendizagem, está ajudando-os a treinar seus cérebros para esperar as recompensas de dopamina do pensamento esforçado, o que os leva a permanecer comprometidos com a aprendizagem. Talvez a melhor notícia de todas seja que, ao dar aos alunos oportunidades contínuas de estabelecer e atingir metas de aprendizagem, os professores podem ajudá-los a ver que o esforço é a chave para o sucesso. A definição de metas ajuda a promover um lócus interno de controle que favorece o sucesso duradouro na escola e na vida. À luz de tudo isso, não surpreende que as pesquisas empíricas apontem na direção de uma única e poderosa estratégia de sala de aula para ajudar os alunos a se comprometerem com a aprendizagem: *a definição e o monitoramento das metas pelos alunos.*

Encontramos 16 estudos empíricos que apresentaram tamanhos de efeito significativos (índice de progresso = 14 a 47) para intervenções que incorporaram a definição de metas pelos alunos (ver Apêndice). Foram encontrados efeitos positivos em todas as áreas de estudo, níveis de ensino e populações de alunos. Na maioria dos estudos, a definição de metas pelos alunos foi combinada com outras estratégias de ensino, o que faz sentido. Afinal de contas, as metas são necessárias, mas não suficientes para a aprendizagem – os alunos ainda precisam de experiências de aprendizagem eficazes para atingir suas metas. No entanto, alguns pesquisadores isolaram o poder das metas de aprendizagem e descobriram que incentivar os alunos a estabelecerem metas de aprendizagem tem um efeito poderoso sobre os resultados da aprendizagem.

Princípios norteadores para a definição e o monitoramento das metas pelos alunos

Os seguintes princípios-chave para a definição e o monitoramento das metas pelos alunos derivam desses estudos.

Metas concretas e alcançáveis são altamente eficazes para tarefas diretas.

As metas não precisam ser incrivelmente ambiciosas para que sejam eficazes, sobretudo quando a aprendizagem em questão é relativamente simples. Na verdade, os alunos têm um desempenho melhor em tarefas menos complexas (p. ex., memorizar fatos matemáticos, revisar redações) que têm metas claras e alcançáveis (p. ex., bater seus próprios recordes anteriores de respostas corretas, acrescentar um número específico de detalhes para fundamentar sua redação (Fuchs et al., 1997, 2003; Page-Voth; Graham, 1999). Como vimos nas pesquisas sobre o cérebro, atingir metas diretas pode proporcionar aos alunos explosões suficientes de dopamina para tornar o processo de aprendizagem gratificante e ajudar os alunos a permanecerem comprometidos com a aprendizagem.

Metas de aprendizagem específicas são melhores do que metas vagas.

Estudos que comparam os efeitos de alunos que estabelecem metas específicas *versus* metas imprecisas (p. ex., "faça seu melhor") têm demonstrado consistentemente efeitos fortes para metas específicas e efeitos fracos para metas vagas (p. ex., Graham; MacArthur; Schwartz, 1995; Midgette; Haria; MacArthur, 2008; Schunk; Swartz, 1993). Schunk e Swartz (1993) compararam o desempenho de escrita de 40 alunos do 5º ano, em sua maioria negros e hispânicos, que receberam ensino semelhante sobre escrita, mas com quatro condições diferentes de definição de metas:

- O primeiro grupo se concentrou nas metas de *processo* – por exemplo, aprender a usar determinadas etapas para escrever um parágrafo descritivo.
- O segundo grupo se concentrou nas mesmas metas de processo, mas também recebeu *feedback* de progresso 3 a 4 vezes por aula.
- O terceiro grupo se concentrou nas metas de *produto* – por exemplo, estabelecendo a meta de escrever um parágrafo descritivo.
- O quarto grupo (controle) estabeleceu metas vagas do tipo "tente fazer o melhor possível".

Apesar de inicialmente apresentarem habilidades de escrita semelhantes, seis semanas após a intervenção, os alunos que estabeleceram metas de processo e receberam *feedback* obtiveram pontuação significativamente mais alta em um teste de habilidades de escrita do que aqueles apenas com metas de processo (índice de progresso = 33), metas de produto (índice de progresso = 40) ou metas vagas (índice de progresso = 50).

As metas são mais eficazes quando acompanhadas de feedback.

Vários estudos demonstraram o poder de associar a definição de metas e o *feedback* ou o monitoramento do progresso (Fuchs *et al.*, 1997, 2003; Glaser; Brunstein, 2007; Limpo; Alves, 2014; Schunk; Swartz, 1991). Por exemplo, Fuchs *et al.* (2003) compararam os efeitos da integração da definição de metas e da autoavaliação com o ensino baseado em esquemas (ou seja, ensinar os alunos a transferir métodos de resolução matemática para diferentes problemas) em comparação com o ensino baseado apenas em esquemas. Seu estudo incluiu alunos racialmente diversos (> 60% não brancos) e de baixa renda (> 60% recebendo refeição gratuita ou a preço reduzido), bem como aqueles com dificuldades de aprendizagem identificadas (> 67%). Os alunos do primeiro grupo de tratamento estabeleceram metas para superar suas próprias pontuações altas anteriores ou alcançar pontuações perfeitas e usaram uma chave de respostas para avaliar seu trabalho e registrar o progresso diário. Os alunos do segundo grupo de tratamento participaram apenas do ensino baseado em esquemas, sem definição de metas ou autoavaliação, e um grupo de controle recebeu ensino convencional em sala de aula sem definição de metas. Os alunos do grupo de definição de metas mais autoavaliação apresentaram desempenho significativamente superior aos do grupo de ensino apenas baseado em esquemas, em relação a parâmetros imediatos e de longo prazo, em sua capacidade de transferir métodos de resolução de problemas para outros problemas semelhantes (índice de progresso = 17 e 22, respectivamente).

Os alunos devem estabelecer metas de domínio (e não de desempenho).

Vários estudos demonstraram os efeitos positivos de incentivar os alunos a estabelecer metas de domínio em vez de metas de desempenho (p. ex., Glaser; Brunstein, 2007; Graham; MacArthur; Schwartz, 1995; Guthrie *et al.*, 2004; Limpo; Alves, 2014; Midgette; Haria; MacArthur, 2008; Morisano *et al.*, 2010; Schunk; Swartz, 1993). Por exemplo, Midgette, Haria e MacArthur (2008) escolheram aleatoriamente alunos de 6º e 9º anos para três tipos diferentes de estratégias de definição de metas durante a revisão dos primeiros rascunhos de uma redação persuasiva. O primeiro grupo recebeu uma meta vaga de "fazer qualquer alteração que você acha que melhoraria a redação". O segundo foi incentivado a atingir uma meta de conteúdo mais específica, "acrescentar mais razões e evidências" em suas redações. O terceiro foi incentivado a atingir uma meta de domínio mais ampla – ou seja, considerar quem poderia discordar de sua opinião e desenvolver contra-argumentos em resposta. Os alunos desse terceiro grupo escreveram redações finais significativamente mais persuasivas do que os do grupo com meta de conteúdo (índice de progresso = 19), que, por sua vez, superaram os alunos do grupo com meta geral (índice de progresso = 18). Essas descobertas apontam para o poder de ajudar os alunos a definir metas que se concentrem no objetivo maior de seu aprendizado – nesse caso, persuadir leitores céticos –, em vez de simplesmente escrever uma boa redação ou complementar sua redação com detalhes.

Os alunos com mentalidade de crescimento têm maior probabilidade de se esforçar para atingir metas.

Talvez o mais importante seja o fato de que estabelecer e atingir metas de domínio pode servir de base para o que as décadas de pesquisa de Carol Dweck identificaram como um poderoso indicador de sucesso dos alunos: o grau de adoção de uma "mentalidade de crescimento" em oposição a uma "mentalidade fixa" (Dweck, 2006). Os alunos que adotam uma mentalidade de crescimento veem a conquista ou o sucesso como resultado do esforço, e não do talento e, portanto, têm maior probabilidade de se esforçar para atingir as metas. Eles entendem que, como um músculo, o cérebro se fortalece com o uso e que a aprendizagem exige esforço, prática e reaprendizado. Por outro lado, os alunos com mentalidade fixa veem a realização ou o sucesso como algo inato, não conquistado nem desenvolvido por meio do esforço. Como resultado, eles tendem a se sentir impotentes diante de desafios ou contratempos, veem o *feedback* como crítica e, por fim, aprendem menos e demonstram menos sucesso como alunos.

Em um experimento controlado em sala de aula, Blackwell, Trzesniewski e Dweck (2007) mostraram o poder de ensinar os alunos a desenvolver uma mentalidade de crescimento ao estabelecer metas. Por meio de uma série de aulas de 25 minutos, os pesquisadores ensinaram a um grupo aleatoriamente selecionado de alunos do 8º ano – em sua maioria estudantes negros (52% afro-americanos, 45% hispânicos) que anteriormente tinham baixo desempenho em matemática – que eles poderiam aumentar sua inteligência e suas habilidades por meio do esforço. As leituras, discussões e atividades em sala de aula fizeram com que os alunos percebessem que, assim como os músculos, o cérebro se fortalece com o uso frequente e que eles poderiam controlar isso enquanto alunos. No final do semestre, os alunos do grupo de tratamento não só demonstraram maior mentalidade de crescimento, mas também reverteram as quedas anteriores em suas notas de matemática, alcançando notas significativamente mais altas (índice de progresso = 20) do que os alunos do grupo de controle, que passaram as oito sessões aprendendo sobre a ciência da memória.

DICAS DE SALA DE AULA PARA A DEFINIÇÃO DE METAS PELOS ALUNOS

As metas desafiam os alunos. Elas também desafiam os professores para que sejam claros sobre o que exatamente querem que os alunos aprendam e por quê. As intervenções examinadas na maioria desses estudos eram, de fato, metas específicas e de curto prazo, focadas no que os alunos aprenderiam em um período limitado de tempo. Em alguns casos, as metas dos alunos eram mais de longo prazo, como a definição de uma meta de domínio para uma aula ou unidade de estudo ou a previsão de um estado futuro desejado e a definição de metas de vida (Morisano *et al.*, 2010).

Tanto as metas de curto quanto as de longo prazo são poderosas. Relembrando a fórmula de Brophy (2004) para a motivação (*expectativa × valor*), as metas de curto prazo podem favorecer as expectativas dos alunos, ajudando-os a dividir a aprendizagem em partes pequenas e realizáveis. As metas de longo prazo, especialmente aquelas ligadas ao domínio, podem ajudar os alunos a verem o valor daquilo que estão aprendendo. É claro que, para ajudar os alunos no estabelecimento de metas pessoais de longo prazo convincentes para a aprendizagem, é necessário que você tenha clareza não apenas sobre o que deseja que os alunos aprendam, mas por que está pedindo que eles aprendam isso.

No livro *Learning that sticks* (Goodwin; Gibson; Rouleau, 2020), sugerimos que os professores peguem uma página emprestada dos executivos de publicidade da Madison Avenue e identifiquem o WIIFM ("O que isso me interessa?", do inglês *What's in it for me?*) para os alunos. Quanto mais você puder ajudar os alunos a conectar suas metas de aprendizagem ao domínio de conhecimentos e habilidades úteis, à busca de seus interesses ou à satisfação de sua curiosidade, mais você poderá ajudá-los a permanecer comprometidos com o processo de aprendizagem. Com tudo isso em mente, oferecemos dicas práticas para ajudar seus alunos a se comprometerem com a aprendizagem por meio de metas de aprendizagem desafiadoras, alcançáveis e significativas.

Ensine explicitamente a definição de metas e ajude os alunos a internalizar a importância disso.

Em conjunto, os estudos destacados neste capítulo demonstram que poucos alunos se deparam naturalmente com a prática de estabelecer metas. Em vez disso, você deve ensinar o processo a eles e ajudá-los a apreciar o poder da definição de metas em suas próprias vidas. Uma maneira de fazer isso – sobretudo para os alunos que podem inicialmente não ter um lócus interno de controle – é ajudá-los a estabelecer metas de curto prazo, realistas e mensuráveis que ofereçam oportunidades de associar esforço ao sucesso. Outra maneira é incentivar os alunos a compartilhar o poder da definição de metas com outros alunos que talvez queiram desistir ou não se sintam bem-vindos na escola.

Um experimento envolvendo alunos negros e brancos do primeiro ano da faculdade (Walton; Cohen, 2011) revelou ainda mais os benefícios de ensinar a orientação para metas a grupos diversos de alunos. Os participantes do grupo de tratamento leram materiais que afirmavam que todos os alunos, independentemente da raça ou origem, passam por contratempos temporários e sentimento de insegurança durante o primeiro ano de faculdade. Em seguida, foi solicitado que relacionassem sua própria experiência ao que haviam lido e criassem uma mensagem para outros alunos que os tranquilizasse quanto ao fato de que as dúvidas sobre o pertencimento à faculdade eram normais, e os contratempos, temporários. Embora essa intervenção não tenha tido nenhum efeito sobre os alunos brancos, ela aumentou tanto os GPAs dos alunos negros que acabou reduzindo a diferença de desempenho em 79% e triplicou o número de alunos negros entre os melhores da turma. A chave para esses resultados positivos parece ser o efeito "falar é acreditar" (Walton; Cohen, 2011). Em resumo, compartilhar com outras pessoas os benefícios de persistir em direção a metas ajudou os alunos a internalizarem essas atitudes dentro de si mesmos.

Certifique-se de que as metas e os objetivos de aprendizagem sejam específicos.

Como vimos, metas e objetivos de aprendizagem vagos têm pouco ou nenhum efeito sobre a aprendizagem dos alunos. Quanto mais claras forem as metas e os objetivos de aprendizagem para eles, mais fácil será para que se comprometam com a aprendizagem; eles sabem exatamente o que se espera deles e o que significa o sucesso em cada etapa do caminho. Para a maioria dos alunos, sobretudo os mais jovens ou aqueles que estão com dificuldades, dividir o aprendizado em partes pequenas que descrevam o sucesso (sem deixar de ter em mente o panorama geral) pode ser particularmente útil. Como demonstrado no estudo de Schunk e Swartz (1993), se os alunos estiverem aprendendo um processo para escrever um parágrafo descritivo, suas metas devem ajudá-los a se concentrar não apenas em escrever um parágrafo, mas em dominar o processo de escrever parágrafos eficazes. A seguir, uma ilustração para esclarecer a hierarquia das metas, dos objetivos de aprendizagem e dos critérios de sucesso:

- **Meta de longo prazo:** Vamos nos tornar hábeis em escrever textos de opinião usando dados e detalhes relevantes para que possamos comunicar nossas ideias por escrito com eficácia.
- **Objetivo de aprendizagem da unidade:** Escreveremos um ensaio de opinião que inclua detalhes para embasar novas opiniões, retirados

de fontes confiáveis, para persuadir outras pessoas a compartilharem nossa opinião.

- **Critérios de sucesso:**
  - Posso analisar os pontos fortes e fracos dos textos de opinião enquanto aprendo a escrever meu próprio texto de opinião eficaz.
  - Posso explicar como sei que os detalhes que selecionei são confiáveis.
  - Posso discutir com um colega a diferença entre persuadir e informar.

Além das metas de longo prazo e dos objetivos de aprendizagem da unidade, os alunos também podem definir objetivos de aprendizagem ou critérios de sucesso diários (Figura 2.1).

Observe como as metas de aprendizagem dos alunos na Figura 2.1 transformam objetivos vagos em metas mais significativas para os alunos, ao fornecerem o *"como"* para embasar o *"o quê"* e o *"por quê"* do objetivo de aprendizagem específico. Quando os alunos sabem o que aprenderão (o que torna uma conclusão eficaz), por que estão aprendendo (para que possamos escrever uma declaração de conclusão forte) e como se engajarão no processo de aprendizagem e no monitoramento de seu progresso (analisar dois ensaios de opinião com meu grupo e adicionar à tabela da turma que descreve as características de conclusões eficazes), isso oferece um caminho claro e motivação para a aprendizagem.

Use frases em primeira pessoa para ajudar os alunos a personalizar os objetivos como critérios de sucesso.

O simples fato de afixar um objetivo de aprendizagem na frente da sala de aula não contribui muito para melhorar o aprendizado se os alunos não transformarem os objetivos em metas pessoais de aprendizagem. Em nossas visitas às salas de aula, geralmente vemos os objetivos de aprendizagem estruturados como metas para o *ensino* (p. ex., "A aula de hoje será focada em ..."). Um avanço importante para muitos professores, entretanto, é quando eles começam a formular os objetivos de aprendizagem para descrever o que os *alunos aprenderão* e por quê ("Hoje aprenderemos ... para que possamos ..."). Os critérios de sucesso incluem frases como as seguintes:

- Posso explicar...
- Posso ilustrar e explicar...

OBJETIVO DIÁRIO DE APRENDIZAGEM	METAS DE APRENDIZAGEM DOS ALUNOS (CRITÉRIOS DE SUCESSO)
Vago: Escreveremos um ensaio de opinião. *Específico*: Usaremos um organizador gráfico a fim de planejar um ensaio de opinião que inclua um tópico e informações detalhadas **para que** tenhamos as informações necessárias para começar a escrever. Daremos e receberemos *feedback* sobre nossos planos de redação **para que** não haja lacunas em nossas informações.	Posso usar o texto para identificar um tópico (e minha opinião) para meu ensaio. *Exemplo*: Acredito que o personagem mais influente da história foi _____. Sou capaz de identificar três detalhes relevantes do texto que sustentam meu tópico e minha opinião. Posso discutir minha opinião e as informações detalhadas com um colega e acrescentar informações, se necessário. Posso usar um protocolo de *feedback* para dar a meu colega um *feedback* específico sobre seu trabalho.
Vago: Usaremos o texto para acrescentar mais detalhes aos nossos ensaios de opinião. *Específico*: Usaremos o texto para acrescentar declarações explicativas aos nossos detalhes relevantes, **de modo que** fique claro como o texto embasa cada detalhe e dá credibilidade à nossa opinião.	Posso escrever duas declarações explicativas para cada um de meus detalhes. *Exemplo*: Esse detalhe sobre a vovó explica seu relacionamento com os outros membros da família: eles a viam como uma pessoa sábia, o que a tornava muito influente. Posso explicar a um colega exatamente onde encontrei informações no texto para embasar minhas explicações.
Vago: Escreveremos conclusões para nossas redações. *Específico*: Aprenderemos sobre o que torna uma conclusão eficaz **para que** possamos escrever uma declaração final forte.	Posso analisar dois ensaios de opinião com meu grupo e acrescentar à tabela da turma, destacando as características de suas conclusões. *Exemplo*: Conclusões eficazes reafirmam a opinião e resumem brevemente as evidências que sustentam a opinião. Posso analisar uma terceira conclusão por conta própria, aplicando as informações que geramos em sala de aula. Posso redigir uma frase de conclusão e destacar como incorporei as características de conclusões eficazes em meu trabalho.

FIGURA 2.1 Objetivos diários de aprendizagem e metas relacionadas aos alunos.

- Eu entendo e posso discutir...
- Posso testar e provar...
- Posso demonstrar como fazer...

A capacidade de usar verbos como "explicar", "descrever" ou "prever" ajuda os alunos a se concentrarem no domínio, e não apenas nas metas de desempenho. A Figura 2.2 mostra uma rubrica que transforma um objetivo de aprendizagem em uma série de critérios de sucesso (metas de aprendizagem do aluno). Os alunos podem usar uma ferramenta como essa para monitorar seu progresso e se familiarizar com a ideia de que, dentro de cada objetivo, há metas específicas a dominar.

Objetivo de aprendizagem: aprenderemos a escrever textos de opinião para que possamos expressar nossas ideias com mais clareza para os outros.			
Posso explicar a diferença entre uma opinião e um fato.	😑	🙂	😊
Posso dizer a um colega de turma minha opinião sobre um tópico.	😑	🙂	😊
Posso incluir um exemplo pessoal e dois argumentos para fundamentar minha opinião.	😑	🙂	😊
Posso escrever minha opinião, um exemplo pessoal e dois argumentos em três a cinco frases, em pensamentos completos.	😑	🙂	😊

FIGURA 2.2 Uma rubrica de um aluno que reformula um objetivo de aprendizagem como uma série de critérios de sucesso.

Ajude os alunos a monitorar seu progresso na direção de suas metas e seus objetivos.

Diversos estudos demonstraram os benefícios de combinar a definição de metas com o automonitoramento e o *feedback* regular do progresso. As metas devem ajudar os alunos não apenas a se comprometerem com a aprendizagem, mas a se manterem comprometidos com ela. A seguir, são apresentadas algumas estratégias simples que vimos professores utilizarem para ajudar os alunos a manter suas metas diante deles (às vezes, literalmente), usando-as para monitorar seu progresso:

- Solicite aos alunos que escrevam suas metas de aprendizagem em cartões de mesa colocados à frente deles.
- Solicite aos alunos que escrevam as metas de aprendizagem semanais no verso de seus cartões de identificação.
- Incentive os alunos a avaliar seu próprio progresso usando listas de verificação, rubricas ou entradas em portfólios *on-line*.
- Use gráficos ou tabelas para ajudar os alunos a acompanhar o progresso diário ou semanal em direção às suas metas.
- Como uma atividade a ser realizada ao entrarem em sala de aula, convide os alunos a rever suas metas, refletir sobre o progresso e definir novas metas de acordo com a necessidade deles.
- Use o recurso "virar e falar" para incentivar os alunos a compartilhar e discutir suas metas de aprendizagem com um colega.
- Peça aos alunos que produzam uma gravação de voz semanal ou quinzenal ou um diário em vídeo explicando o progresso em direção às suas metas.

Ajude os alunos a desenvolver metas de domínio.

Como já observamos, às vezes metas simples ligadas ao desempenho podem ser eficazes – por exemplo, incentivando os alunos a superar uma pontuação anterior em um teste semanal. No entanto, em última análise, é fundamental que os alunos desenvolvam uma mentalidade de crescimento em relação às suas metas – vendo-as como oportunidades de se desafiarem a exercitar seu cérebro e se tornarem alunos melhores. Portanto, embora as metas de desempenho possam ser úteis a curto prazo, é importante ajudar os alunos a estabelecer metas de aprendizagem que tenham a ver com o domínio do novo aprendizado, e não apenas com a obtenção de uma pontuação ou nota desejada. A Figura 2.3 apresenta alguns exemplos de como as metas de desempenho podem ser reformuladas como metas de domínio.

REFLEXÕES FINAIS: AJUDANDO OS ALUNOS A DESENVOLVER HÁBITOS MENTAIS POSITIVOS

Quando os alunos estabelecem metas, eles aprendem mais. Estabelecer metas de aprendizagem ativa as estratégias metacognitivas. A *metacognição* é a conversa interna – a voz na mente dos alunos que os ajuda a se manterem comprometidos com a aprendizagem, lembrando-os de manter o foco, apontando quando estão fora do caminho e incentivando-os a con-

META DE DESEMPENHO	META DE DOMÍNIO
Vou tirar uma nota máxima em meu ensaio persuasivo.	Dominarei os seis elementos da redação persuasiva.
Serei aprovado em minha prova de Ciências.	Serei capaz de entender e explicar como a cadeia de montanhas perto de minha casa se formou e se transformou ao longo do tempo.
Quero gabaritar o teste de matemática.	Praticarei e dominarei as habilidades necessárias para medir formas irregulares.
Tirarei 10/10 em minha prova de ortografia.	Serei capaz de usar "their", "they're" e "there" corretamente em frases.
Memorizarei a tabela periódica.	Serei capaz de analisar os elementos da tabela periódica e explicar por que ela está estruturada dessa forma.
Aprenderei todas as formas.	Serei capaz de explicar os atributos de cada forma.
Aprenderei todas as letras.	Serei capaz de classificar letras maiúsculas e minúsculas.
Criarei uma célula vegetal.	Criarei uma célula vegetal e ensinarei aos meus colegas de turma o processo de fotossíntese usando o vocabulário acadêmico correto.

FIGURA 2.3 Metas de desempenho reformuladas como metas de domínio.

tinuar se esforçando mentalmente para atingir suas metas. Outro estudo em nossa amostra ilustra esse poder das metas em dar suporte a uma conversa interna positiva e o comprometimento com a aprendizagem – não apenas em um único período de aula ou unidade, mas durante um semestre inteiro ou mais.

Morisano *et al.* (2010) selecionaram aleatoriamente um grupo de estudantes universitários com dificuldades acadêmicas (GPA de 3,0 ou menos) para participar de um programa relativamente curto *on-line* (2,5 horas) de definição intensiva de metas. Os estudantes foram orientados por meio de uma série de etapas para visualizar seu futuro ideal, identificar áreas de interesse sobre as quais queriam aprender mais, definir metas específicas para alcançar o estado desejado, identificar as etapas que precisavam seguir para atingir suas metas e esclarecer seu comprometimento com cada meta. Enquanto isso, um grupo de controle de estudantes universitários com dificuldades semelhantes respondeu a uma série de pesquisas psicológicas e escreveu sobre experiências passadas positivas. Depois de quatro meses, os participantes do grupo de definição de metas obtiveram melhorias significativas, com os GPAs subindo de 2,25 para 2,91, em média, enquanto os alunos do grupo de controle não apresentaram mudanças significativas no desempenho.

O que esse e outros estudos neste capítulo ilustram é que ajudar os alunos no estabelecimento de metas de aprendizagem é mais do que uma simples estratégia de ensino em sala de aula – é um poderoso hábito mental. O estabelecimento de metas cria um ciclo de *feedback* positivo: quanto mais desafiadora a meta, mais dopamina nosso cérebro libera quando a alcançamos, o que nos incentiva a estabelecer e medir o progresso em metas cada vez mais desafiadoras. A definição de metas, especialmente quando combinada com estímulos de interesse cognitivo, torna a aprendizagem gratificante (e talvez até mesmo viciante), fazendo com que os alunos se comprometam a aprender não porque *precisam*, mas porque *desejam*. E isso torna toda a experiência de aprendizagem mais alegre e envolvente para todos – alunos e professores.

3

Ajudando os alunos a focar a nova aprendizagem

Quando o cérebro dos alunos está preparado para aprender, eles estão prontos para se engajar na terceira das seis fases da aprendizagem: focar a nova aprendizagem.

Normalmente, a "nova aprendizagem" – informações armazenadas no que os cientistas cognitivos chamam de "memória de trabalho de curto prazo" – é retida por apenas 5 a 20 minutos. É um pouco como uma janela aberta na tela do computador; você não tem problemas para se concentrar no que vê, mas pode perder as informações para sempre se fechar a janela. O que está na memória de trabalho pode ir para apenas um de dois lugares: ou sai (isto é, você esquece, como quando vai a outro cômodo para buscar algo e descobre que esqueceu por que foi até lá) ou inicia a jornada para a memória de longo prazo. Como professor, seu objetivo é ajudar os alunos a se concentrarem na nova aprendizagem o suficiente para garantir que ela alcance a memória de longo prazo.

Neste capítulo, exploraremos alguns *insights* fundamentais da ciência cognitiva e descobertas importantes de pesquisas experimentais que embasam três estratégias práticas para ajudar os alunos a se concentrarem na nova aprendizagem.

O QUE DIZEM AS PESQUISAS

Existem algumas ideias principais sobre a memória de trabalho de curto prazo que, como você verá, explicam por que essas estratégias que destacamos são tão eficazes.

Memórias de trabalho de curto prazo têm limitações

Sua memória de trabalho de curto prazo só pode se concentrar em algumas poucas informações por vez. Dos 11 milhões de bits por segundo que chegam por meio dos cinco sentidos, o cérebro só consegue processar cerca de 120 bits por segundo (Levitin, 2015). Entender alguém falando com você, por exemplo, requer cerca de 60 bits por segundo, o que explica por que é difícil entender duas pessoas falando ao mesmo tempo e impossível acompanhar três conversas simultâneas. Simplesmente não é possível espremer 180 bits de informação em um canal de 120 bits. Além disso, a capacidade geral da memória de trabalho é limitada. Há muito tempo se pensava que ela fosse capaz de lidar com apenas sete mais ou menos dois bits de informação (Miller, 1956), mas o "limite de bits de informação" da memória de trabalho pode, na verdade, estar mais próximo de quatro (University of New South Wales, 2012). Na prática, nosso cérebro tende a agrupar cadeias de informações mais longas em outras mais curtas. Por exemplo, a menos que você esteja familiarizado com uma determinada música *pop* dos anos 1980, é mais provável que se lembre de "867-5309" se a transformar em "8, 67, 53, 09".*

Memórias de trabalho funcionam melhor com informações novas apresentadas visualmente ou verbalmente

Embora nossa memória de trabalho possa processar apenas quantidades limitadas de dados ao mesmo tempo, felizmente podemos, na verdade, dobrar nossa capacidade de processamento de informações se recebermos informações tanto visuais quanto verbais – algo conhecido como "codifica-

---

* N. de R.T. Música da banda Tommy Tutone que fez grande sucesso nos Estados Unidos e que tem como refrão "*Eight six seven five three oh nine*", que seria o número de telefone de uma moça chamada Jenny. O que se quer dizer é que, a menos que você conheça a letra dessa música em que cada número é citado, você gravaria essa sequência de sete algarismos como "oito, sessenta e sete, cinquenta e três, zero nove", o que exigiria menos esforço da memória.

ção dupla" (Paivio, 1991). Estudos mostram que, quando ativamos simultaneamente os sistemas visuais e verbais de nossa memória de trabalho, conseguimos processar e armazenar melhor as novas informações. Portanto, não é surpreendente que a combinação de informações visuais e verbais por meio do uso de visualizações e exemplos concretos seja uma estratégia de ensino poderosa.

A automatização dos principais processos e habilidades ajuda a reduzir a demanda cognitiva da memória de trabalho

Nosso cérebro também supera a capacidade limitada da memória de trabalho, transformando processos mentais complexos em *scripts* automatizados, semelhantes a uma sequência macro em um programa de computador. Neste momento, enquanto você lê esta frase, sem estar consciente disso, seu cérebro está traduzindo automaticamente as letras de cada palavra da frase em sons, sílabas e palavras para que você possa se concentrar na compreensão do significado. É um truque interessante – um truque que seu cérebro faz tão naturalmente que pode ser fácil esquecer o aprendizado e a prática meticulosos que permitiram que você automatizasse os *scripts* mentais que agora utiliza com tanta facilidade –, o que nos leva a outra ideia-chave.

O ensino direto ajuda os alunos a aprender processos e habilidades com mais facilidade e eficiência

Todo esse processo de automatização é facilitado e se torna mais eficiente por meio do primeiro ensino direto e da demonstração de novos processos e habilidades. Sim, o cérebro pode automatizar (e de fato automatiza) habilidades por meio da autodescoberta e da tentativa e erro, mas isso é ineficiente e deixa muito espaço para erros e para que a aprendizagem seja perdida. Em resumo, você não deve presumir que os alunos descobrirão naturalmente por conta própria como ler, somar números, compreender textos, resolver problemas com palavras ou escrever com eficiência. Em vez disso, você deve ajudá-los a desenvolver essas habilidades, ensinando e modelando explicitamente as etapas necessárias para fazer bem essas tarefas. Essa é a ideia principal por trás de outra estratégia de ensino baseada em evidências: o ensino e a modelagem de estratégias (ver Estratégia 4, p. 62).

O uso de vocabulário acadêmico e de assuntos específicos contribui para uma aprendizagem mais profunda

Outra forma de nosso cérebro aliviar o fardo de nossa memória de trabalho é comprimir ideias e conceitos em pequenos pacotes de conhecimento chamados "palavras". Por exemplo, quando você entende completamente o significado de "condensação", seu cérebro associa essa palavra a conceitos (p. ex., a fase da água de vapor para líquido) e imagens visuais (p. ex., umidade em um copo frio). Essa é a ideia principal por trás do ensino de vocabulário – ajudar os alunos a traduzirem as principais ideias e conceitos em pacotes de informações gerenciáveis que chamamos de palavras. É muito mais fácil, por exemplo, compreender um conceito complexo como o ciclo da água se você entender a palavra "condensação".

Neste capítulo, exploraremos como transformar esses princípios norteadores em estratégias de sala de aula que ajudem seus alunos a se concentrarem efetivamente na nova aprendizagem enquanto ela ainda se encontra em suas memórias de trabalho.

ESTRATÉGIA 3: ENSINO DE VOCABULÁRIO

O ensino de vocabulário desenvolve o conhecimento declarativo, ajudando os alunos a entender, lembrar e aplicar palavras e termos acadêmicos específicos da disciplina.

Há muito tempo o desenvolvimento de vocabulário tem sido associado ao sucesso dos alunos e à compreensão da leitura (Beck; Perfetti; McKeown, 1982), provavelmente porque, como escreveu Henry Ward Beecher, "todas as palavras são ganchos para pendurar ideias". Em outras palavras, o ensino de vocabulário não significa que os alunos memorizem tediosamente listas de palavras, mas sim que desenvolvam ganchos nos quais possam pendurar conceitos de temas específicos (*mitose, meiose, oligarquia, plutocracia, exposição, desfecho*) e processos acadêmicos (*comparar, contrastar, sintetizar, explicar*), para que possam se concentrar em pensar, analisar e discutir conceitos-chave e ideias principais e preservar sua compreensão ao longo do tempo. No Apêndice, você encontrará resumos de 14 estudos experimentais que demonstraram efeitos significativos (índice de progresso = 11 a 46) no ensino direto de vocabulário acadêmico e específico da disciplina em todas as áreas do conhecimento, em várias séries e em diferentes populações de alunos.

Princípios norteadores para o ensino direto de vocabulário

A partir desses estudos, podemos extrair os princípios norteadores indicados a seguir para um ensino de vocabulário eficaz.

Os alunos adquirem novas palavras melhor quando as encontram e as usam de várias maneiras.

Vários estudos demonstraram que a aquisição de vocabulário ocorre apenas depois que os alunos encontram novas palavras de diversas maneiras, como as apresentadas a seguir:

- Escutar definições acessíveis aos alunos (Vaughn *et al.*, 2017).
- Visualizar exemplos e não exemplos de palavras em frases (Wood *et al.*, 2018).
- Ver exemplos visuais e concretos de novas palavras (August *et al.*, 2009; Coyne *et al.*, 2019; Vaughn *et al.*, 2017; Wasik; Bond, 2001).
- Praticar palavras em conversas com colegas (Vaughn *et al.*, 2017).
- Incorporar novas palavras em exercícios de escrita (Lesaux *et al.*, 2014).
- Praticá-las em jogos de palavras (Townsend; Collins, 2009).

McKeown *et al.* (2018), por exemplo, descobriram efeitos positivos no ensino de termos de vocabulário interdisciplinar para alunos do ensino médio, em sua maioria de baixa renda, mostrando-lhes as palavras em vários contextos (p. ex., "expor" em relação à radiação, à arte e à cultura), ensinando as definições e conotações de cada palavra e fazendo com que os alunos as incorporassem em sua escrita. Os alunos também aprenderam as raízes latinas das palavras (p. ex., *fin* em "finito") e os morfemas que alteravam o significado das palavras (p. ex., in- e -ei). Após ensinar 99 palavras aos alunos ao longo de 11 semanas, os alunos do 6º ano do grupo de tratamento apresentaram maior aumento no conhecimento de palavras (índice de progresso = 26) e na compreensão de leitura (índice de progresso = 35) do que aqueles do grupo de controle aos quais foram ensinadas as mesmas palavras sem múltiplas oportunidades de aprendê-las e aplicá-las.

Qualidade é mais importante do que quantidade.

As intervenções eficazes não buscam bombardear os alunos com novas palavras, mas, ao contrário, adotam uma abordagem "menos é mais", concentrando-se em um conjunto limitado de palavras – de 3 a 5 palavras-alvo por semana (Lesaux *et al.*, 2014) a 12 a 14 palavras por semana (Carlo *et al.*, 2004). Essa abordagem de qualidade em vez de quantidade inclui práticas como as seguintes:

- Definir e explicar novas palavras para alunos de baixa renda que têm o inglês como segunda língua quando eles as encontram durante sessões de leitura em voz alta de livros de histórias (Justice; Meier; Walpole, 2005).
- Oferecer aos alunos com baixos níveis de desempenho oportunidades de revisar as palavras-alvo e usá-las em conversas com seus colegas (Coyne *et al.*, 2019; Pullen *et al.*, 2010).
- Incentivar os alunos (incluindo alunos que estão começando a aprender inglês) a usar novas palavras em tarefas escritas ampliadas (Lesaux *et al.*, 2014; Vadasy; Sanders; Logan Herrera, 2015).

Os alunos se beneficiam do ensino direto tanto em termos de vocabulário específico de uma área quanto em termos de vocabulário acadêmico.

Estudos demonstraram que os alunos se beneficiam do ensino direto de termos específicos em ciências (August *et al.*, 2009; Brown; Ryoo; Rodriguez, 2010; Tong *et al.*, 2014; Townsend; Collins, 2009), estudos sociais (Townsend; Collins, 2009; Vaughn *et al.*, 2017) e matemática (Fuchs *et al.*, 2021). Os alunos também se beneficiam do ensino direto de palavras de vocabulário acadêmico de uso geral, incluindo aquelas ligadas às seguintes áreas:

- Compreensão inicial de leitura – p. ex., "ponderada", "amuada", "superfície", "decidida", "obsoleta" (Coyne *et al.*, 2019; Justice; Meier; Walpole, 2005; Pullen et al., 2010; Wasik; Bond, 2001)
- Compreensão de leitura para alunos que têm o inglês como segunda língua – p. ex., "fome", "escapar", "motivo", "otimismo", "perspectiva" (Carlo *et al.*, 2004; Wasik; Bond, 2001)
- Palavras na leitura cotidiana – p. ex., "expor", "refinar" (Lesaux *et al.*, 2014; McKeown *et al.*, 2018; Vadasy; Sanders; Logan Herrera, 2015)

O ensino direto de vocabulário acadêmico ajuda a diminuir essas diferenças.

O ensino de vocabulário beneficia todos os alunos e parece reduzir as diferenças de desempenho, proporcionando benefícios ainda maiores para alunos de baixa renda (Kim *et al.*, 2017; Stevens, 2003), alunos que têm o inglês como segunda língua (Carlo *et al.*, 2004; Lesaux *et al.*, 2014; Tong *et al.*, 2014; Vaughn *et al.*, 2017; Wasik; Bond, 2001) e alunos com dificuldades de leitura (Justice; Meier; Walpole, 2005; Townsend; Collins, 2009).

Por exemplo, Justice, Meier e Walpole (2005) compararam os efeitos da mera exposição de alunos da educação infantil a palavras-alvo durante sessões de leitura em voz alta seguida de uma pausa para explicar seu significado. Os alunos com vocabulário rico pareciam aprender novas palavras facilmente por meio da exposição casual (índice de progresso = 30). Embora aqueles com vocabulário fraco tenham aprendido muito poucas palavras-alvo por meio da exposição casual (índice de progresso = 4), esses alunos obtiveram ganhos significativos (índice de progresso = 41) quando os professores fizeram uma pausa para explicar as palavras-alvo a eles. Essas descobertas, junto com as de um estudo semelhante (Coyne *et al.*, 2019), demonstram que as estratégias de "baixa intervenção" que simplesmente expõem os alunos a novas palavras podem perpetuar ou exacerbar as diferenças de desempenho, ao passo que o ensino direto de novas palavras com "alta intervenção" pode eliminá-las.

Os alunos se beneficiam do ensino direto na análise de palavras e nas estratégias de aprendizagem de vocabulário.

Os alunos precisam aprender milhares de palavras ao longo de sua vida acadêmica – muito mais do que pode ser ensinado diretamente. Assim, os professores também devem mostrar aos alunos como *ensinar a si mesmos* novas palavras, por exemplo, usando pistas de contexto para discernir conotações e significados de palavras, ou usando o conhecimento de prefixos e sufixos para descobrir palavras desconhecidas. De fato, vários estudos revelaram os efeitos positivos de os alunos aprenderem novas palavras sozinhos (Carlo *et al.*, 2004; McKeown *et al.*, 2018; Wood *et al.*, 2018).

Carlo *et al.* (2004), por exemplo, encontraram efeitos positivos significativos (índice de progresso = 13) quando alunos do 6º ano que falam espanhol e inglês receberam ensino direto sobre análise de palavras e estratégias de aprendizagem de vocabulário. Em um período de 15 semanas, os alunos do grupo de tratamento receberam de 30 a 45 minutos de instrução, 4 dias por semana, sobre 12 a 14 palavras-alvo, juntamente com estratégias para usar pistas de contexto, morfologia (ou seja, reconhecer diferentes formas de palavras como "eleição", "eleger", "elegendo") e cognatos (ou seja, palavras semelhantes em espanhol e inglês, como *"frio"* e *"frigid"*) para que inferissem o significado das palavras. Os alunos do grupo de controle, por sua vez, receberam instrução normal, sem ênfase no ensino de vocabulário. Posteriormente, tanto os alunos que têm o inglês como segunda língua quanto os alunos que falam somente inglês do grupo de tratamento superaram os do grupo de controle em parâmetros de domínio de palavras (índice de progresso = 34) e compreensão de leitura (índice de progresso = 19).

O ensino de vocabulário deve complementar, e não substituir, a compreensão conceitual.

O ensino de vocabulário não consiste em memorizar palavras, mas sim em garantir que os alunos entendam os conceitos e adquiram as palavras como ganchos para pendurá-los. Desenvolver a compreensão conceitual antes do ensino de vocabulário pode ser mais eficaz do que ensinar conceitos por meio de palavras. Por exemplo, Brown, Ryoo e Rodriguez (2010) compararam os efeitos de oferecer aos alunos de 5º ano em escolas de baixa renda e altamente heterogêneas duas abordagens diferentes para uma unidade de ciências sobre fotossíntese. Os alunos do grupo de tratamento participaram de unidades de ciências baseadas em questionamentos que usavam linguagem cotidiana para desenvolver sua compreensão conceitual da fotossíntese antes de aprender termos relacionados a esse tema. Enquanto isso, os alunos do grupo de controle aprenderam conceitos científicos e vocabulário simultaneamente. Em um teste de fim de unidade, os alunos do grupo de tratamento demonstraram uma compreensão significativamente maior dos conceitos científicos (índice de progresso = 13) do que os do grupo de controle. Portanto, se as palavras são os ganchos nos quais se penduram as ideias, pode ser mais eficaz fornecer aos alunos em primeiro lugar as ideias e depois os ganchos.

Vale a pena ressaltar que o ensino de vocabulário não deve excluir ou substituir outras formas de ensino, conforme revelado em um experimento desenvolvido para aumentar as habilidades de compreensão de leitura de alunos do 4º e 5º anos por meio do ensino de vocabulário (Vadasy; Sanders; Logan

Herrera, 2015). Após 14 semanas de ensino de vocabulário, os alunos do grupo de tratamento apresentaram ganhos significativos no conhecimento de palavras (índice de progresso = 49), mas ganhos mínimos na compreensão de leitura (índice de progresso = 6). As observações em sala de aula revelaram que, à medida que os professores do grupo de tratamento aumentavam o ensino de vocabulário, eles *diminuíam* o ensino da compreensão. Essas descobertas sugerem que o ensino de vocabulário é necessário, mas não suficiente, para que ocorra um aprendizado mais profundo e que ele deve ser equilibrado com o ensino da compreensão conceitual e de outras habilidades.

Dicas de sala de aula para o ensino de vocabulário

Em conjunto, esses estudos mostram um quadro convincente do ensino de vocabulário, que é uma estratégia importante, especialmente quando equilibrada com outras estratégias que favoreçam a aprendizagem mais profunda, a compreensão e o pensamento crítico. Com isso em mente, oferecemos algumas dicas para incorporar o ensino de vocabulário em sala de aula.

Desenvolva padrões para identificar vocabulário essencial específico sobre um tema.

A compreensão duradoura é incorporada à maioria dos padrões de aprendizagem – sobretudo aqueles que refletem o conhecimento declarativo – envolvendo conceitos importantes que normalmente são capturados pelo vocabulário específico da disciplina. Caso seus padrões ou guias curriculares ainda não incluam termos de vocabulário, você provavelmente precisará extraí-los dos conceitos-chave incorporados aos padrões. Isso o ajudará a identificar os principais termos que os alunos devem conhecer e ser capazes de usar com fluência para dominar os padrões de conteúdo. A Figura 3.1 ilustra o processo de passar de um padrão para uma lista direcionada de termos de vocabulário específicos da disciplina que se relacionam diretamente com os padrões de aprendizagem dos alunos.

Forneça ensino direto usando palavras do vocabulário acadêmico adequadas à faixa etária.

Além dos termos específicos do tema, os alunos encontram muitas palavras em ambientes acadêmicos que são menos comuns na fala cotidiana, como aquelas que aparecem com frequência no discurso em sala de aula (p. ex.,

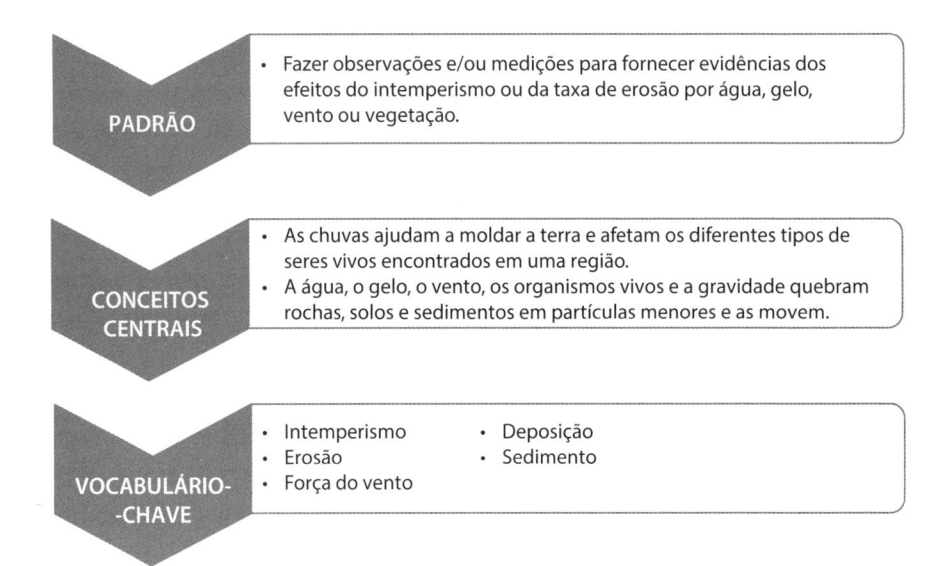

PADRÃO
- Fazer observações e/ou medições para fornecer evidências dos efeitos do intemperismo ou da taxa de erosão por água, gelo, vento ou vegetação.

CONCEITOS CENTRAIS
- As chuvas ajudam a moldar a terra e afetam os diferentes tipos de seres vivos encontrados em uma região.
- A água, o gelo, o vento, os organismos vivos e a gravidade quebram rochas, solos e sedimentos em partículas menores e as movem.

VOCABULÁRIO-CHAVE
- Intemperismo
- Erosão
- Força do vento
- Deposição
- Sedimento

FIGURA 3.1 Um padrão desenvolvido para identificar termos-chave do vocabulário.

"dados", "compare", "contraste", "fórmula") e em textos escritos (p. ex., "gracejar", "contentamento", "abundante", "indiferente", "vagar"). É claro que o ensino de vocabulário é mais eficaz quando os alunos encontram palavras no contexto. Em vez de simplesmente pegar uma lista de palavras da internet, comece com palavras desconhecidas que os alunos devem encontrar com frequência em sala de aula ou em textos e, em seguida, ofereça aos alunos oportunidades explícitas de aprender e praticar essas palavras.

Ensinar vocabulário essencial aos alunos é apenas o primeiro passo para desenvolver sua compreensão dos principais conceitos e ideias. A fim de guiar o aprendizado da memória de curto para a de longo prazo, os professores precisam fornecer aos alunos ferramentas e estratégias para incorporar novas palavras aos seus próprios vocabulários de trabalho. A seguir, são apresentadas algumas estratégias que favorecem efetivamente o uso rico da linguagem acadêmica e do vocabulário específico da disciplina:

- Ajude os alunos a criar um dicionário pessoal no qual, seguindo instruções diretas, eles registrem e escrevam seus próprios exemplos de como usar novas palavras, que poderão consultar posteriormente quando precisarem se lembrar do significado de uma palavra ou de como ela pode ser usada no contexto.

- À medida que os alunos aprendem novas palavras e maneiras de usá-las no contexto, envolva-os na criação de um "mural de palavras" na sala de aula, no qual as palavras são agrupadas e categorizadas; isso ajuda os alunos a reconhecer padrões e relações entre as palavras.
- Faça com que os alunos "se virem e conversem" para discutir e explicar novas palavras para um colega.

Ajude os alunos a analisar as novas palavras de várias maneiras.

Quanto mais os alunos se depararem e pensarem sobre os conceitos refletidos em novas palavras, mais aptos estarão para aprendê-las de fato. Uma ferramenta eficaz para promover a aprendizagem de vocabulário é o modelo de Frayer (Frayer; Frederick; Klausmeier, 1969) (Figura 3.2), um organizador gráfico que solicita que os alunos forneçam sua própria definição de uma palavra, listem suas características e deem exemplos e não exemplos. Algumas modificações dessa ferramenta incluem esboçar imagens relacionadas, fazer conexões pessoais com as palavras ou usá-las em uma frase. Modificações adicionais para alunos com o inglês como segunda língua podem incluir a identificação de cognatos ou definições em seu idioma nativo.

Ofereça várias oportunidades para que os alunos pratiquem e apliquem o novo vocabulário.

É mais provável que o novo vocabulário se fixe quando os alunos têm várias oportunidades de praticar o uso de palavras na comunicação oral e escrita.

Definição	Características (ou esboço)
Palavra	
Exemplos (ou ligação pessoal)	Não exemplos (ou uso em uma frase)

FIGURA 3.2 O modelo de Frayer para ensino de vocabulário.

Conversas do tipo "pense em duplas e compartilhe" são maneiras simples e eficazes de os alunos usarem novas palavras e podem ser particularmente úteis para alunos com o inglês como segunda língua, dando-lhes oportunidades de processar os significados de novas palavras em seu idioma nativo. Por exemplo, os alunos podem trabalhar juntos para gerar uma lista de exemplos e não exemplos de novos termos (p. ex., oligarquia vs. plutocracia). Muitos estudos – p. ex., August *et al.* (2009), Tong *et al.* (2014); Vadasy; Sanders; Logan Herrera (2015) – também mostraram os benefícios positivos de oferecer aos alunos oportunidades de usar novas palavras em exercícios curtos de redação (p. ex., escrever sobre as diferenças entre plutocracias e oligarquias e as condições que as criam).

Ensine os alunos a expandir seu próprio vocabulário com dispositivos linguísticos.

Adultos e leitores habilidosos tendem a discernir o significado de palavras desconhecidas a partir de pistas contextuais, cognatos, derivações latinas e morfologia. Você pode ensinar essas habilidades aos alunos fornecendo-lhes instruções diretas sobre prefixos e sufixos comuns (Figura 3.3). Da mesma forma, você pode ajudar os alunos a entender os radicais e os prefixos latinos mais comuns das palavras em português (Figura 3.4).

ESTRATÉGIA 4: ENSINO E MODELAGEM DE ESTRATÉGIAS

O ensino e a modelagem de estratégias desenvolvem o conhecimento procedimental por meio de instrução direta explícita e da demonstração das principais habilidades, dos processos de aprendizagem e das estratégias de raciocínio.

Ensinar e modelar estratégias significa demonstrar aos alunos como executar habilidades ou tarefas específicas, resolver problemas com palavras, escrever redações extensas, ler para compreensão e refletir sobre seu aprendizado. Os alunos podem aprender mais lentamente quando têm dificuldades em aprender novas habilidades de forma autônoma, mas se beneficiam quando recebem uma orientação direta, um roteiro detalhando algo passo a passo e da modelagem de novas habilidades. Assim como no ensino de vocabulário, o ensino e a modelagem de estratégias são um meio, e não

PREFIXOS COMUNS	SUFIXOS COMUNS
• a- • anti- • bi- • in- • re- • sub- • sobre- • trans-	• -ado • -ante/-ente • -ável • -dade • -ivo • -mente • -ar

FIGURA 3.3 Exemplos de prefixos e sufixos comuns de palavras em português.

audi- (escutar, som)	inter- (entre)	mal- (mal)	retro- (para trás)
bene- (bom)	intra- (dentro)	multi- (muitos)	san- (saudável)
cent- (cem)	jur- (lei)	neg- (não)	sub- (sob)
dict- (dizer)	liber- (livre)	non- (não)	tri- (três)
ex- (fora)	lumin- (luz)	pan- (todo, todos)	uni- (um)
fract- (quebra)	magn- (grande)	quasi- (como se)	vac- (vazio)

FIGURA 3.4 Exemplos de prefixos e radicais de palavras em português.

um fim, para a aprendizagem real. Você pode pensar nisso como a fase "Eu faço" dentro da progressão "Eu faço, nós fazemos, vocês fazem juntos, vocês fazem sozinhos" do modelo de aprendizagem de liberação gradual (Fisher; Frey, 2021). Um motivo provável para essa técnica ser tão poderosa é que a aprendizagem de novas habilidades impõe uma demanda cognitiva significativa aos alunos; seus cérebros precisam alternar entre a execução de cada etapa de um novo processo e a recordação das etapas em sequência.

Felizmente, à medida que os alunos dominam novos processos, seus cérebros começam a transformá-los em *scripts* automatizados ou heurísticos, para que possam redirecionar mais energia mental para tarefas de nível superior, como escrever de forma criativa, pensar criticamente e avaliar soluções para problemas. Em última análise, seu objetivo ao fornecer ensino direto e modelagem de novas habilidades é ajudar os alunos a desenvolver fluência nos principais processos, para que possam se envolver nas atividades de resolução de problemas, nas explorações, nas investigações e no pensamento crítico da vida real que destacamos no Capítulo 6.

Nossa revisão de pesquisa identificou 23 estudos empíricos de intervenções eficazes que utilizaram ensino e modelagem de estratégias no centro da intervenção (ver Apêndice). Esses estudos apresentaram tamanhos de efeito moderados a fortes (índice de progresso = 8 a 47) em várias áreas temáticas, séries escolares e grupos de alunos. Os alunos desenvolveram o domínio de uma ampla gama de conhecimentos procedimentais – desde habilidades básicas de leitura e matemática até habilidades mais avançadas, como leitura para compreensão, redação e resolução de problemas complexos de matemática.

Princípios norteadores para o ensino e a modelagem de estratégias

Os seguintes princípios para ensino e modelagem de estratégias derivam desses estudos.

Muitas habilidades essenciais não são intuitivas para os alunos e precisam ser ensinadas diretamente.

Nosso cérebro adulto automatizou tantos processos mentais que podemos facilmente esquecer que, em algum momento, tivemos de aprender todos esses processos, muitas vezes por meio de ensino direto e horas de prática meticulosa. Como resultado, pode ser fácil presumirmos de forma errônea que muitas das habilidades que os alunos precisam desenvolver são simples, intuitivas ou se materializam naturalmente – seja contando nos dedos, resolvendo problemas com palavras, extraindo ideias-chave de um texto ou escrevendo parágrafos coerentes. No entanto, todas essas coisas são, na verdade, habilidades aprendidas, que muitos alunos demoram a desenvolver (ou talvez nunca desenvolvam) sem ensino direto.

Um exemplo é apresentado a seguir. Muitos alunos, especialmente aqueles com dificuldades em matemática, costumam tentar resolver problemas de matemática contando os dois dígitos de uma fórmula (p. ex., 3 + 5) em seus dedos. Tournaki (2003) escolheu aleatoriamente um grupo de alunos do 2º ano para receber ensino direto em uma estratégia que, para a maioria dos adultos, parece intuitiva. A estratégia de "adição mínima" começa com o maior de dois dígitos (p. ex., 5) e "conta" a partir daí (p. ex., 6, 7, 8). Em comparação com um grupo de controle que se envolveu em exercícios e práticas de adição, o ensino dessa habilidade simples para os alunos promoveu ganhos de aprendizagem para todos os alunos (índice de progresso = 29), com ganhos ainda maiores para aqueles com dificuldades de aprendizagem identificadas (índice de progresso = 43).

Outros estudos oferecem fortes evidências para o ensino direto em outras estratégias simples, porém poderosas, incluindo as seguintes:

- Mostrar aos alunos que têm o inglês como segunda língua como extrair os significados das palavras a partir de cognatos, radicais de palavras e palavras-base (índice de progresso = 13) (August *et al.*, 2009).
- Fornecer aos alunos do 5º e 6º anos com dificuldades de aprendizagem rotinas simples para planejar e escrever redações (índice de progresso = 48) (Troia; Graham, 2002).
- Mostrar aos alunos como aplicar fatos simples baseados em regras para resolver problemas de multiplicação (p. ex., $6 \times 7 = 6 \times 6 + 6$; índice de progresso = 22) (Woodward, 2006).

Essas intervenções diretas tiveram efeitos significativos na aprendizagem dos alunos, o que sugere que, sem ensino direto, muitos alunos demorarão a desenvolver habilidades essenciais de leitura, escrita, raciocínio e resolução de problemas – ou nunca as desenvolverão.

O ensino de estratégias é mais eficaz quando combinado com demonstrações passo a passo.

Intervenções para o ensino de estratégias eficazes geralmente seguem uma abordagem de "mostrar e explicar", com os professores explicando e mostrando processos como os seguintes:

- Mostrar aos alunos do 2º ano com baixo desempenho como usar palavras-chave (p. ex., "porque", "portanto") para identificar a estrutura de causa e efeito do texto, usar organizadores gráficos para descrever essas relações e empregar estratégias de fazer perguntas para revisar e resumir o texto (Williams *et al.*, 2007).
- Modelar para alunos de 4º ano racialmente diversos como ativar o conhecimento prévio, fazer perguntas, buscar informações, resumir e organizar informações graficamente ao ler textos de não ficção (Guthrie *et al.*, 2004).

- Demonstrar para os alunos de 6º e 7º anos como usar uma "planilha de automonitoramento" para definir e monitorar metas e seguir uma estratégia de quatro etapas para escrita (ou seja, dizer o que você acredita, dar três ou mais razões, explicar cada razão, concluir) (Limpo; Alves, 2014).

- Mostrar aos alunos do 5º ano como melhorar sua redação criando frases complexas a partir de duas ou mais frases básicas – por exemplo, combinando "Ralph colocou a cabeça para fora", "Ralph estava nas mãos de Ryan", "Ralph olhou em volta" e "Ralph não sabia onde estava" em "Ralph, que estava nas mãos de Ryan, não sabia onde estava, mas colocou a cabeça para fora e olhou em volta" (Saddler; Graham, 2005, p. 46).

- Modelar para os alunos dos anos finais do ensino fundamental e do ensino médio como os leitores experientes usam estratégias de raciocínio durante a leitura – por exemplo, "Quando os leitores exploram o conhecimento prévio, eles podem dizer para si mesmos em sua cabeça: 'Eu já sei que ...', 'Isso me lembra de ...' ou 'Isso me faz pensar sobre ...'" (Olson; Land, 2007, p. 279) –, além de fornecer iniciadores de frases para modelar o pensamento metacognitivo (p. ex., "Meu objetivo é ...", "No começo eu pensava, mas agora penso ..." ou "Eu me perdi aqui porque ..." (Olson; Land, 2007, p. 280).

Os alunos se beneficiam do ensino explícito e da demonstração de estratégias de raciocínio.

Quando os alunos são explicitamente ensinados a refletir sobre o conhecimento prévio antes da leitura, resumir as ideias principais e fazer perguntas a si mesmos para auxiliar a compreensão, isso melhora a compreensão da leitura (Guthrie *et al.*, 2004) e o conhecimento do conteúdo (Vaughn *et al.*, 2017). Em seu estudo envolvendo quase 2 mil alunos que têm o inglês como segunda língua em um grande distrito urbano de baixa renda, Olson *et al.* (2017) encontraram efeitos positivos (índice de progresso = 25) em ensinar os alunos a desenvolver um "*kit* de ferramentas" de estratégias de raciocínio. O *kit* de ferramentas incluía refletir sobre o conhecimento prévio, fazer perguntas e previsões, identificar ideias principais, automonitorar a compreensão, pensar em voz alta durante a leitura e revisar o próprio raciocínio. Outros estudos relataram efeitos positivos semelhantes no ensino de habilidades de raciocínio para melhorar as habilidades de escrita de alunos de 5º e 6º anos com dificuldades de aprendizagem (Troia; Graham, 2002), além do conhecimento do conteúdo de estudos sociais e da compreensão de leitura de alunos do 9º ano que têm o inglês como segunda língua (Vaughn *et al.*, 2017). Todas essas descobertas sugerem que as habilidades de raciocínio não são inatas nem intuitivas para muitos alunos, mas sim algo que pode (e deve) ser ensinado.

Dicas de sala de aula para o ensino e a modelagem de estratégias

Juntos, esses estudos mostram que o ensino direto pode ajudar os alunos a desenvolver as habilidades básicas necessárias para se envolver em uma aprendizagem mais complexa e de alto nível. Com isso em mente, oferecemos as seguintes dicas de sala de aula para ensinar e modelar as habilidades de seus alunos.

Identifique as habilidades que os alunos precisam para dominar suas metas de aprendizagem e ensine-as diretamente.

Comece com as metas de aprendizagem de seus alunos e descubra os processos e as habilidades de raciocínio que eles precisam para atingir essas metas. Alguns podem ser processos simples, passo a passo, como os usados para resolver problemas de adição de duas colunas (p. ex., alinhar os números, adicionar a coluna da direita primeiro, transportar o 1). Em outros casos, as sub-habilidades podem estar inseridas em procedimentos maiores – por exemplo, aprender a usar estratégias de leitura atenta como chave para a compreensão da leitura. Um bom lugar para você começar, é claro, é com seus padrões e os conhecimentos e as habilidades procedimentais associados que os alunos devem dominar para alcançá-los. A Figura 3.5 ilustra o processo de extração das principais habilidades de um padrão.

Mostre e explique quando estiver demonstrando novas habilidades e procedimentos aos alunos.

Estudos sobre o desenvolvimento de talentos (p. ex., Bloom, 1985) mostraram que seguir exemplos e modelos – como copiar o trabalho de um grande artista, imitar a forma como um tenista profissional faz um saque ou assistir a um vídeo no YouTube de um guitarrista profissional tocando

PADRÃO
Os alunos serão capazes de analisar as principais ideias e as informações detalhadas apresentadas em diversas mídias e formatos e explicar como as ideias esclarecem um tópico, texto ou tema sendo estudado.

CONHECIMENTO PROCEDIMENTAL
- Resumir e sintetizar o texto, destacando as principais ideias.
- Identificar as informações detalhadas.
- Estabelecer conexões entre as principais ideias e as informações detalhadas.

HABILIDADES
- Como resumir e sintetizar o texto.
- Como usar um organizador gráfico para conectar as informações detalhadas e as principais ideias.
- Como analisar as informações detalhadas quanto à validade, à coerência e à lógica.

FIGURA 3.5 Um padrão desenvolvido para identificar habilidades ensináveis.

um *riff* – geralmente é fundamental para a aprendizagem de novas habilidades. Nada disso é surpreendente, considerando o que sabemos sobre a teoria da codificação dupla; aprendemos melhor quando vemos um processo e o ouvimos ser explicado. Portanto, depois de identificar as habilidades essenciais que você quer que os alunos aprendam, pense em como *mostrar* e *explicar* o novo procedimento aos alunos. Não é suficiente dizer aos alunos que eles devem, por exemplo, seguir um processo de quatro etapas para escrever um parágrafo persuasivo. Mostre-lhes também cada etapa do processo. Por exemplo, "nossa primeira etapa é declarar o que acreditamos. Nessa etapa, queremos ir direto ao ponto e expor nosso argumento. Então, eu poderia escrever algo como: 'acredito que devemos proibir os canudos de plástico'".

Ofereça ensino direto em estratégias de raciocínio.

Os alunos bem-sucedidos desenvolvem habilidades de raciocínio que geralmente se enquadram em duas categorias que se sobrepõem: estratégias de raciocínio cognitivo e metacognitivo (Figura 3.6). O *raciocínio cognitivo* é a forma como nos concentramos no novo aprendizado, por exemplo, conectando-o com o conhecimento prévio, extraindo a essência de um texto,

ESTRATÉGIAS COGNITIVAS	
Análise	Que tipo de problema é esse? Que estratégia devo usar para resolvê-lo?
Compreensão	O que isso significa? Faz sentido para mim?
Conexão	Como isso se relaciona com o que eu já sei?
Lembrança	Eu me lembro do que aprendi? Que passos eu preciso seguir?
Resumo	Qual é a ideia principal? Consigo expressar isso nas minhas próprias palavras?

ESTRATÉGIAS METACOGNITIVAS	
Planejamento	Quais são meus objetivos? O que preciso fazer para realizar bem essa tarefa?
Monitorando a compreensão	O que ainda não entendi?
Monitorando o progresso	Ainda estou no caminho certo?
Avaliando procedimentos	Fiz isso corretamente? Esqueci de alguma coisa?
Avaliando resultados	Essa resposta parece correta? O que eu preciso retomar?

FIGURA 3.6 Estratégias cognitivas e metacognitivas de raciocínio.

analisando e avaliando ideias, tomando decisões e resolvendo problemas. O *raciocínio metacognitivo*, por outro lado, envolve refletir sobre o pensamento. É a voz em nossa cabeça que nos ajuda a avaliar como estamos realizando nosso aprendizado. Ele diz coisas como: "Espere, não estou entendendo isso. Preciso voltar ao caminho certo. E não tenho certeza de que minha resposta faz sentido".

Essa capacidade de refletir sobre o raciocínio é uma habilidade aprendida que frequentemente distingue alunos bem-sucedidos de alunos com dificuldades. Você pode usar raciocínios em voz alta para modelar estratégias metacognitivas, conduzindo seus alunos por situações como as seguintes:

- como leitores experientes abordam novos textos (p. ex., "Posso inferir pelo título sobre o que é este artigo? O que eu já sei sobre o assunto?");
- como escritores experientes refletem sobre o que escreveram (p. ex., "Fiz uma observação interessante? Meus detalhes embasam meus argumentos?");

- como os alunos bem-sucedidos lidam com problemas complexos de matemática (p. ex., "Que tipo de problema é esse? Já resolvi problemas semelhantes? Que estratégias usei para resolvê-los?").

ESTRATÉGIA 5: VISUALIZAÇÕES E EXEMPLOS CONCRETOS

Representações visuais e exemplos – diagramas, organizadores gráficos, materiais manipuláveis, exemplos resolvidos, vídeos e simulações – favorecem a compreensão visual e verbal (codificação dupla) de novas ideias.

A conhecida frase "uma imagem vale mais que mil palavras" reflete um conceito-chave da ciência cognitiva – ou seja, a teoria da dupla codificação do processamento de informações, que sugere que nosso cérebro processa as informações de forma mais eficiente e eficaz quando recebe imagens visuais combinadas com orientação verbal. Não surpreende que vários estudos empíricos defendam a combinação de aprendizagem verbal e visual a fim de ajudar os alunos a se concentrarem na nova aprendizagem. Nossa revisão das pesquisas identificou 23 estudos empíricos com tamanhos de efeito significativos (índice de progresso = 11 a 45; ver Apêndice para intervenções que ajudaram os alunos a visualizar a nova aprendizagem com gráficos, imagens, exemplos concretos e problemas trabalhados em linguagem, matemática e ciências).

Princípios norteadores para as visualizações e exemplos concretos

A seguir, são apresentados os princípios norteadores para as visualizações e exemplos concretos que derivam desses estudos.

Ilustrações, animações e materiais manipuláveis contribuem para a compreensão conceitual.

Vários estudos demonstraram os efeitos positivos do uso de representações visuais para ajudar os alunos a desenvolver a compreensão conceitual de novas ideias e habilidades, como apresentado a seguir:

- Ajudar alunos multilíngues a entender conceitos científicos (August et al., 2009).

- Usar retas numéricas, círculos e materiais manipuláveis para desenvolver a compreensão conceitual de frações em alunos dos anos iniciais do ensino fundamental (Bottge *et al.*, 2014; Fuchs *et al.*, 2013a).
- Usar animações baseadas em computador para auxiliar a compreensão de conceitos algébricos por alunos do ensino médio (Scheiter; Gerjets; Schuh, 2010).

As visualizações são mais úteis durante as fases iniciais da aprendizagem (ou seja, enquanto os alunos estão se concentrando na nova aprendizagem). Quando os alunos compreendem totalmente os conceitos de ciências e conceitos científicos e matemáticos, costuma ser mais eficiente para eles analisarem representações abstratas de problemas matemáticos e representações verbais dos conceitos científicos. Por exemplo, quando os alunos desenvolvem uma compreensão visual da adição, as manipulações matemáticas não são mais necessárias e são muito menos eficientes do que simplesmente se engajar na representação abstrata de 2 + 3 = 5.

Os alunos compreendem melhor conceitos abstratos ilustrados com exemplos concretos.

As pesquisas também demonstraram os benefícios de ajudar os alunos a entender princípios abstratos, ilustrando-os com exemplos familiares e concretos. Por exemplo, Bulgren *et al.* (2000) encontraram efeitos positivos significativos (índice de progresso = 34) usando uma "rotina de ancoragem de conceito", um auxílio visual criado para ajudar os alunos a vincular conceitos abstratos a um exemplo concreto e familiar, como relacionar a capacidade dos animais de sangue quente de regular a temperatura corporal aos sistemas de controle de temperatura em edifícios modernos. Da mesma forma, os alunos aprenderam sobre *comensalismo* (relações entre criaturas vivas em que uma se beneficia sem beneficiar ou prejudicar a outra) por meio de uma história sobre uma barraca de limonada. Em outro experimento, Scheiter, Gerjets e Schuh (2010) demonstraram os benefícios (índice de progresso = 37) do uso de animações de computador para ajudar os alunos a entender conceitos algébricos com o método "redução da concretude", que começa com os professores compartilhando exemplos concretos (em geral, três) e substituindo-os gradualmente por representações abstratas (Fyfe *et al.*, 2014).

Estudar exemplos resolvidos ajuda os alunos a desenvolver novas habilidades e compreensões.

Os exemplos resolvidos são outra representação visual com efeitos positivos no aprendizado, especialmente quando os alunos estão aprendendo habilidades e procedimentos complexos e em várias etapas. Por exemplo, Mwangi e Sweller (1998) descobriram que os alunos do 4º ano desenvolveram melhores habilidades de resolução de problemas de matemática quando seguiram exemplos resolvidos de procedimentos de resolução de problemas em duas etapas (índice de progresso = 44). No entanto, é importante ressaltar que os problemas resolvidos só melhoraram o aprendizado quando oferecidos em paralelo com os problemas que os alunos estavam resolvendo, e não ao final do problema. Isso provavelmente se deve ao fato de que os exemplos ao final do problema exigem que os alunos alternem entre a resolução e o problema que estão resolvendo, em vez de desvendar o método de resolução uma etapa de cada vez, com exemplos de procedimentos corretos fornecidos em um formato paralelo.

Outros pesquisadores descobriram benefícios semelhantes ao fornecerem exemplos resolvidos em paralelo para alunos do 6º ano que resolviam problemas de matemática de várias etapas (Star; Rittle-Johnson, 2009) e alunos do 8º ano que aprendiam a resolver problemas algébricos de várias etapas (Rittle-Johnson; Star, 2007). É importante observar que os benefícios dos exemplos trabalhados parecem aumentar de acordo com a complexidade da tarefa; os exemplos trabalhados oferecem poucos benefícios para tarefas simples, mas benefícios significativos para tarefas complexas (Kalyuga; Chandler; Sweller, 2001). Isso provavelmente ocorre porque a referência a exemplos atenua a carga cognitiva inicial de aprendizagem dos alunos. Entretanto, à medida que eles se tornam mais proficientes com o conhecimento procedimental, os efeitos positivos dos exemplos resolvidos diminuem em favor da aprendizagem com exploração e prática autoguiadas.

Esquemas ajudam a orientar e favorecer o conhecimento procedimental.

Como já observamos, a aprendizagem de qualquer nova habilidade requer uma capacidade mental significativa para alternar entre o domínio de cada etapa do processo e a tentativa simultânea de lembrar o processo em si. Não surpreende que recursos visuais, como diagramas das várias etapas necessárias para procedimentos complexos, tenham melhorado significativamente os resultados da aprendizagem dos alunos. Por exemplo, o estudo de Swanson, Lussier e Orosco (2013) envolveu alunos dos anos iniciais do ensino fundamental com dificuldades em matemática (ou seja, aqueles que tiveram resultados abaixo do percentil 25 em avaliações padronizadas). Os alunos que receberam um esquema visual (ou seja, um diagrama que fundamentava cada etapa de um processo de cinco etapas para resolver problemas com palavras) tiveram um desempenho melhor do que aqueles que apenas aprenderam o processo sem o auxílio do diagrama (índice de progresso = 22).

Como se vê, envolver os alunos na criação de suas próprias representações visuais de problemas também pode ser uma ajuda poderosa para a aprendizagem. Um estudo envolvendo alunos do 6º ano (Terwel *et al.*, 2009) constatou que os alunos que cocriaram as próprias representações visuais (nesse caso, ilustrações do conceito matemático de porcentagens) tiveram um desempenho melhor do que aqueles que seguiram uma representação visual fornecida pelo professor (índice de progresso = 24).

Dicas de sala de aula para visualizações e exemplos concretos

A pesquisa científica não oferece evidências de "estilos de aprendizagem" ou quaisquer benefícios em classificar os alunos como visuais, verbais, cinestésicos ou outro estilo de aprendizagem e tentar adequar suas experiências de aprendizagem de acordo com essa classificação (Pashler *et al.*, 2008). Na verdade, estudos científicos – inclusive os destacados aqui – mostram que *todos* os alunos se beneficiam da combinação de aprendizagem visual com verbal, justamente porque seus cérebros são programados para absorver informações mais prontamente quando as recebem visual e verbalmente. Com isso em mente, oferecemos a seguir dicas práticas para o uso de visualizações e exemplos concretos em sala de aula.

Reflita sobre o que você deseja que os alunos vejam e visualizem enquanto aprendem.

Ao desenvolver planos de unidade e de aula, considere exatamente o que você quer que os alunos vejam e consigam visualizar em suas mentes enquanto aprendem. Talvez seja a hierarquia pesada da civilização maia, as frequências das ondas de luz ultravioleta e infravermelha, a diferença entre curvas lineares e não lineares ou o Globe Theater de Shakespeare. Sugerimos o uso de uma tabela de duas colunas (Figura 3.7) para definir o que você quer que os alunos aprendam (a coluna da esquerda) e o que você quer que eles visualizem (a coluna da direita). A criação dessa lista o ajudará a identificar gráficos, imagens, vídeos e objetos manipuláveis que você pode fornecer aos alunos para ajudá-los a processar a nova aprendizagem, visual e verbalmente. Você pode ampliar essa lista identificando dois tipos específicos de visualizações: exemplos concretos e esquemas.

Ilustre ideias abstratas com exemplos familiares concretos.

Além das imagens visuais, pense em como você pode ajudar os alunos a transformar ideias abstratas em exemplos concretos e material manipulável. Talvez você possa usar uma analogia de cartas de baralho para descrever a oferta e a demanda? Ou um material manipulável (p. ex., um globo terrestre) para ilustrar como a Terra, ao girar em torno do Sol em um eixo inclinado, cria as estações do ano? Uma boa regra é fornecer três exemplos concretos para cada ideia abstrata – por exemplo, ilustrar o conceito de predação com exemplos de corujas comendo ratos, coiotes comendo coelhos e pássaros comendo insetos. Embora a identificação de visualizações e exemplos concretos leve tempo, o tempo dedicado ao planejamento de como mostrar e dizer aos alunos o que eles devem aprender é um tempo bem gasto. Conforme demonstrado pela pesquisa, esse planejamento e essa preparação aumentam muito a capacidade dos alunos de compreender e reter conceitos-chave.

O QUE PRECISO QUE OS ALUNOS APRENDAM?	O QUE QUERO QUE OS ALUNOS VISUALIZEM?
Como realizar a adição de duas colunas	Exemplos resolvidos de adição em duas colunas
Como a evaporação, a condensação e a precipitação criam o ciclo da água	Um diagrama do ciclo da água, incluindo a evaporação da água, a condensação em nuvens e a precipitação de volta à Terra
Como revisar frases para torná-las mais fortes e sucintas	Frases "antes e depois" com verbos passivos *versus* verbos fortes

FIGURA 3.7 Planejamento em tabela de duas colunas para visualização.

Ajude os alunos a visualizar processos com esquemas e diagramas.
À medida que os alunos aprendem a realizar processos de várias etapas (p. ex., como escrever um parágrafo, resolver um problema com palavras, concluir um projeto de pesquisa), forneça a eles diagramas ou ferramentas que os ajudem a lembrar e seguir as etapas do processo. Você também pode fornecer esquemas ou diagramas para auxiliar a compreensão dos alunos sobre fenômenos, processos ou estruturas complexas que eles estão estudando em ciências, estudos sociais e linguagem, como o ciclo da água, a lei de oferta e demanda ou os elementos do enredo de uma história. A maioria das unidades de estudo, na verdade, tem como objetivo ajudar os alunos a entender fenômenos complexos ou a dominar processos de várias etapas, que eles dominarão mais prontamente quando tiverem alguma forma de visualização. Os esquemas podem ser ainda mais poderosos quando os alunos criam seus próprios esquemas – por exemplo, criando um diagrama para guiá-los por um processo ou para capturar e refletir sua própria compreensão de fenômenos complexos.

REFLEXÕES FINAIS: AJUDANDO OS ALUNOS A FOCAR SUAS MEMÓRIAS DE TRABALHO

No início deste capítulo, observamos que as memórias de trabalho têm algumas limitações – incluindo a quantidade de informações que os alunos podem processar ao mesmo tempo e a tendência natural do cérebro de "fechar sem salvar". Essas são as más notícias. A boa notícia é que nosso cérebro tem uma capacidade incrível de fazer duas coisas ao mesmo tempo – ou seja, processar informações visuais e verbais simultaneamente –, bem como de transformar processos complexos em *scripts* automatizados que podemos executar com fluência e sem esforço. As estratégias destacadas neste capítulo podem ajudar seus alunos a superar as limitações de suas memórias de trabalho, envolvendo-os em experiências de aprendizagem que aproveitam esses recursos incríveis de seus cérebros e, ao fazê-lo, tornam o aprendizado mais eficiente, menos trabalhoso e mais agradável.

Essas estratégias não são um fim em si mesmas, mas sim formas de ajudar os alunos a desenvolver o conhecimento e as habilidades fundamentais necessários para experiências de aprendizagem mais profundas e enriquecedoras. Neste ponto, de fato, estamos apenas na metade da longa e sinuosa jornada que a aprendizagem deve percorrer antes de encontrar espaço na memória de longo prazo dos alunos. No próximo capítulo, exploraremos e explicaremos estratégias comprovadas para a próxima fase, de vital importância, do processo de aprendizagem: ajudar os alunos a consolidar e processar novas informações – ou seja, *dar sentido a elas*.

4

Ajudando os alunos a dar sentido à aprendizagem

Reserve um momento para pensar no que você aprendeu até agora neste livro. Pode haver muitas ideias e conceitos dos capítulos anteriores girando em sua mente, incluindo vocabulário acadêmico, raízes latinas, diagramas esquemáticos e estratégias cognitivas. Provavelmente ainda é um pouco confuso – uma coleção de pensamentos desorganizados que ainda não foram assimilados. Nesse ponto, seu cérebro converteu uma forma de impulsos elétricos (entrada sensorial) em um novo conjunto de padrões elétricos (memórias) por meio de um processo chamado *codificação*. No entanto, esses novos pensamentos e ideias, chamados de *traços de memória*, permanecem dispersos em seu cérebro. Muito provavelmente, você ainda não sabe o que fazer com eles ou como aplicá-los em sala de aula.

O que está acontecendo em seu cérebro neste momento é que você começou a armazenar novas informações como traços de memória, mas ainda precisa organizá-las em sua mente, um processo chamado *consolidação* (Brown; Roediger III; McDaniel, 2014). Em uma linguagem simples, ainda falta você *dar sentido ao que aprendeu*. Sem consolidação, o que você aprendeu neste livro até agora pode ser facilmente esquecido.

Seus alunos enfrentam o mesmo desafio ao se concentrarem no novo aprendizado em sala de aula: eles aprenderam novas habilidades, conceitos, palavras e formas de pensar, mas ainda não os processaram totalmente, não se tornaram fluentes neles nem os incorporaram como novos hábitos mentais.

Neste capítulo, exploraremos como o cérebro consolida e dá sentido à nova aprendizagem e as intervenções em sala de aula que comprovadamente ajudam os alunos a dar sentido a ela – para garantir que essa nova aprendizagem continue a jornada da memória de trabalho de curto prazo em direção à memória de longo prazo.

O QUE DIZEM AS PESQUISAS

O que a ciência cognitiva tem a nos dizer sobre como dar sentido a uma nova aprendizagem? Vamos ver o que os estudos mostraram.

O cérebro codifica informações em redes neurais "desorganizadas"

Embora o processo de codificação não seja totalmente compreendido, ele parece ser muito confuso. Para começar, o cérebro não armazena informações em pastas mentais organizadas e cuidadosamente rotuladas (p. ex., palavras que começam com a letra A, lembranças da vovó, atividades de verão por volta de 1981). Em vez disso, novas memórias e conhecimentos são armazenados em redes neurais complexas – teias entrelaçadas de ideias, memórias e habilidades. Essas conexões neurais podem se tornar mais evidentes quando tentamos recuperar o conhecimento. Por exemplo, em geral é mais fácil gerar *associações* de palavras (p. ex., mascotes de times em uma divisão esportiva) do que *listas* (p. ex., times com mascotes que começam com a letra A). É por isso que um cheiro (torta de maçã) pode evocar um lugar específico (a casa da vovó) e que voltar à vizinhança da infância pode desencadear uma enxurrada de lembranças (usar varas para colher maçãs verdes).

Quanto mais elaborada for a codificação da nova aprendizagem, maior será a probabilidade de ela ser retida

Em um experimento de laboratório (Medina, 2008), os pesquisadores forneceram listas de palavras a dois grupos de participantes selecionados aleatoriamente. Foi solicitado que o primeiro grupo identificasse o número de palavras da lista que continha letras com traços diagonais e que o segundo grupo avaliasse o quanto gostava ou não de cada uma das palavras listadas. O segundo grupo, solicitado a pensar no que cada palavra significava e nos sentimentos que tinham em relação a ela, mais tarde se lembrou de duas a três vezes mais palavras do que o primeiro, o que sugere que, quanto mais detalhadamente codificamos as informações – incluindo a personalização –, maior a probabilidade de nos lembrarmos delas.

É mais provável que os alunos consolidem as informações sobre as quais pensam

A ciência cognitiva confirma que as pessoas são mais propensas a se lembrarem daquilo em que pensam. Conforme documentado em um experimento clássico (Hyde; Jenkins, 1969), os participantes que receberam uma lista de palavras e foram solicitados a analisar se tinham associações agradáveis ou desagradáveis com essas palavras (p. ex., "lixo") apresentavam maior probabilidade de se lembrar dessas palavras do que os participantes que foram solicitados a contar o número de letras ou as ocorrências da letra "e" na mesma lista de palavras. Como explica o cientista cognitivo Daniel Willingham (2003, p. 78), "[...] há um fator que supera a maioria dos outros na determinação do que é lembrado: o que você pensa quando encontra o material". A implicação aqui é bem direta: para aprender algo, os alunos devem pensar sobre o assunto enquanto o aprendem.

Os alunos consolidam a aprendizagem ao conectá-la com o conhecimento prévio

Um processo fundamental no centro do processo de consolidação é conectar o novo conhecimento com o conhecimento prévio. Por exemplo, é provável que você seja mais capaz de se lembrar das partes deste livro que conseguiu relacionar com seu próprio conhecimento e experiência anteriores. Fazer essas conexões mentais o ajudou a começar a consolidar sua aprendizagem, ancorando-a no conhecimento e nas memórias já existentes. O mesmo se aplica aos alunos: quanto mais eles conseguirem conectar novos conhecimentos com conhecimentos prévios, como relacionar a história a eventos atuais ou fazer conexões pessoais com a literatura, maior será a probabilidade de que consolidem sua aprendizagem.

Os alunos consolidam a aprendizagem agrupando-a e categorizando-a

As memórias de trabalho podem conter apenas uma quantidade limitada de informações por vez. Por meio do processo de consolidação, seu cérebro supera essa limitação agrupando partes díspares de conhecimento e habilidades em grupos maiores, categorias e *scripts* coerentes (Bailey; Pransky, 2014). Por exemplo, em vez de tentar entender as propriedades individuais do hélio, neônio, argônio, criptônio, xenônio e radônio, você pode categorizá-los como gases inertes. Da mesma forma, os alunos consolidam o aprendizado de uma nova habilidade agrupando etapas menores em processos, *scripts* e heurísticas maiores (Brown; Roediger III; McDaniel, 2014). Por exemplo, a prática de jogar tênis de mesa consolida um processo de várias etapas – segurar a raquete, posicionar o braço, posicionar-se em frente à mesa, aplicar a inclinação e a força corretas a cada jogada, posicionar os pés, fazer o movimento do corpo a cada jogada – em um único processo dinâmico: rebater a bolinha para o lado da mesa do adversário.

O *feedback* em tempo adequado favorece a aquisição inicial de novos conhecimentos e habilidades

Durante as tentativas iniciais de dominar novos conhecimentos e habilidades, o *feedback* formativo auxilia a consolidação, ajudando os alunos a ver o que ainda precisam dominar ou automatizar de forma eficaz. Esse *feedback*, todavia, geralmente é mais útil quando um pouco atrasado – por exemplo, quando os jogadores recebem dicas somente depois de fazer alguns arremessos na quadra de basquete, ou quando os alunos recebem respostas depois de fazer um teste, e não depois de cada pergunta do teste (Butler; Roediger III, 2008). Como uma revisão de mais de 131 estudos revelou, de forma um tanto contraintuitiva, em um terço desses estudos o *feedback* foi associado a efeitos prejudiciais na aprendizagem. Isso provavelmente ocorreu porque, quando o *feedback* é muito imediato ou muito frequente, ele pode interromper a criação de *scripts* automatizados ou se tornar uma muleta, impedindo a reflexão sobre a aprendizagem – ambos resultando em codificação superficial e consolidação mais fraca da aprendizagem (Kluger; DeNisi, 1996).

O cérebro precisa de intervalos ocasionais para pausa e processamento

As pesquisas também sugerem que as memórias de trabalho tendem a se esgotar após 5 a 10 minutos para jovens e 10 a 20 minutos para adultos (Sousa, 2011). Um motivo para isso, conforme observado no Capítulo 3, é que nosso cérebro é essencialmente preguiçoso, sempre ansioso para voltar ao "modo de baixo esforço" (Kahneman, 2011). Portanto, depois de alguns minutos de concentração, nosso cérebro precisa de uma mudança de ritmo – uma oportunidade de agrupar a nova aprendizagem em conceitos maiores, concentrar-se em outra coisa ou experimentar uma mudança de valência emocional (p. ex., passar de um pensamento sério para uma anedota divertida). Se os professores não derem aos alunos essas pequenas pausas, seus cérebros estarão aptos a fazê-las de qualquer maneira. Você pode estar ensinando, mas eles não estarão aprendendo. Portanto, a tentativa de enfiar o máximo de ensino possível em um único período de aula é contraproducente; os alunos retêm mais quando lhes é dado tempo para processar e aplicar a nova aprendizagem.

Neste capítulo, exploraremos três estratégias de ensino baseadas em evidências que podem ajudá-lo a transformar esses princípios norteadores da consolidação da memória em experiências eficazes de aprendizagem dos alunos.

ESTRATÉGIA 6: PERGUNTAS DE ALTO NÍVEL E EXPLICAÇÕES DOS ALUNOS

Perguntas de alto nível e explicações dos alunos contribuem para a consolidação da aprendizagem por meio do processamento cognitivo e metacognitivo de novos conhecimentos e habilidades.

O termo operacional aqui é perguntas de *alto nível*. Perguntas de recordação de baixo nível podem ser úteis para verificar a compreensão ou servir como prática de recuperação de informação (como discutiremos no Capítulo 5), mas contribuem pouco para que os alunos entendam o que aprenderam. As estratégias de questionamento que destacaremos aqui vão além de fazer perguntas aos alunos. Em vez disso, elas ajudam os alunos a dar sentido à sua aprendizagem pensando sobre ela, conectando-a à aprendizagem anterior e agrupando-a em conceitos maiores.

As explicações dos alunos desempenham um papel cognitivo semelhante. Quando os alunos compartilham seus pensamentos e explicam suas estratégias de resolução de problemas, eles precisam pensar ativamente sobre o que estão aprendendo – na verdade, eles reduzem a velocidade, pensam sobre o que estão fazendo e, como resultado, codificam a aprendizagem de forma mais elaborada e eficaz. Nossa revisão das pesquisas (ver Apêndice) identificou 17 estudos empíricos que apresentaram tamanhos de efeito positivos significativos (índice de progresso = 14 a 47) para intervenções que auxiliam a aprendizagem dos alunos com perguntas de alto nível e explicações dos alunos em todos os níveis de ensino, áreas temáticas e grupos de alunos.

Princípios norteadores para as perguntas de alto nível e explicações dos alunos

A seguir, são apresentados alguns princípios norteadores para as perguntas de alto nível e explicações dos alunos que derivam desses estudos.

Perguntas que estimulem os alunos a pensar sobre sua aprendizagem contribuem para melhores resultados de aprendizagem.

Perguntas de alto nível que levam os alunos a pensar, refletir e consolidar sua aprendizagem são poderosas (Clariana; Koul, 2006; King, 1991; Kramarski; Mevarech, 2003; Williams *et al.*, 2007; Zhou; Yadav, 2017). Por exemplo, Kramarski e Mevarech (2003) compararam os efeitos de quatro condições diferentes para alunos do 9º ano que estavam aprendendo gráficos lineares:

1. Aprendizagem cooperativa com perguntas de alto nível
2. Aprendizagem individual com perguntas de alto nível
3. Aprendizagem cooperativa sem perguntas
4. Aprendizagem individual sem perguntas

As perguntas de alto nível incluíam estímulos para compreensão (p. ex., "Qual é a tendência do gráfico?"), raciocínio estratégico (p. ex., "Que estratégia, tática ou princípio pode ser usado para resolver o problema ou concluir a tarefa?") e conexão com o conhecimento prévio (p. ex., "Como esse problema é semelhante ou diferente de um que você já resolveu antes?"). Após 10 dias de instrução, os pós-testes revelaram que os alunos que receberam perguntas de alto nível – trabalhando em grupos ou individualmente – superaram de forma significativa (índice de progresso = 28) aqueles que trabalharam em equipes ou individualmente para resolver problemas sem o benefício de perguntas de alto nível para discutir ou analisar.

Encorajar os alunos a explicar seu próprio raciocínio contribui para a consolidação da nova aprendizagem.

Vários estudos relataram efeitos positivos ao incentivar os alunos a explicarem como estão raciocinando enquanto processam e consolidam a aprendizagem – por exemplo, pensar em voz alta enquanto resolvem problemas de matemática (Fuchs *et al.*, 2016; Tajika *et al.*, 2007), explicar seu raciocínio para resolver problemas de matemática (Fuchs *et al.*, 2014), pensar em voz alta enquanto leem (Olson *et al.*, 2012, 2017) e gerar explicações para a nova aprendizagem de fatos científicos (Scruggs; Mastropieri; Sullivan, 1994). Fuchs *et al.* (2016), por exemplo, descobriram que alunos do 5º ano com baixo desempenho, que foram incentivados a fornecer explicações de alta qualidade para suas resoluções de problemas de fração com palavras, apresentaram habilidades significativamente maiores na resolução de problemas matemáticos (índice de progresso = 42) do que os alunos que resolveram os mesmos problemas sem autoexplicações. Da mesma forma, uma série de estudos realizados com alunos que têm o inglês como segunda língua, de baixa renda e racialmente diversos – p. ex., Olson *et al.* (2012, 2017) – encontrou efeitos positivos significativos de uma abordagem de "estratégias cognitivas" para o ensino de leitura e escrita (índice de progresso = 14 a 25). Os alunos receberam instruções para pensar em voz alta e discutir com um colega – p. ex., "No começo eu pensava _____, mas agora eu penso _____" e "Então, a ideia principal é _____" (Olson *et al.*, 2012, p. 336) –, o que os ajudou a consolidar o significado de textos complexos.

Mostrar aos alunos como fazer perguntas reflexivas ajuda na consolidação da aprendizagem.

Há algumas pesquisas mostrando como os alunos podem fazer perguntas de alto nível enquanto desenvolvem habilidades de resolução de problemas (King, 1991) e leitura para compreensão (Guthrie *et al.*, 2004; Olson *et al.*,

2012, 2017). King (1991) comparou os efeitos de três condições diferentes para alunos do 5º ano que trabalhavam em duplas para resolver problemas auxiliados por computador. O primeiro grupo recebeu perguntas estratégicas (p. ex., "Qual é nosso plano?", "O que sabemos sobre o problema até agora?" e "Precisamos de uma estratégia diferente?") para fazer uns aos outros enquanto trabalhavam em duplas para resolver problemas de lógica e raciocínio espacial (p. ex., identificar a sequência adequada para uma máquina criar um produto). O segundo grupo foi instruído a fazer perguntas uns aos outros durante a resolução de problemas, mas não recebeu perguntas específicas. O grupo de controle trabalhou em duplas para resolver os problemas, mas não foi instruído a fazer perguntas. Os questionadores estratégicos superaram significativamente os questionadores não orientados (índice de progresso = 40), bem como os alunos do grupo de controle (índice de progresso = 34), demonstrando os benefícios de fornecer aos alunos perguntas estratégicas para promover a consolidação da aprendizagem.

As técnicas de perguntas-surpresa são mais eficazes do que as técnicas de respostas voluntárias.

As técnicas de respostas voluntárias (ou seja, chamar os alunos que levantam as mãos) criam uma espécie de regra 80/20 na maioria das salas de aula: cerca de 80% das discussões em sala de aula são dominadas por apenas 20% dos alunos (Jones, 1990). Normalmente, os alunos que falam mais nas salas de aula já têm um alto desempenho; os alunos com baixo desempenho ficam em segundo plano e participam das discussões em sala de aula em proporções cada vez menores (Good *et al.*, 1987). Em vez de chamar apenas os alunos que levantam a mão, os professores devem fazer uma "pergunta-surpresa" – fazendo perguntas de alto nível e escolhendo aleatoriamente os alunos de maneira individual. Como se vê, o simples fato de acreditar que há uma chance de serem chamados em sala de aula melhora o esforço do aluno e a retenção da aprendizagem. Por exemplo, um estudo com estudantes universitários (McDougall; Granby, 1996) descobriu que os alunos que foram informados de que seriam chamados aleatoriamente para responder a perguntas durante a aula leram mais páginas antes da aula, passaram mais tempo se preparando para a aula e recordaram mais informações das leituras (índice de progresso = 36) do que um grupo de controle que esperava que o instrutor usasse apenas respostas voluntárias.

A qualidade das perguntas é mais importante do que a quantidade.

Por fim, vale a pena observar que as intervenções eficazes que incorporam perguntas de alto nível e explicações dos alunos tendem a refletir uma abordagem de "menos é mais"; normalmente, os professores fazem apenas algumas perguntas de alto nível em vez de bombardear os alunos com várias perguntas. De fato, a *quantidade* de perguntas que os professores fazem parece estar inversamente relacionada à sua *qualidade*. Um estudo observacional em salas de aula de faculdades (Larson; Lovelace, 2013) constatou que os professores que faziam um grande número de perguntas usavam predominantemente perguntas de baixo nível. Em resumo, você pode ajudar os alunos a consolidar sua aprendizagem fazendo um número seleto de perguntas ponderadas e de alto nível e dando tempo suficiente para que os alunos pensem nessas perguntas e as respondam.

Dicas de sala de aula para as perguntas de alto nível e explicações dos alunos

Fazer perguntas de alto nível aos alunos e incentivá-los a tornar seu raciocínio visível por meio de autoexplicações ajuda-os a processar e consolidar sua aprendizagem, garantindo que pensem e reflitam sobre ele. Com isso em mente, oferecemos as seguintes dicas para incorporar perguntas de alto nível e explicações dos alunos nas experiências de aprendizagem deles.

Elabore perguntas de alto nível que favoreçam a reflexão dos alunos sobre sua aprendizagem.

Ao criar planos de unidade e de aula, leve em conta o que você quer que os alunos pensem enquanto estão aprendendo. Que novos conceitos eles devem compreender? Que ideias devem ser conectadas? Que relações de causa e efeito eles devem considerar? Sobre quais nuances eles devem refletir para dominar novas habilidades e novos procedimentos? Em seguida, identifique uma pequena lista de perguntas que você pode fazer ou fornecer a eles para ajudá-los a pensar sobre as ideias, os conceitos, as relações e as nuances do que estão aprendendo. Inclua essas perguntas em seus planos de aula.

Estimule os alunos a oferecer explicações e tornar sua aprendizagem visível.

Suas perguntas também devem estimular os alunos a oferecer explicações, desenvolver habilidades de raciocínio e tornar seu raciocínio visível – uma técnica às vezes chamada de "questionário explicativo" (Scruggs; Mastropieri; Sullivan, 1994). Em termos simples, o questionário explicativo leva os alunos a refletir sobre *por que* algo funciona ou é plausível – "Como exatamente isso funciona?", "Por que isso deveria ser verdade?" e "E se não fosse verdade?" (McDaniel; Donnelly, 1996). Por exemplo, você pode pedir aos alunos que pensem *por que* a multiplicação cruzada de frações funciona, *como exatamente* a liberação de ar comprimido resfria uma sala ou *o que teria acontecido se* Aníbal tivesse atravessado os Alpes com seus elefantes e seu exército. Uma maneira fácil de incluir o questionário explicativo na aprendizagem é realizada com a Pergunta de Ouro: "O que o leva a dizer isso?" (Pearsall; Harris, 2019). Essa pergunta simples torna o raciocínio visível, ajuda os alunos a refletir sobre sua aprendizagem e funciona em qualquer série escolar ou área de conhecimento.

Use a técnica da pergunta-surpresa (e uma nova pergunta) para garantir que todos os alunos pensem sobre sua aprendizagem.

Chamar somente os alunos que levantam as mãos em resposta às perguntas que você costuma fazer resulta em apenas um pequeno grupo de alunos conduzindo a maior parte da conversa, enquanto o restante observa de forma passiva – provavelmente contribuindo pouco para pensar ou consolidar a aprendizagem. Para muitos professores e alunos, a mudança para a pergunta-surpresa pode significar um distanciamento radical da prática anterior e, assim, talvez seja necessário preparar seus alunos para essa alteração. Explique por que você deseja envolver todos na discussão e assegure-os de que o objetivo do diálogo em sala de aula não é fazê-los regurgitar as respostas corretas ou avaliá-las, mas ajudar todos a entender o que aprenderam compartilhando suas ideias e compreensões atuais. Para deixar claro que você está chamando os alunos aleatoriamente e que não está tentando constranger (ou favorecer) ninguém, você pode desenhar nomes em palitos, chamar números ou usar um aplicativo de seleção aleatória para garantir que esteja, de fato, chamando todos. Inicialmente, alguns alunos podem não se sentir preparados para responder, mas você ainda quer que eles pensem sobre seu aprendizado. Portanto, se você permitir que alguém não responda em um momento específico, informe-o de que você voltará a falar com ele mais tarde, pois quer ouvir como ele está raciocinando. Quando voltar a falar com esse aluno, convide-o a desenvolver e refletir sobre o que ouviu de seus colegas.

Espere um tempo, de modo a dar aos alunos (e a você mesmo) oportunidades de pensar sobre as perguntas.

Ao fazer perguntas, certifique-se de esperar por tempo suficiente antes de chamar os alunos – tanto depois que você fizer uma pergunta quanto depois que os alunos responderem às suas perguntas. O tempo de espera ideal é de pelo menos três segundos para ambos os períodos (Rowe, 1986). A princípio, mesmo uma breve pausa pode parecer uma eternidade, especialmente se você estiver acostumado a fazer perguntas rápidas. Entretanto, cada pausa é essencial para proporcionar aos alunos tempo para pensar sobre a pergunta que você fez e ajudá-los a começar a consolidar o que aprenderam em uma resposta. Para se certificar de que você forneceu três segundos de espera, talvez seja necessário contar até três mentalmente antes de chamar os alunos, quem sabe usando um verso interno ou um *jingle* para garantir que você esperou o tempo suficiente (p. ex., "Vou contar até três enquanto os alunos pensam profundamente"). Fornecer esse tempo de espera serve a outro propósito importante para os professores: ele pode revelar quando uma pergunta não consegue fazer com que os alunos pensem sobre sua aprendizagem. Se os alunos puderem responder imediatamente às suas perguntas sem pensar muito nelas (p. ex., "Quando foi a Guerra de 1812?"), então suas perguntas provavelmente são muito simplistas. Dar esse tempo de espera após a resposta de um aluno é uma forma de convidar outros alunos a conectar *suas* ideias ao que ouviram de outro colega. O uso de um estímulo como "Vamos todos pensar por um momento em como podemos conectar ou ampliar essa ideia..." antes de fazer uma pausa de alguns segundos e depois chamar outro aluno pode resultar em um pensamento mais profundo, fazer mais conexões e mostrar aos alunos que eles (e não apenas você) podem desempenhar um papel ativo em dar sentido ao que aprenderam.

Dê aos alunos a oportunidade de responder a perguntas e explicar seu raciocínio com seus colegas.

Muitas das pesquisas em nossa amostra fizeram perguntas aos alunos em duplas ou em pequenos grupos (de três a quatro pessoas). Isso proporciona um espaço seguro para os alunos reunirem seus pensamentos, torná-los visíveis, ouvir como os colegas estão entendendo o próprio aprendizado e comparar suas ideias com as dos outros. Para alunos que começam a aprender o inglês, pequenos grupos ou duplas também podem oferecer oportunidades de elaborar ideias em seu idioma nativo. Mais adiante, examinaremos com mais detalhe a consolidação do aprendizado auxiliado por pares, mostrando como utilizar grupos pequenos para garantir que todos os alunos (e não apenas alguns) tenham a oportunidade de responder a perguntas de alto nível e explicar seu raciocínio.

ESTRATÉGIA 7: APLICAÇÃO INICIAL ORIENTADA COM *FEEDBACK* FORMATIVO

A aplicação inicial orientada com feedback *formativo ajuda os alunos a consolidar novas habilidades e conhecimentos procedimentais de forma eficaz e precisa.*

Depois de ajudar os alunos a desenvolver novas habilidades e conhecimentos procedimentais por meio de ensino e modelagem de estratégias, você precisa dar a eles amplo apoio, orientação e *feedback* durante suas tentativas iniciais de transformar em ação o que estão começando a aprender – ou seja, à medida que consolidam sua aprendizagem e começam a desenvolver automaticidade em relação às novas habilidades. Essa estratégia se alinha estreitamente ao estágio "nós fazemos" no modelo de liberação gradual de responsabilidade "eu faço", "nós fazemos", "vocês fazem juntos", "vocês fazem sozinhos" (Fisher; Frey, 2021) e ao estágio de "prática guiada" encontrado tanto no ensino direto explícito (Hollingsworth; Ybarra, 2017) quanto no ensino do domínio (Hunter, 1982). Basicamente, à medida que os alunos aprendem inicialmente a aplicar uma nova habilidade, é importante observá-los e fornecer *feedback* para ajudá-los a desenvolver essa nova habilidade de forma precisa e eficaz. Nossa revisão das pesquisas identificou 11 estudos empíricos (ver Apêndice) que demonstraram tamanhos de efeito positivos significativos (índice de progresso = 11 a 49) para a aplicação inicial orientada com *feedback* formativo em todos os níveis de ensino, várias áreas temáticas e grupos de alunos. A aplicação inicial orientada com *feedback* formativo costuma acompanhar o ensino e a modelagem de estratégias, pois foi demonstrado que ela favorece principalmente o domínio do conhecimento procedimental (ou seja, a aprendizagem de novas habilidades e processos).

Princípios norteadores para a aplicação inicial orientada com *feedback* formativo

Esses estudos geraram os princípios indicados a seguir para aplicação inicial orientada com *feedback* formativo.

A aplicação orientada deve inicialmente se basear no ensino direto e na modelagem de estratégia.

Vários estudos relataram efeitos positivos de intervenções que integraram ensino e modelagem de estratégias com aplicação inicial orientada e *feedback* formativo – p. ex., Cardelle-Elawar (1990); Coyne *et al.* (2019), Fuchs *et al.* (2009, 2010), Vadasy; Sanders (2010), Vaughn *et al.* (2006). Correndo o risco de dizer o óbvio, os alunos têm mais sucesso em suas tentativas iniciais de aplicar novas habilidades quando recebem instrução explícita e modelagem das habilidades, dos procedimentos e das estratégias em questão. O ensino de estratégia e a aplicação orientada costumam ser intercalados com professores que continuamente reensinam e remodelam as habilidades, sobretudo para os alunos que inicialmente tiveram dificuldades com uma nova habilidade. Por exemplo, uma intervenção em que os professores se envolveram em "leitura de eco" – reler linhas de texto desafiadoras para os alunos e pedir que repitam essas linhas em voz alta – melhorou significativamente os resultados (índice de progresso = 30) de alunos da educação infantil com baixo desempenho (Vadasy; Sanders, 2010).

Os alunos se beneficiam da observação e do feedback *personalizado ao aplicar novas habilidades pela primeira vez.*

Essa fase da aprendizagem – quando os alunos tentam dominar novos conhecimentos – é um momento delicado desse processo. Se os alunos desenvolverem mal-entendidos ou aprenderem as habilidades incorretamente, é provável que se frustrem e tenham um desempenho pior. Portanto, à medida que eles começam a dominar e automatizar novas habilidades, é fundamental observá-los e fornecer *feedback* em tempo real, adaptado às suas necessidades de aprendizagem. Não surpreende que vários estudos apontem os benefícios do *feedback* personalizado no início do processo de aprendizagem para garantir que os alunos comecem no caminho certo. Por exemplo, em um estudo de larga escala com quase 3 mil alunos, Roschelle *et al.* (2016) avaliaram os benefícios de uma ferramenta de dever de casa *on-line* que fornecia dicas personalizadas e *feedback* oportuno durante as tentativas iniciais dos alunos do 8º ano para dominar como resolver problemas de matemática de várias etapas. Os alunos que usaram a ferramenta *on-line* tiveram um desempenho melhor do que aqueles que participaram do ensino tradicional em sala de aula e dos deveres de casa sem *feedback* ou orientação personalizada (índice de progresso = 7). Em especial, os alunos abaixo da média se beneficiaram ainda mais com o *feedback* personalizado (índice de progresso = 11), o que sugere que o *feedback* individualizado e em tempo real é uma estratégia poderosa para reduzir as diferenças de desempenho. Essas constatações e as de vários outros estudos realizados em ambientes racialmente diversos (Coyne *et al.*, 2019; Fuchs *et al.*, 2009, 2010; Fuchs *et al.*, 2013a; Roschelle *et al.*, 2016; Vadasy; Sanders, 2008, 2010; Vaughn *et al.*, 2006) demonstram o poder da observação atenta e do *feedback* personalizado durante a aplicação inicial da nova aprendizagem.

O feedback *formativo deve favorecer a reflexão e o raciocínio dos alunos.*

O *feedback* tende a ser mais eficaz quando os professores não se limitam a dar as respostas corretas aos alunos, mas sim os incentivam a refletir sobre sua aprendizagem e a pensar em como corrigir seus erros. Por exemplo, em uma intervenção, os professores forneceram *feedback* individualizado que auxiliou a consolidação da aprendizagem das habilidades de resolução de problemas de matemática por meio da reflexão (p. ex., "Qual é o principal erro?", "Por que você acha que cometeu esse erro?" e "De que tipo de informação você precisa para resolver o problema?"). Os alunos do 7º ano, de baixa renda e aprendizes da língua inglesa que receberam esse tipo de *feedback* superaram significativamente o desempenho daqueles que receberam apenas *feedback* de respostas corretas – índice de progresso = 49; Cardelle--Elawar (1990). Da mesma forma, Fuchs *et al.* (2010) exploraram os benefícios da prática deliberada – alunos que trabalham com tutores para revisar seus padrões de erro e aplicar uma nova estratégia a fim de corrigir suas respostas. Alunos do 4º ano com dificuldades em matemática, racialmente diversos e de baixa renda, que se engajaram em práticas deliberadas, superaram significativamente os alunos cujos tutores deram apenas *feedback* de respostas corretas (índice de progresso = 23).

Clariana e Koul (2006) compararam os efeitos de fornecer aos alunos de ciências do ensino médio três formas diferentes de *feedback*:

- *feedback atrasado*, como fornecer acesso às respostas corretas no final de uma apostila;
- *feedback imediato de respostas corretas*, como fornecer acesso "via raspadinha" às respostas corretas de perguntas de múltipla escolha;
- *feedback imediato de múltiplas tentativas*, como acompanhar as respostas incorretas "raspadas" de mensagens "tente novamente".

Quando os alunos foram testados mais tarde com itens de teste originais e parafraseados, tanto os alunos do grupo com *feedback* de resposta correta atrasada quanto do grupo com *feedback* imediato superaram os que receberam *feedback* de múltiplas tentativas e os que não receberam *feedback* em itens de teste originais (índice de progresso = 32 e 24, respectivamente). Entretanto, em itens de teste parafraseados, os alunos que receberam *feedback* de múltiplas tentativas superaram todos os outros grupos (p. ex., índice de progresso = 24 vs. somente texto). Clariana e Koul (2006) concluíram que os alunos provavelmente se beneficiaram com o *feedback* de múltiplas tentativas porque a consolidação da memória exige a realização de múltiplas conexões mentais com a nova aprendizagem. Assim, o *feedback* que incentiva os alunos a pensar sobre a aprendizagem favorece uma maior compreensão conceitual.

Assim que os alunos desenvolvem a compreensão conceitual, o feedback *sobre o progresso ajuda na sua compreensão.*

À medida que os alunos começam a desenvolver fluência em novas habilidades, você pode passar da fase de solicitar que eles façam uma pausa e reflitam sobre a aprendizagem para a de oferecer mais *feedback* sobre o progresso (ou seja, dizer aos alunos se uma resposta está correta ou incorreta). Fuchs *et al.* (2013a) compararam os efeitos de duas formas diferentes de *feedback* sobre a aprendizagem de matemática de alunos do 2º ano, racialmente diversos, de baixa renda e com baixo desempenho. O primeiro grupo recebeu aulas de reforço diárias sobre conhecimento de números, seguidas de cinco minutos de prática não acelerada, com *feedback* projetado para ajudá-los a refletir sobre os princípios-chave do conhecimento de números aprendidos durante o ensino para toda a turma. O segundo grupo recebeu o mesmo reforço, mas se envolveu em cinco minutos de prática diária acelerada, durante os quais tentaram responder ao maior número possível de perguntas corretamente, enquanto recebiam *feedback* corretivo (ou seja, resposta certa ou errada). O grupo de controle não recebeu nenhuma orientação especial nem sessões adicionais de prática. Não surpreende que ambos os grupos de tutoria tenham superado o grupo de controle. No entanto, os alunos que se envolveram na prática acelerada com *feedback* corretivo obtiveram maiores ganhos (índice de progresso = 24) do que aqueles que se envolveram na prática não acelerada com *feedback* formativo (índice de progresso = 8). Essas descobertas sugerem que, quando os alunos consolidam a aprendizagem, queremos que eles *parem de pensar* a cada etapa do processo e desenvolvam melhor compreensão dos conceitos. Por exemplo, quando conseguem decodificar as conexões entre sons e símbolos, queremos que leiam as palavras com fluência. Quando compreendem os conceitos matemáticos, queremos que recordem automaticamente os fatos matemáticos. Com isso em mente, para ajudar os alunos a desenvolver a automatização, tente deixar de incentivá-los a pensar sobre sua aprendizagem e passe a dar-lhes tempo para praticar com *feedback* sobre seu progresso.

Dar três respostas corretas durante a aplicação inicial contribui para o domínio.

Três é realmente um número mágico. Os alunos obtêm maior sucesso quando são bem-sucedidos em demonstrar uma nova habilidade pelo menos três vezes durante uma sessão inicial de aplicação (Rawson; Dunlosky, 2011). Esse princípio de aprendizagem foi, de fato, incorporado a um programa de *software* que apresentou resultados positivos para milhares de alunos (Roschelle et al., 2016), fornecendo-lhes prática repetida e *feedback* sobre novos problemas até que resolvessem o mesmo problema corretamente três vezes. Em comparação com um grupo de controle de alunos que se engajaram em deveres de casa tradicionais sem garantir três vezes a proficiência em novas habilidades, os alunos que usaram o *software* apresentaram ganhos pequenos, mas estatisticamente significativos, no aprendizado em testes de matemática padronizados no final do ano (índice de progresso = 7).

Dicas de sala de aula para a aplicação inicial orientada com *feedback* formativo

As pesquisas demonstram o poder de observar os alunos durante suas tentativas iniciais de consolidar novas habilidades e fornecer a eles *feedback* formativo. O *feedback* formativo auxilia a compreensão conceitual, corrige concepções errôneas e padrões de erro e ajuda os alunos a desenvolver proficiência e melhor compreensão de novas habilidades e conhecimento procedimental. A seguir, são apresentadas algumas dicas para ajudá-lo a transformar esses princípios em experiências de aprendizagem eficazes para seus alunos.

Observe os alunos durante a aplicação da nova aprendizagem.

Você não gostaria que seu treinador de tênis lhe mostrasse como fazer um *topspin* no seu saque, depois lhe entregasse uma cesta de bolas e dissesse, antes de ir embora: "Agora tente você; mais tarde eu verei onde suas bolas caíram". Qualquer técnico que se preze, é claro, observaria você atentamente durante suas tentativas iniciais de pôr em prática uma habilidade, a fim de poder oferecer dicas. Contudo, afastar-se dos alunos durante suas tentativas iniciais de dominar novas habilidades é, na verdade, o que os professores fazem quando passam uma tarefa que introduz uma nova habilidade ou procedimento e deixam de observar os alunos quando eles começam a pôr em prática a habilidade. Portanto, durante as primeiras tentativas dos alunos de aplicar novas habilidades (a fase "nós fazemos" da aprendizagem), é importante observar o trabalho deles em andamento. Você pode fazer isso, é claro, andando pela sala e observando por cima dos ombros dos alunos durante a aplicação inicial, seja para resolver equações, conjugar verbos irregulares ou escrever uma frase sobre um tópico polêmico. Você também pode usar "aulas invertidas", gravando vídeos explicativos que os alunos podem assistir em casa e, em seguida, dedicar o tempo da aula para observar os alunos e fornecer *feedback* à medida que eles aplicam novas habilidades.

Identifique padrões de erro e ofereça feedback *direcionado para os alunos.*

O verdadeiro poder da observação, é claro, está no fato de ela permitir que os professores direcionem o *feedback* para as necessidades de aprendizagem dos alunos. As perguntas a seguir foram extraídas da intervenção eficaz de Cardelle-Elawar (1990) no ensino de matemática para alunos do ensino médio. Trata-se de um modelo útil de reflexão para ajudá-lo a direcionar o *feedback* às necessidades dos alunos e, ao mesmo tempo, garantir que o próprio *feedback* permaneça formativo, ajudando os alunos, por sua vez, a refletir e pensar sobre a própria aprendizagem:

1. "Qual é o erro principal?"
2. "Qual a razão provável pela qual o aluno cometeu esse erro?"
3. "O que o aluno fez certo?"
4. "Como posso orientar o aluno para evitar que ele cometa esse erro no futuro?"

Essas quatro perguntas podem ajudar a concentrar o *feedback* em todos os níveis de ensino e áreas temáticas – quer você esteja lembrando os alunos de multiplicar o número de cima pelo dígito das unidades do número de baixo ou ajudando-os a reconhecer e responder a falácias lógicas em uma redação persuasiva.

Ofereça feedback *formativo que seja específico e prático.*

Você provavelmente já experimentou a frustração de receber um *feedback* vago – sendo informado, por exemplo, de que uma frase em sua redação é "estranha" ou "desajeitada", sem explicação sobre o que é estranho ou desajeitado nela ou como corrigir esse problema. Muito mais útil, obviamente, é o *feedback* que o orienta para a ação, como: "Sua longa oração introdutória dificulta a identificação do sujeito da frase; como você poderia reescrevê-la com uma frase mais forte que comece com o substantivo do sujeito?". Em vez de dar respostas corretas aos alunos, o *feedback* que você fornece a eles durante a aplicação inicial deve ser *formativo*, incentivando-os a pensar sobre sua aprendizagem e a refletir sobre o processo de aprendizagem. Dito isso, o *feedback* também deve ser suficientemente específico e prático para que os alunos saibam o que fazer com ele. Você estará mais apto a atingir esse equilíbrio se (1) tiver clareza sobre o erro que os alunos estão cometendo, (2) puder identificar o que os alunos precisam fazer de forma diferente e (3) puder identificar no que eles devem pensar para melhorar. A Figura 4.1 traz alguns exemplos.

Ajude os alunos a entender e aplicar o princípio "três vezes é bom".

Você deve ter certeza de que os alunos conseguem executar uma nova habilidade ou processo três vezes sem cometer erros antes de liberá-los para a prática independente (o foco do Capítulo 5). Você pode ajudar os alunos a entender esse princípio do "pague agora ou pague mais tarde" ensinando-o a eles e convencendo-os de que aprender algo certo na primeira vez compensará mais tarde, pois eles poderão participar de menos sessões

PADRÃO DE ERRO	O QUE OS ALUNOS DEVEM FAZER	NO QUE OS ALUNOS DEVEM PENSAR
Não embasar as afirmações escritas	Amplie as afirmações com fatos ou detalhes	Estou mostrando, e não falando? Onde preciso acrescentar a palavra "porque"?
Não alinhar números antes de somá-los	Alinhe os dígitos com os locais	Minha resposta faz sentido? Que erro eu posso ter cometido?
Concentrar-se nos detalhes, e não na essência ao resumir o texto	Use títulos e frases de tópicos para extrair a essência	Onde os escritores colocam pistas sobre o que querem dizer? Qual a principal ideia que esse escritor está tentando comunicar?

FIGURA 4.1 Exemplos de *feedback* reflexivo acionável.

de prática, e mais curtas, e alcançarão maior sucesso. Com determinadas habilidades, eles podem desenvolver proficiência logo após poucas tentativas, enquanto outras habilidades podem exigir uma dezena ou mais delas. O segredo é desenvolver a proficiência durante a sessão inicial de prática orientada, independentemente do número de tentativas. Em seguida, eles podem concentrar a prática futura na automatização das habilidades aprendidas de forma adequada e na fixação do novo aprendizado na memória de longo prazo, não desaprendendo ou reaprendendo conhecimentos e habilidades. Com isso em mente, incentive seus alunos a avaliar honestamente seu progresso e a pedir ajuda durante as tentativas iniciais, assegurando, assim, que o "cimento não seque", por assim dizer, em concepções ou aplicações incorretas.

Mude para o feedback *sobre o progresso à medida que os alunos começam a dominar o novo conceito.*

Quando os alunos estão aprendendo novas habilidades pela primeira vez, eles precisam de *feedback* que os ajude a refletir e monitorar o próprio progresso em direção ao domínio – em essência, "ir devagar para ir rápido". Você quer, por exemplo, que eles entendam completamente cada etapa de uma heurística de resolução de problemas, internalizem completamente as estratégias de raciocínio cognitivo e metacognitivo e visualizem o que as fórmulas matemáticas de fato representam. Porém, no final, seu objetivo é ajudá-los a automatizar novas habilidades para que possam liberar sua capacidade mental, a fim de se concentrarem na resolução de problemas complexos, no pensamento crítico e na aplicação de habilidades. Em suma, você quer que eles *pensem menos* sobre o que estão fazendo porque automatizaram e se tornaram fluentes em novas habilidades. Como discutiremos no Capítulo 5, a melhor maneira de fazer isso é por meio da repetição, que fortalece as conexões neurais que os alunos estão formando. À medida que os alunos passam da aplicação inicial orientada para a prática independente, você pode passar do *feedback* formativo para o *feedback* sobre o progresso, fornecendo avisos ocasionais para incentivar a reflexão quando ocorrerem erros ou enganos, muitas vezes com frases que lembrem os alunos das habilidades que aprenderam, mas que exigem mais prática para serem mais bem compreendidas (p. ex., "verifique seu trabalho"; "mostre, não fale"; "use suas habilidades de leitura atenta").

ESTRATÉGIA 8: CONSOLIDAÇÃO DA APRENDIZAGEM COM O AUXÍLIO DOS PARES

A consolidação da aprendizagem auxiliada por pares engaja grupos ou duplas de estudantes no processamento, na discussão e na prática de uma nova aprendizagem.

Os seres humanos são criaturas sociais que anseiam por oportunidades de compartilhar histórias, experiências e desafios com outras pessoas – às vezes porque gostamos de nos ouvir falar, mas muitas vezes porque queremos ouvir o que os outros pensam sobre nossas experiências. A teoria socioconstrutivista do psicólogo russo Lev Vygotsky (1978) postulou que os alunos aprendem sobretudo por meio de interações sociais com professores, pais e colegas. Essa teoria do conhecimento socialmente construído se reflete em estudos experimentais que, em conjunto, apontam para o poder da *consolidação da aprendizagem auxiliada por pares*. Usamos essa expressão intencionalmente, em oposição ao termo mais comum "aprendizagem cooperativa" (usado em edições anteriores de *Novas formas de ensinar em sala de aula*). Em todos os estudos que examinamos, os alunos não foram apresentados a uma nova aprendizagem por meio da aprendizagem por pares. Em vez disso, os grupos foram usados para ajudá-los a processar o conhecimento e as habilidades já apresentados por meio da aprendizagem facilitada pelo professor. Fazemos essa observação porque, ao longo dos anos, temos visto professores usarem a aprendizagem cooperativa para apresentar aos alunos novas ideias e habilidades – por exemplo, reunindo-os com colegas para ler novos textos juntos ou deixando grupos de alunos livres para inventar soluções para problemas complexos de matemática. Com isso em mente, classificamos essa estratégia como uma atividade que *sucede* o ensino direto inicial de conceitos e habilidades fundamentais.

Nossa revisão das pesquisas identificou nove estudos empíricos relacionados a intervenções de aprendizagem por pares (ver Apêndice) que apresentaram efeitos positivos significativos (índice de progresso = 8 a 42) – em todas as séries e áreas disciplinares e com alunos de diversas raças, alunos que têm o inglês como segunda língua e alunos em situação de pobreza. Assim como ocorre com outras estratégias, a consolidação da aprendizagem por pares em geral não foi estudada como uma intervenção autônoma, mas dentro de um conjunto integrado de estratégias que geralmente incluía ensino de vocabulário, ensino e modelagem de estratégias, perguntas de alto nível e explicações dos alunos.

Princípios norteadores para a consolidação da aprendizagem por pares

Os princípios para a consolidação da aprendizagem por pares indicados a seguir derivam desses estudos.

A aprendizagem por pares deve complementar, e não substituir, o ensino direto.

Vale a pena repetir esse ponto. Em todos os nove estudos, a aprendizagem por pares sucedeu o ensino direto de conhecimentos e habilidades, proporcionando aos alunos oportunidades de fazer uma pausa e processar o que foi aprendido por meio do ensino direto. Por exemplo, Kim *et al.* (2017) encontraram efeitos estatisticamente significativos na compreensão de leitura em alunos do 4º ano (índice de progresso = 8) quando o ensino direto de habilidades básicas de leitura foi seguido de ensino recíproco e debate em turma para aprofundar a compreensão de textos de ficção e não ficção cognitivamente complexos. Da mesma forma, Saddler e Graham (2005) encontraram efeitos positivos (índice de progresso = 24) para uma intervenção que colocou alunos do 5º ano em duplas com o objetivo de praticar uma estratégia de combinação de frases após ensino direto e modelagem da estratégia. Em suma, a aprendizagem por pares não deve substituir, e sim complementar o ensino conduzido pelo professor.

Atividades estruturadas são a chave para a aprendizagem por pares.

As atividades de aprendizagem por pares devem ser estruturadas com vistas a auxiliar a consolidação da aprendizagem, por exemplo, fornecendo perguntas para orientar discussões de textos cognitivamente desafiadores (Guthrie et al., 2004) ou usando protocolos estruturados de ensino recíproco a fim de melhorar a compreensão da leitura (Kim et al., 2017). Não há estudos que tenham encontrado efeitos positivos para a aprendizagem não estruturada entre colegas. Kramarski e Mevarech (2003), por exemplo, compararam os efeitos do engajamento de alunos do 9º ano em quatro condições diferentes para aprender a interpretar gráficos em matemática: discussões em grupo com e sem perguntas fornecidas pelo professor para orientar as conversas, bem como aprendizagem independente com e sem perguntas fornecidas pelo professor. Os alunos que se engajaram na aprendizagem por pares com perguntas fornecidas pelo professor superaram todos os outros, inclusive os que trabalharam em grupos não estruturados sem o benefício de perguntas estruturadas (índice de progresso = 28). Os pesquisadores não encontraram benefícios para a aprendizagem cooperativa não estruturada em comparação com a aprendizagem independente. De fato, os alunos que se engajaram com a aprendizagem independente superaram aqueles de grupos não estruturados (índice de progresso = 9).

A aprendizagem por pares integra a responsabilidade individual à interdependência positiva.

As estratégias de aprendizagem por pares também devem ser projetadas para uma interdependência positiva (Johnson; Johnson, 1999), o que evita o "efeito carona" (Slavin, 1990) ao responsabilizar os alunos pelo trabalho individual e, ao mesmo tempo, garantir que o sucesso individual não ocorra à custa dos outros. Wanzek et al. (2014), por exemplo, descobriram que uma intervenção de aprendizagem baseada em equipes foi eficaz para melhorar o conhecimento de estudos sociais de alunos do ensino médio racialmente diversos. Equipes heterogêneas de três a cinco alunos trabalharam em conjunto para chegar a um consenso sobre questões de verificação de compreensão e desenvolver respostas compartilhadas para perguntas de alto nível (p. ex., "Considere as três principais prioridades da nação ao passar do isolacionismo para o expansionismo. Em seguida, considere os momentos mais importantes do mandato de cada presidente e faça recomendações sobre a necessidade de um curso de ação igual ou diferente"). Após cada unidade de três semanas, os alunos se cobravam mutuamente por meio de um processo de avaliação realizado pelos colegas, em que refletiam sobre as contribuições dos membros individuais da equipe para o sucesso do grupo. Após 20 semanas, os alunos envolvidos no aprendizado estruturado baseado em equipes superaram significativamente os que receberam instrução tradicional em medidas de conhecimento de conteúdo (índice de progresso = 16) e compreensão de leitura (índice de progresso = 8). Em linhas semelhantes, uma intervenção multifacetada com efeitos significativos nas habilidades de leitura (índice de progresso = 10) de alunos de escolas de ensino médio com alto índice de pobreza designou os alunos para equipes de habilidades mistas que trabalharam juntas (em duplas e pequenos grupos). Os alunos melhoraram suas pontuações individuais em questionários de verificação de compreensão, o que, por sua vez, contribuiu para uma pontuação geral da equipe usada para determinar quando as equipes poderiam avançar para o próximo nível de desempenho (Stevens, 2003).

Grupos de habilidades mistas beneficiam todos os alunos.

Há poder em grupos de habilidades mistas estrategicamente planejados – por exemplo, colocar juntos escritores mais fortes com escritores mais fracos para praticar a combinação de frases (Saddler; Graham, 2005), criar equipes de habilidades mistas para promover a leitura e a escrita (Stevens, 2003) ou criar equipes heterogêneas para melhorar a aprendizagem de estudos sociais (Wanzek *et al.*, 2014). Ao contrário das preocupações de alguns professores ou pais de que os grupos de habilidades mistas diminuam o ritmo de aprendizagem dos alunos com alto desempenho, nenhuma evidência sugere que isso ocorra. Na verdade, a aprendizagem por pares pode beneficiar mais os alunos de alto rendimento do que os de baixo rendimento. Por exemplo, Wanzek *et al.* (2014) descobriram que os alunos com desempenho anterior moderado e alto apresentaram maior crescimento com o aprendizado baseado em equipe do que os alunos com baixo desempenho anterior. Uma possível explicação para essa diferença pode ser o fato de que os alunos com melhor desempenho estão mais bem equipados para dialogar com os colegas do que os alunos com baixo conhecimento prévio ou habilidades de leitura, que podem se beneficiar mais do ensino direto e do reforço da aprendizagem – de acordo com o princípio de que a aprendizagem por pares deve complementar, e não substituir, o ensino direto dos principais conhecimentos e habilidades.

Dicas de sala de aula para a consolidação da aprendizagem por pares

Quando adequadamente estruturados e estrategicamente projetados, os grupos de aprendizagem por pares podem aprofundar a consolidação da aprendizagem dos alunos com o potencial benefício adicional de aumentar o engajamento e a motivação dos alunos para aprender. A seguir, são apresentadas algumas dicas para ajudá-lo a transformar esses princípios em experiências de aprendizagem eficazes para seus alunos.

Divida as aulas para ajudar os alunos a fazer uma pausa e processar a aprendizagem.

Como o cérebro dos alunos tende a "dar um tempo" após 5 a 10 minutos de esforço concentrado, é importante criar pequenas "pausas cerebrais" em suas aulas, dividindo-as em segmentos de 5 a 10 minutos, intercalados com oportunidades para que os alunos façam uma pausa e processem seu aprendizado. Você pode usar qualquer uma das estratégias destacadas neste capítulo durante essas pausas: aplicação orientada para consolidar novas habilidades, perguntas de alto nível para refletir sobre o aprendizado ou consolidação da aprendizagem por pares para processar a nova aprendizagem com outras pessoas. Não importa o quanto você se sinta pressionado pelo tempo: se não proporcionar aos alunos essas "pausas cerebrais", eles estarão aptos a se desligar – ou a fingir. Portanto, certifique-se de dar aos alunos (e a seus cérebros) oportunidades regulares de processar o que aprenderam.

Designe os alunos para grupos de habilidades mistas estrategicamente planejados.

A aprendizagem por pares funciona melhor quando alunos com diferentes habilidades, experiências e conhecimentos prévios se juntam para apoiar uns aos outros, dialogando para contribuir com diferentes perspectivas e construir uma compreensão compartilhada da nova aprendizagem. Não opte pelo caminho mais fácil deixando que os alunos determinem seus próprios grupos. Além de alguns alunos ficarem de fora, eles também perderão as ricas oportunidades de aprendizagem que surgem em grupos de habilidades mistas. Os grupos heterogêneos oferecem oportunidades para que os alunos aprendam com os colegas e se engajem na autoexplicação da nova aprendizagem – o que, como vimos, é uma estratégia de aprendizagem poderosa. Os grupos formados para colocar em prática a aprendizagem por pares devem representar uma mistura de perspectivas e conhecimentos prévios. Você pode até mesmo criar esses grupos como equipes semipermanentes que se estendam por todo um semestre ou ano letivo, para ajudar os alunos a desenvolver uma interdependência positiva entre si.

Incorpore perguntas de alto nível e explicações dos alunos à aprendizagem por pares.

Como queijo e goiabada, as perguntas de alto nível e a aprendizagem por pares combinam bem – ver Guthrie *et al.* (2004), Kim *et al.* (2017), Kramarski; Mevarech (2003), Vaughn *et al.* (2017), Wanzek *et al.* (2014). Isso não é surpreendente. Para começar, grupos pequenos oferecem mais oportunidades para todos os alunos responderem a perguntas de alto nível do que as discussões em grande grupo. Além disso, o fato de os grupos pequenos se concentrarem em perguntas de alto nível (em vez de perguntas de recuperação) auxilia a consolidação da aprendizagem, ajudando os alunos a estabelecer conexões com o aprendizado anterior e a agrupar a aprendizagem em conceitos, temas e compreensões mais amplos. Não há problema em fornecer aos grupos pequenos algumas perguntas para relembrarem como "aquecimento", mas, em última análise, a conversa deve levar os alunos a um nível mais profundo de compreensão e consolidação. A Figura 4.2 apresenta exemplos de perguntas de alto nível usadas para estruturar conversas em pequenos grupos para alunos do ensino fundamental e do ensino médio.

Use várias estruturas para engajar os alunos na aprendizagem por pares.

Embora a estrutura seja a chave para uma aprendizagem por pares, variedade e novidade são a chave para engajar novamente os cérebros dos alunos quando eles começam a se esgotar (Medina, 2008). A Figura 4.3 ofe-

TIPO DE QUESTÃO	ANOS INICIAIS DO ENSINO FUNDAMENTAL	ANOS FINAIS DO ENSINO FUNDAMENTAL	ENSINO MÉDIO
Compreensão	Quem é o personagem principal da história? O que o leva a dizer isso?	Como você descreveria a fotossíntese passo a passo?	Qual é o argumento principal do autor?
Conexão	Em que aspectos as plantas são semelhantes aos animais? Em que aspectos elas diferem?	Qual foi a semelhança entre a Revolução Francesa e a Revolução Americana?	Como a entropia afeta os padrões climáticos?
Estratégica	Quais são as três maneiras diferentes de calcular a área de uma forma irregular?	Que aperfeiçoamentos fariam nosso modelo de carro andar mais rápido?	Qual é a maneira mais simples de calcular a velocidade de um objeto em queda?
Pensamento crítico	Por que os mamíferos prosperam em climas mais frios?	O que diria alguém que discordasse de você? Que contra-argumento você poderia oferecer?	A história é uma história de progresso ou de repetição? A queda de Roma foi inevitável?

FIGURA 4.2 Perguntas de alto nível que podem ajudar a estruturar a consolidação da aprendizagem por pares.

rece diversos exemplos de maneiras eficazes de engajar os alunos em várias atividades de aprendizagem por pares. Misturar suas abordagens ajuda a evitar que a aprendizagem por pares pareça cansativa ou excessivamente previsível.

REFLEXÕES FINAIS: AJUDANDO OS ALUNOS A PAUSAR, PROCESSAR E CONSOLIDAR A APRENDIZAGEM

Você já deve ter ouvido os alunos comentarem que algo que aprenderam ainda não faz sentido para eles, ou já os viu lutando para aplicar uma nova habilidade com sucesso. O que se passa no cérebro dos alunos quando isso acontece? Provavelmente, a mesma coisa que aconteceria com você se, por

ATIVIDADE	COMO OS ALUNOS SE BENEFICIAM	O PROCEDIMENTO
Pense-escreva-compartilhe em duplas	Ajuda os alunos a refletir, aprofundar e refinar suas opiniões	Em vez de pedir aos alunos que simplesmente se virem e falem, primeiro faça uma pergunta de alto nível e, em seguida, dê a eles alguns minutos para respondê-la por escrito (em diários ou cadernos). Quando as ideias estiverem no papel, eles poderão compartilhar suas respostas com os colegas.
Cabeças numeradas juntas	Promove a interdependência positiva em conversas de pequenos grupos	Em grupos de quatro, numere os alunos de 1 a 4. Faça uma pergunta de alto nível para a turma e peça a cada grupo que desenvolva uma resposta ponderada e bem fundamentada. Após o término das discussões em pequenos grupos, retorne à discussão com toda a turma e selecione um número de 1 a 4, pedindo aos alunos de cada grupo com esse número que respondam à pergunta. Pesquisas sobre essa técnica descobriram que ela pode praticamente eliminar o fracasso dos alunos em testes de conteúdo posteriores (Maheady *et al.*, 1991).
Ensino recíproco	Consolida a aprendizagem de vários alunos e os ajuda a compreender textos cognitivamente desafiadores	Modele as principais estratégias de compreensão: resumir, questionar, esclarecer e prever. Divida a turma em grupos e atribua a cada aluno em um grupo uma dessas quatro funções: • O **aluno que faz o resumo** lê uma passagem e a resume (para alunos mais velhos, essa atividade pode vir depois da leitura independente de um texto inteiro, com o aluno que resume sintetizando as ideias principais do texto). • O **questionador** faz perguntas destinadas a obter ideias e conceitos-chave, incluindo inferências ou como aplicar as novas informações de um texto. • O **esclarecedor** procura obstáculos à compreensão, como palavras ou pronúncias desconhecidas; ele também pode tentar esclarecer o significado relendo uma passagem ou pedindo ajuda, se necessário. • O **preditor** pergunta ao grupo o que eles acham que acontecerá em seguida (ou que implicações ou aplicações podem ser extraídas da leitura) e registra a resposta do grupo.

FIGURA 4.3 Exemplos de atividades eficazes de aprendizagem por pares.

exemplo, tomasse o caminho errado em uma conferência de professores e acidentalmente se sentasse em um fórum de investimentos. Um economista sobe ao palco e começa a fazer uma palestra muito seca sobre o efeito da política de flexibilização quantitativa do Banco Central sobre as taxas de juros e o crescimento econômico. Você pode se sentir um pouco confuso com a apresentação – sim, você entende as *palavras* que o palestrante está dizendo, mas não consegue compreender o significado delas. Como resultado, você fica com um amontoado de dados desconectados (taxas de empréstimo *overnight*, estatísticas trabalhistas, números de inflação) sem nenhuma maneira de consolidá-los.

E se, no entanto, depois de alguns minutos, o economista fizesse uma pausa e apresentasse algumas perguntas para você discutir com a pessoa sentada ao seu lado, a fim de desenvolver uma compreensão compartilhada sobre o que acabou de ouvir? E se você pudesse receber um *feedback* imediato sobre o que entendeu? E se toda a sala de investidores fosse organizada em grupos de quatro para participar de uma atividade de ensino recíproca e acessível sobre a palestra? Você poderia ouvir enquanto alguém resume, em linguagem simples, a essência da palestra. Outra pessoa poderia ajudar a esclarecer termos importantes. Outra pessoa desse grupo menor poderia fazer perguntas que o ajudassem a conectar o que está aprendendo com seu conhecimento prévio (p. ex., taxas de juros, empréstimos bancários). Provavelmente as coisas fariam mais sentido para você.

Assim, quando seus alunos dizem que algo não faz sentido ou que não sabem como fazer algo, o que eles realmente estão dizendo é que seus cérebros precisam de mais tempo para fazer uma pausa e processar o que aprenderam – em geral, com seus colegas. Ou eles podem estar dizendo que precisam de algum treinamento – oportunidades de serem observados e receberem *feedback* ao tentar novas habilidades. Se você puder oferecer essas oportunidades aos alunos, eles terão mais chances de entender o que estão aprendendo. E, como resultado, estarão mais preparados para se engajar na próxima etapa do processo de aprendizagem: transferir o novo aprendizado para a memória de longo prazo. Nos próximos dois capítulos, discutiremos o que a ciência cognitiva revela sobre esses processos, bem como informações de estudos experimentais sobre como fortalecer essas fases críticas da aprendizagem em sala de aula.

5

Ajudando os alunos a praticar e refletir

Quando seus alunos chegarem a esse ponto do processo de aprendizagem (ver Goodwin, Gibson, Rouleau, 2020), você terá usado estímulos de interesse cognitivo e metas pessoais para ajudá-los a se interessarem e se comprometerem com a nova aprendizagem. Você os terá ajudado a se concentrarem nela, e eles terão começado a consolidá-la em padrões coerentes para dar sentido a ela. No entanto, a jornada de aprendizagem está longe de terminar. De fato, é exatamente nesse ponto que uma grande parte da aprendizagem se perde, nunca entrando na memória de longo prazo dos alunos. Os alunos esquecem *até 90%* do que aprendem na escola *em um mês* (Medina, 2008).

"Prática e reflexão" é a quinta fase da aprendizagem. Neste capítulo, examinaremos alguns princípios fundamentais (e surpreendentes) da ciência da aprendizagem que explicam por que grande parte do que os alunos aprendem ostensivamente nunca encontra um lugar na memória de longo prazo. Também identificaremos três estratégias de ensino poderosas que você pode usar para aumentar a probabilidade de os alunos reterem o que aprendem em sua sala de aula – não apenas por 30 dias, mas por toda a vida.

O QUE DIZEM AS PESQUISAS

Novamente, começaremos com alguns *insights* importantes da ciência cognitiva, analisando como o ato de incentivar os alunos a praticar e refletir pode ajudá-los a transferir informações da memória de trabalho de curto prazo para a memória de longo prazo.

A repetição é fundamental para incorporar a nova aprendizagem na memória de longo prazo

O primeiro princípio norteador do armazenamento da memória pode ser capturado em três palavras: *repetir, repetir, repetir*. O fato de uma nova informação encontrar um lugar na memória de longo prazo depende da frequência com que nosso cérebro retorna a ela para forçar novamente as vias neurais usadas a fim de codificar a aprendizagem. Basicamente, se quisermos reter a nova aprendizagem, precisamos adquiri-la mais de uma vez, por assim dizer. Como descrevemos no Capítulo 4, as memórias não estão bem guardadas em um único neurônio ou em um sistema de arquivamento mental organizado; elas estão espalhadas por uma rede confusa de neurônios ligados por vias neurais. O *retorno* a uma nova memória reativa as vias que conectam esses neurônios. À medida que as vias são reativadas, o cérebro começa a enrolar uma bainha de isolamento (chamada mielina) ao redor delas. Assim como o isolamento em torno de um fio elétrico ajuda as cargas elétricas a se moverem mais rapidamente, o revestimento de mielina facilita a reativação desses neurônios. Assim, a repetição é a chave para a memória de longo prazo – por exemplo, os alunos devem ensaiar uma nova habilidade pelo menos 24 vezes antes de atingir 80% de competência (Anderson, 1995).

A repetição em intervalos regulares fortalece a memória

Experimentos científicos que datam de mais de um século (p. ex., Ebbinghaus, 1964) mostraram que, embora a repetição seja fundamental para a memória, a melhor maneira de codificar a aprendizagem na memória de longo prazo é espaçar as repetições em um período de dias ou semanas. A prática milenar de estudar – repetir algo várias vezes em uma única sessão de prática – pode ser a melhor maneira de aprender algo a curto prazo, mas a pior maneira de reter a informação a longo prazo. Em termos simples, estudar muito leva à *aprendizagem rápida* e ao *esquecimento rápido*. Durante uma sessão de estudos que dura a noite toda, os alunos podem acreditar que aprenderam algo porque podem recuperá-lo rapidamente, mas na verdade não o armazenaram na memória de longo prazo (Bjork; Bjork, 2011), criando uma "ilusão de conhecimento" (Brown; Roediger III; McDaniel, 2014). Os alunos podem *pensar* que o que aprenderam está gravado em pedra, mas na verdade está escrito na areia, esperando para ser levado pela água. Por outro lado, retornar à nova informação alguns dias depois (e novamente alguns dias depois) reforça os caminhos neurais existentes que formaram a memória e cria caminhos adicionais para ela, o que proporciona mais maneiras de recuperá-la.

A prática de recuperação ajuda a fixar a nova aprendizagem na memória

Há um século, pesquisadores fizeram uma descoberta acidental, porém notável, ao tentar mapear a chamada "curva de esquecimento" – a taxa na qual novas informações desaparecem da memória (Gates, 1917). Questionar os participantes para ver quanto material aprendido anteriormente eles conseguiam lembrar revelou que questionários incessantes estavam "contaminando" a pesquisa. Quanto mais frequentemente eles pediam aos participantes do estudo que se lembrassem de um determinado tópico, maior era a probabilidade de os participantes se lembrarem dele. E foi assim que os pesquisadores se depararam com uma ideia poderosa que, um século depois, estranhamente ainda não se tornou uma estratégia fundamental de ensino: se você quiser se lembrar de algo, faça um teste consigo mesmo sobre o assunto. Como se vê, o fato de exercitar o cérebro para se lembrar de algo reativa as redes neurais que foram usadas para armazenar a memória, o que, por sua vez, envolve mais mielina em torno dessas vias neurais, tornando as informações mais fáceis de recuperar na próxima vez. Isso é mais eficaz do que simplesmente repassar, reler ou revisar o aprendizado anterior (Brown; Roediger III; McDaniel, 2014). Essa *prática de recuperação* é uma das maneiras mais poderosas de memorizar novos conceitos para alunos de todas as idades, desde a educação infantil (Fritz *et al.*, 2007) até os anos iniciais do ensino fundamental (Karpicke; Blunt; Smith, 2016), os anos finais do ensino fundamental (McDaniel *et al.*, 2011), o ensino médio (McDermott *et al.*, 2014) e o ensino superior (Karpicke; Blunt, 2011).

Misturar práticas torna a aprendizagem inicialmente mais difícil, porém, em última instância, torna-a mais eficaz

Anos atrás, Kerr e Booth (1978) fizeram uma descoberta fascinante em um experimento com um grupo de várias dezenas de crianças de 8 e 12 anos. Metade do grupo praticava o arremesso de sacos de feijão em um balde à mesma distância: 1,50 m. A outra metade praticou em distâncias alternadas de 0,60 m e 1,20 m. Depois de 12 semanas, os grupos competiram para ver quantos sacos eles conseguiam jogar em baldes colocados a uma única distância de 1,50 m. Os alunos que praticaram em distâncias *alternadas* foram mais precisos do que aqueles que praticaram apenas a uma distância de 1,50 m, apesar de nunca terem praticado o arremesso dos sacos a essa distância. Por que isso aconteceria? Ao misturar a prática, o segundo grupo desenvolveu uma sensibilidade maior e mais sutil para a atividade – descobrindo a curva, a velocidade e o movimento da mão mais adequados para arremessar o saco de feijão a ambas as distâncias, o que melhorou sua habilidade em qualquer distância.

Pesquisas posteriores descobriram que esse mesmo princípio – a *prática intercalada* – se aplica à aprendizagem acadêmica. Inicialmente, a aprendizagem parece ser mais lenta com a prática intercalada, mas ela se fortalece com o tempo em comparação com a prática de apenas uma habilidade ou um conjunto de conhecimentos de cada vez (Rohrer; Pashler, 2010). Por exemplo, Taylor e Rohrer (2010) designaram aleatoriamente alunos do 5º ano que estavam aprendendo a calcular o número de faces, arestas, cantos e ângulos de prismas para dois tipos de práticas diferentes. Metade participou de uma sessão tradicional de "prática em bloco" (trabalhando o mesmo tipo de problema antes de passar para o próximo); a outra metade participou de uma prática intercalada, trabalhando diferentes tipos de problemas de forma mista. Em um teste inicial, um dia depois, os alunos do grupo de prática em bloco superaram os do grupo de prática intercalada, lembrando-se de quase 100% do aprendizado contra apenas 70%. Entretanto, quando testados novamente dois dias depois, o grupo de prática intercalada superou o grupo de prática em bloco, retendo *ainda mais aprendizado* do que no dia anterior – cerca de 80% do aprendizado (contra menos de 40% do grupo de prática em bloco). Talvez o mais importante seja o fato de que os alunos do grupo de prática intercalada cometeram menos "erros de discriminação", nos quais confundiam um tipo de problema com outro.

Em resumo, misturar as habilidades que os alunos estão praticando força seus cérebros a trabalhar mais, fazendo microajustes e refletindo mais profundamente sobre o que estão praticando. Por exemplo, se tiverem de resolver diferentes tipos de problemas de matemática durante uma única sessão de prática, eles precisarão considerar qual estratégia usar para dividir frações, multiplicar decimais ou adicionar frações (ou calcular ângulos, arestas e faces de prismas). Como se vê, a incorporação dessas "dificuldades desejáveis" (Bjork; Bjork, 1992) nas sessões de prática força os alunos a desenvolver caminhos neurais mais ricos para o aprendizado, o que, por sua vez, os ajuda a reconhecer melhor os problemas e a ajustar suas estratégias de resolução de problemas quando se deparam com uma mistura de tipos de problemas do mundo real.

Há três estratégias de ensino baseadas em evidências que podem ajudá-lo a transformar esses princípios norteadores em oportunidades de prática independente, que empregam efetivamente a repetição, a recuperação e a reflexão para ajudar os alunos a transferir a nova aprendizagem para a memória de longo prazo.

ESTRATÉGIA 9: PRÁTICA DE RECUPERAÇÃO ("QUESTIONÁRIO PARA LEMBRAR")

A prática de recuperação promove a retenção de novos conhecimentos declarativos ao obrigar os alunos a recordarem a nova aprendizagem.

Desde a época de Sócrates, questionar os alunos tem sido uma prática comum no ensino. No entanto, os professores tendem a usar os questionários para medir, em vez de auxiliar a aprendizagem – a fim de gerar mais um ponto de dados para seu controle de notas. Ou eles podem fazer uso de questionários para motivar os alunos, mantendo-os atentos na expectativa do temido teste-surpresa. A ciência cognitiva, contudo, sugere que fazer testes com os alunos tem um propósito totalmente diferente e mais poderoso: ajudar os alunos a codificar a nova aprendizagem em suas memórias de longo prazo. Os questionários forçam os alunos a buscar informações recém-codificadas em suas memórias e, ao fazê-lo, fortalecem as conexões neurais recém-formadas com essas informações, aumentando, assim, sua capacidade de lembrar delas mais tarde.

Nossa revisão das pesquisas identificou 11 estudos empíricos que demonstraram efeitos positivos significativos (índice de progresso = de 11 a 37) envolvendo os alunos na prática de recuperação (ou seja, questionar para lembrar) em diversas áreas de estudo, todos os níveis de ensino e populações de alunos (ver Apêndice). É importante observar que as intervenções examinadas nesses estudos foram projetadas especificamente para os alunos melhorarem sua capacidade de reter e recordar fatos e conceitos, e não para se engajarem em pensamento crítico ou resolução de problemas complexos. O objetivo aqui não é engajar os alunos em um aprendizado superficial do tipo "exercícios assassinos", mas usar o questionário para desenvolver o conhecimento básico e as habilidades de que os alunos precisam para se engajarem em tarefas de aprendizagem mais complexas e desafiadoras (ver Capítulo 6).

Princípios norteadores para a prática de recuperação (questionário para lembrar)

A seguir, são apresentados alguns princípios norteadores para a prática de recuperação que derivam desses estudos.

A prática de recuperação é mais eficaz do que a maioria das outras formas de estudo.

Diversos estudos demonstram que a prática de recuperação é melhor do que outras formas mais comuns de estudo, como revisar perguntas e respostas de testes (Carpenter; Pashler; Cepeda, 2009), reler textos e revisar informações (Karpicke; Blunt, 2011; Karpicke; Smith, 2012) e construir mapas conceituais de novas aprendizagens (Karpicke; Blunt, 2011). Karpicke e Blunt (2011), por exemplo, encontraram grandes efeitos (índice de progresso = 25) em estudantes universitários que se envolveram na prática de recuperação em comparação com aqueles que simplesmente revisaram o texto. Um estudo semelhante (Karpicke; Blunt, 2011) constatou que 101 de 120 alunos (84%) que se envolveram na prática de recuperação superaram aqueles que construíram mapas conceituais – mesmo em itens de teste que exigiam a construção de mapas conceituais (índice de progresso = 35). É provável que a prática de recuperação funcione melhor do que outras formas de estudo porque exige que os alunos construam ativamente uma estrutura de recuperação mental, desenvolvendo assim mais pistas de recuperação do que simplesmente reler, revisar ou fazer mapas conceituais.

A prática de recuperação funciona melhor quando os alunos recebem feedback *oportuno sobre as respostas corretas.*

Estudos mostram que a prática de recuperação funciona melhor quando os alunos recebem o *feedback* da resposta correta logo após terem dado suas respostas – por exemplo, aprender a resposta correta para perguntas de história (Carpenter; Pashler; Cepeda, 2009) ou ver as soluções corretas para problemas de matemática (Outhwaite *et al.*, 2019; Powell *et al.*, 2009). Isso provavelmente ocorre porque o momento "eureca" que vem com uma resposta correta ajuda os alunos a reforçar os caminhos neurais que estão criando em sua mente para recuperar o que aprenderam. Ao mesmo tempo, aguardar uma resposta correta cria um curto episódio de curiosidade, o que aumenta a probabilidade de os alunos reterem as informações (Gruber; Gelman; Ranganath, 2014). Portanto, quando você faz um teste com os alunos e fornece as respostas corretas após um breve período de espera, você desperta a curiosidade deles e, ao fazer isso, prepara seus cérebros para criar memórias de longo prazo. A palavra-chave aqui, porém, é *breve*. Se você deixar os alunos esperando por muito tempo (p. ex., até o dia seguinte), a curiosidade deles diminuirá junto com os benefícios da prática de recuperação.

Práticas de recuperação acelerada auxiliam a fluência, mas não habilidades mais complexas.

Alguns estudos demonstraram efeitos positivos significativos para a prática de recuperação acelerada ou cronometrada. Por exemplo, Dyson *et al.* (2015) envolveram alunos da educação infantil de baixa renda e com baixo desempenho na prática de recuperação acelerada com cartões simples de matemática. Incentivar os alunos a lembrar do maior número possível de respostas corretas em um tempo limitado proporcionou quase o dobro de ganho de aprendizado (índice de progresso = 29) do que envolvê-los em um jogo de reta numérica sem tempo e em ritmo lento, criado para desenvolver as mesmas habilidades. Outros pesquisadores descobriram que o engajamento de alunos do 5º ano em situação de risco na resolução do maior número possível de problemas básicos de frações durante "*sprints*" de cinco minutos apresentou ganhos significativamente maiores em várias medidas de resolução de problemas de matemática (índice de progresso = de 23 a 37) do que fazer com que os alunos passassem o mesmo tempo usando materiais manipuláveis de matemática para explicar suas soluções para os problemas de frações (Fuchs *et al.*, 2014).

Essas descobertas podem surpreender alguns educadores, que podem ter sido informados de que os cartões de memória e a prática acelerada colocam pressão indevida sobre as crianças ou resultam em um aprendizado superficial. A realidade é mais sutil. A prática de recuperação acelerada pode ajudar os alunos a desenvolver habilidades básicas e não precisa ser altamente estressante, sobretudo quando é apresentada como um jogo de aprendizado ou como uma competição contra si mesmo, e não contra os outros. Afinal, muitos alunos gostam muito *de se submeter* a uma forma de prática acelerada chamada *videogame*. Dito isso, vale a pena observar que a prática de recuperação por si só raramente é transferida para habilidades complexas de resolução de problemas, como Fuchs *et al.* (2009) descobriram ao comparar os efeitos de 16 semanas de prática de recuperação com *flash cards versus* 16 semanas de aulas particulares em habilidades de resolução de problemas com palavras. A prática com *flash cards* aumentou a fluência dos alunos em habilidades matemáticas (índice de progresso = 21) em relação a um grupo de controle sem prática, mas esses ganhos não foram transferidos para as habilidades de resolução de problemas com palavras. Em suma, os *flash cards* e a prática cronometrada podem ajudar os alunos a desenvolver fluência em conhecimentos e habilidades básicas essenciais, mas não confunda essas habilidades com um aprendizado mais profundo. Em outras palavras, pense na prática de recuperação rápida como necessária, mas não suficiente, para uma aprendizagem mais profunda.

A prática de recuperação deve auxiliar o domínio inicial e em seguida ser repetida em intervalos espaçados.
Como observado no Capítulo 4, o objetivo das sessões de prática inicial é que os alunos recuperem o novo aprendizado adequadamente pelo menos três vezes (Rawson; Dunlosky, 2011). Karpicke e Smith (2012) ilustraram a importância de alcançar o domínio durante as sessões de prática inicial quando deram aos alunos uma lista de 30 palavras para memorizar. Alguns alunos foram incentivados a deixar de praticar as palavras assim que achassem que conseguiam se lembrar delas. No entanto, esses alunos tiveram um desempenho significativamente inferior aos que foram instruídos a participar de várias rodadas de prática de recuperação para cada palavra da lista. É provável que, para os alunos do primeiro grupo, as palavras tenham

começado a parecer familiares depois de algumas exposições, o que os levou a abandoná-las muito rápido, antes de realmente aprendê-las. Diversas evidências também apontam para a necessidade de distribuir as sessões de prática de recuperação por dias e até semanas. Foram relatados efeitos positivos, por exemplo: ao fornecer aos alunos da educação infantil 24 sessões de prática de meia hora (Dyson *et al.*, 2015); ao fornecer aos alunos do 3º ano oportunidades de prática de recuperação três vezes por semana, durante 16 semanas – p. ex., Fuchs *et al.* (2009) –; e ao usar um aplicativo de matemática para ajudar crianças de 4 e 5 anos com 12 semanas de prática de recuperação baseada em jogos (Outhwaite *et al.*, 2019). Em resumo, várias sessões de prática distribuídas ao longo do tempo parecem ser a chave para ajudar os alunos a desenvolver as fortes conexões neurais necessárias para incorporar a nova aprendizagem à memória de longo prazo.

Dicas de sala de aula para a prática de recuperação

Aplicar "questionários para lembrar" – ou seja, dar aos alunos a oportunidade de quebrar a cabeça para relembrar a nova aprendizagem – fortalece as redes neurais recém-formadas. Lembre-se, porém, de que o objetivo da prática de recuperação *não* é simplesmente se engajar em um aprendizado do tipo "exercícios assassinos". Em vez disso, o objetivo é ajudar os alunos a automatizar o conhecimento básico e as habilidades necessárias para se envolverem nos tipos de resolução de problemas complexos, pensamento crítico e aprendizagem baseada em pesquisa que exploraremos no Capítulo 6. As dicas de sala de aula apresentadas a seguir podem ajudá-lo a transformar esses princípios em oportunidades eficazes de prática de recuperação para seus alunos.

Faça mais perguntas, dê menos notas.

Talvez a coisa mais importante a ser considerada ao fazer questionários para lembrar é que você não precisa avaliar todos eles. É sério. Afinal de contas, o objetivo da prática de recuperação é auxiliar – e não medir – a aprendizagem. Se estiver preocupado com a possibilidade de os alunos não levarem os testes a sério se você não os avaliar, ajude-os a entender que os testes devem servir como oportunidades de *prática* para aguçar a mente deles. Como em outras tarefas, é importante praticar bem para ter um bom desempenho. Os técnicos avaliam os jogadores durante os treinos de basquete?

Os instrutores de bandas dão notas aos alunos que estão praticando em casa? Não. No entanto, os alunos se esforçam muito nos treinos, especialmente se quiserem ganhar o próximo jogo ou ter um bom desempenho diante de um público. A prática de recuperação tem a mesma finalidade – fortalece o cérebro e a memória dos alunos para que eles possam atingir suas metas de aprendizagem. Você pode continuar a oferecer aos alunos todos os tipos de questionários – como algumas perguntas assim que os estudantes entrarem em sala de aula e verificações espontâneas de compreensão no meio da aula – e, ao mesmo tempo, se livrar da ideia de que precisa dar notas com as pontuações de todos esses questionários.

Forneça aos alunos um **feedback** *oportuno sobre as respostas corretas nos testes.*

Não deixe os alunos esperando as respostas corretas depois de fazer um questionário de recuperação. Com muita frequência (principalmente quando os testes valem notas), os alunos podem esperar 24 horas ou mais para ver as respostas corretas de um teste. Isso não só lhes tira a curiosidade que pode ajudar na retenção de novas aprendizagens, mas também os priva dos momentos "a-ha" que podem fortalecer suas redes neurais em desenvolvimento. Imediatamente após cada teste, forneça aos alunos as respostas corretas, dando-lhes a oportunidade de corrigir seu trabalho e fazer perguntas para esclarecer mal-entendidos.

Alcance um equilíbrio entre a prática acelerada para habilidades básicas e a prática reflexiva para habilidades complexas.

Como já mencionamos, a prática acelerada pode auxiliar a fluência e a automatização das habilidades básicas necessárias para se engajar na resolução de problemas mais complexos. É difícil para os alunos resolverem problemas complexos de matemática se não conseguirem recuperar prontamente os fatos básicos da matemática, participarem de um debate animado em sala de aula se não entenderem o vocabulário essencial ou conversarem em um idioma estrangeiro se tropeçarem nas conjugações verbais. Em resumo, a prática acelerada tem seu lugar na sala de aula. Portanto, quando os alunos tiverem alcançado a compreensão conceitual básica (ou seja, eles conseguem entender a aprendizagem), identifique o conhecimento e as habilidades que devem ser automatizados e ofereça aos alunos oportunidades de prática acelerada para desenvolver a fluência. Dito isso, certifique-se de equilibrar a prática acelerada com a prática reflexiva, que dá aos alunos oportunidades de desacelerar e refletir sobre o que pode estar faltando ou que pode não ter sido entendido, com verificações autoavaliativas (p. ex., "Uma coisa que não faz sentido para mim é..." ou "Uma coisa que não consigo entender é...").

ESTRATÉGIA 10: PRÁTICA INDEPENDENTE, MISTA E ESPAÇADA

As sessões de práticas independentes, mistas e espaçadas favorecem a memória de longo prazo por meio de encontros repetidos, espaçados ao longo de dias e semanas, que engajam os alunos em uma combinação de tipos de problemas e conhecimentos.

Se você estudou em uma sala de aula tradicional, provavelmente encontrou um ritmo de aprendizagem bastante previsível. Você lia um texto em casa e seu professor dava uma aula sobre ele no dia seguinte. Ou talvez seu professor demonstrasse uma nova habilidade em sala de aula e, se você tivesse sorte, ele circularia pela sala observando você e seus colegas, oferecendo alguma orientação durante suas tentativas iniciais de dominar novas habilidades. Depois disso, você e seus colegas provavelmente praticariam em casa os problemas 1 a 25 do livro, que poderiam ser discutidos no dia seguinte em sala de aula (ou apenas entregues para obter uma nota). Depois disso, a turma passaria para a próxima parte do aprendizado e nunca mais voltaria aos problemas ou conceitos abordados – exceto, talvez, em um teste esporádico aqui e ali. Na melhor das hipóteses, seu professor poderia abordar brevemente os novos conhecimentos e habilidades em uma sessão de revisão antes do teste da unidade. Após o teste da unidade, a turma passaria para um novo aprendizado, nunca mais voltando ao que você aprendeu – com a possível exceção de uma prova final de fim de semestre.

Infelizmente, esse ritmo de aprendizagem do tipo "ensine uma vez, pratique uma vez, teste uma vez" ainda é muito comum, mas as pesquisas mostram que isso está longe de ser a melhor prática porque não reflete o funcionamento do cérebro. O cérebro retém novas informações somente após vários encontros com elas – várias oportunidades para pensar, recuperar, relembrar e praticar o novo conceito – e, idealmente, ao praticar várias habilidades durante a mesma sessão. Portanto, para ajudar os alunos a incorporar o aprendizado à memória de longo prazo, você precisa oferecer a eles várias oportunidades, ao longo de dias e semanas, para praticar uma combinação de novas habilidades e conceitos.

Identificamos sete estudos empíricos com efeitos positivos significativos (índice de progresso = de 9 a 47) para engajar diversos alunos em oportunidades de prática espaçada e mista (ver Apêndice). Embora as intervenções examinadas nesses estudos tenham se concentrado no desenvolvimento das habilidades matemáticas dos alunos, o mesmo princípio da ciência da aprendizagem por repetição ao longo do tempo se aplica para ajudar os alunos a desenvolver habilidades em outras áreas, como escrever, resolver equações ou desenvolver talentos esportivos ou artísticos.

Princípios norteadores para a prática independente, mista e espaçada

Os seguintes princípios norteadores apresentados a seguir, voltados a oferecer uma prática independente, mista e espaçada, surgiram desses estudos.

A prática em bloco leva a uma aprendizagem rápida e a um esquecimento rápido.

Sessões de estudo noturnas movidas a cafeína podem ser uma tradição consagrada entre os alunos, mas, como vimos, trata-se de uma estratégia de aprendizagem ineficaz. Como concluíram dois cientistas cognitivos que estudaram os efeitos de estudar muito, "[...] os procedimentos que produzem aprendizado rápido podem produzir esquecimento rápido [...]" (Roediger III; Pyc, 2012, p. 244). Portanto, o primeiro princípio fundamental que deriva da pesquisa é que, para formar memórias fortes e duradouras, as oportunidades de prática devem ser distribuídas ao longo dos dias e até mesmo das semanas, e não acumuladas na noite anterior ao teste.

A intercalação de problemas práticos contribui para uma maior retenção da aprendizagem.

Outra abordagem comum (porém ineficaz) para a aprendizagem é engajar os alunos na *prática em bloco*, resolvendo problemas semelhantes que exigem os mesmos procedimentos durante a mesma sessão de prática (p. ex., transformar unidades em dezenas na adição de duas colunas). É mais vantajoso apresentar aos alunos uma combinação de problemas que exijam que eles primeiro identifiquem o tipo de problema e, em seguida, acessem a estratégia adequada de resolução deles. Estudos empíricos embasam essa conclusão. Mayfield e Chase (2002) descobriram que, entre os estudantes universitários que estavam aprendendo regras de álgebra, aqueles que se dedicaram à prática em bloco (ou seja, responder a 50 perguntas sobre uma única regra que tinham acabado de aprender) tiveram um desempenho significativamente inferior ao daqueles que se dedicaram à prática intercalada (ou seja, responder a 50 perguntas que abrangiam uma combinação de regras abordadas no conceito anterior). A diferença entre esses dois grupos foi significativa tanto nos parâmetros de aplicação (índice de progresso = 47) quanto nas habilidades gerais de álgebra (índice de progresso = 35). Efeitos positivos semelhantes para a prática intercalada foram relatados em três outros estudos experimentais – índice de progresso = 22 a 35 (Rohrer; Dedrick; Burgess, 2014; Rohrer *et al.*, 2020; Woodward, 2006).

No início, os alunos podem se sentir frustrados com a prática intercalada, pois ela pode parecer "desacelerar" a aprendizagem. A prática tradicional em blocos, de fato, promove melhores ganhos iniciais no aprendizado, sobretudo quando os alunos são testados nos mesmos itens que praticaram. No entanto, com o passar do tempo, aqueles que se envolvem na prática intercalada alcançam e superam os alunos envolvidos na prática em bloco, especialmente quando testados em uma combinação de tipos de problemas (que reflete melhor a experiência do mundo real). Em essência, a prática intercalada ajuda os alunos a "ir devagar para ir rápido", desenvolvendo conexões neurais mais ricas com o novo conceito e, portanto, melhor retenção e recuperação.

Misturar a apresentação dos problemas também contribui para uma maior retenção da aprendizagem.

Um princípio semelhante se aplica à forma como você apresenta os problemas práticos aos alunos; a mistura do formato pode retardar os ganhos iniciais na aprendizagem, mas favorece uma maior retenção a longo prazo. Por exemplo, em um experimento com alunos do 4º ano, McNeil *et al.* (2011) forneceram a um grupo de alunos problemas práticos extras apresentados em um formato não tradicional (p. ex., 17 = 9 + 8), enquanto um segundo grupo recebeu problemas práticos extras apresentados em um formato tradicional (p. ex., 9 + 8 = 17), e um terceiro grupo não recebeu problemas práticos extras. Em um pós-teste subsequente de habilidades de resolução de equações, os alunos que praticaram com problemas não tradicionais superaram significativamente os que praticaram com problemas tradicionais (índice de progresso = 28). Descobertas semelhantes surgiram em um estudo com alunos do 3º ano (Powell; Driver; Julian, 2015): os alunos expostos a uma combinação de problemas apresentados em formatos tradicionais e não tradicionais superaram significativamente os que foram apresentados a problemas em um formato tradicional nos parâmetros que medem suas habilidades de resolução de problemas (índice de progresso = 24). Mudar o formato dos problemas cria o tipo de "dificuldades desejáveis" que os cientistas cognitivos determinaram que ajudam os alunos a pensar mais profundamente sobre os problemas que estão resolvendo e, portanto, a codificar mais ricamente a aprendizagem relacionada à memória de longo prazo (Bjork; Bjork, 1992).

Seguir um cronograma 3×3 para a prática independente aumenta a retenção do novo conceito.

As sessões iniciais de prática, quando queremos que os alunos atinjam o domínio repetido com a nova aprendizagem pelo menos três vezes, devem ser seguidas por pelo menos mais duas sessões de prática. Em uma análise da aprendizagem de 335 estudantes universitários durante sessões de prática múltipla, alcançar o domínio inicial (ou seja, lembrar-se corretamente de um único item de estudo três vezes) exigiu uma média de 6,3 minutos de tempo de prática por item (Rawson; Dunlosky, 2011). Mais duas sessões de prática exigiram mais 2,7 minutos de tempo de prática por item, mas geraram ganhos de 62% no desempenho geral. A adição de uma quarta e uma quinta sessão de prática melhorou ainda mais o desempenho, mas com retornos decrescentes, o que levou Rawson e Dunlosky (2011) a concluir que a prática ideal reflete um cronograma 3×3 – praticar até três recuperações corretas durante uma sessão inicial seguida de duas sessões de aprendizado subsequentes.

Dicas de sala de aula para as práticas independentes, mistas e espaçadas

Em conjunto, esses estudos demonstram o poder de envolver os alunos em oportunidades de prática múltipla distribuídas ao longo de dias e semanas. Eles também revelam a importância de ajudar os alunos a "ir devagar para ir rápido", apresentando "dificuldades desejáveis" durante as sessões de prática – envolvendo-os na resolução de uma mistura de problemas apresentados em diferentes formatos, o que os obriga a pensar mais profundamente sobre os problemas que estão resolvendo. Juntas, essas estratégias ajudam os alunos a maximizar as sessões práticas, criando as conexões neurais necessárias para garantir o armazenamento e a recuperação da aprendizagem a longo prazo. Oferecemos a seguir dicas de sala de aula para ajudá-lo a incorporar efetivamente a prática intercalada e espaçada nas experiências de aprendizagem dos alunos.

Elabore oportunidades de prática espaçada em planos de unidade.

Ao criar unidades de aprendizagem, liste todos os conhecimentos e habilidades que você deseja que os alunos desenvolvam. Em seguida, inclua *pelo menos três* oportunidades para que os alunos pratiquem tanto o conhecimento declarativo quanto o procedimental que devem registrar na memória de longo prazo. Para muitos professores (e livros didáticos), isso pode ser um desvio da aula atual e do planejamento da unidade, que geralmente segue um formato parecido com este:

- Eu ensino X. Os alunos praticam X.
- Eu ensino Y. Os alunos praticam Y.
- Eu ensino Z. Os alunos praticam Z.
- Por fim, eu testo os alunos em X, Y e Z.

Como as sessões práticas isoladas são ineficazes, você deve criar várias oportunidades, espaçadas ao longo do tempo, para que os alunos pratiquem novos conhecimentos e habilidades. Como exatamente você pode fazer isso? Felizmente, o conceito de prática intercalada aponta para uma resposta.

Misture as oportunidades de prática repetida.

Após a aplicação inicial orientada (p. ex., um foco no ensino de uma única estratégia para resolver um tipo específico de problema de matemática), você pode integrar a aprendizagem anterior em sessões práticas subsequentes. Por exemplo, faça com que os alunos resolvam problemas, relembrem o vocabulário e pratiquem as habilidades que aprenderam durante uma aula

HABILIDADE	SESSÃO DE PRÁTICA 1	SESSÃO DE PRÁTICA 2	SESSÃO DE PRÁTICA 3	SESSÃO DE PRÁTICA 4	SESSÃO DE PRÁTICA 5
Nova habilidade a ser dominada: conjugação de verbos regulares em espanhol (*beber, comer, correr*) no pretérito	x		x		x
Nova habilidade a ser dominada: conjugação de verbos irregulares (*tener, venir, hacer*) no pretérito		x		x	x
Habilidade anterior a ser revisada: conjugação de verbos regulares em espanhol (*beber, comer, correr*) no presente		x		x	
Habilidade anterior a ser revisada: conjugação de verbos irregulares (*tener, venir, hacer*) no presente	x		x		

FIGURA 5.1 Um cronograma para intercalar e espaçar as oportunidades de prática.

ou unidade anterior. A Figura 5.1 ilustra como você pode integrar essas duas primeiras dicas para oferecer oportunidades de prática cumulativa intercalada que envolvam os alunos na prática de novas habilidades e, ao mesmo tempo, permitam que eles ensaiem conhecimentos e habilidades anteriores pelo menos três vezes ao longo de uma unidade.

Misture o formato e a apresentação dos problemas.

Você também pode ajudar os alunos a desenvolver conexões neurais mais robustas com o novo conceito modificando a forma como você apresenta os problemas – por exemplo, mudando a apresentação das equações (p. ex., $13 = 7 + 3x$ em vez de $7 + 3x = 13$) ou mudando as tabelas de conjugação para que a terceira pessoa do plural fique no canto superior esquerdo (em vez de no canto inferior direito). Esses pequenos ajustes criam "dificuldades desejáveis" que levam os alunos a pensar mais profundamente sobre o que estão praticando e, como resultado, desenvolvem "ganchos" cada vez mais profundos para recuperar o conhecimento. Isso é especialmente valioso quando os alunos se deparam com problemas novos ou problemas com uma estrutura um pouco diferente da forma como aprenderam inicialmente – e, mais uma vez, isso é mais parecido com os cenários do mundo real. Raramente os adultos se deparam com problemas de multiplicação de duas colunas o dia todo ou falam apenas na terceira pessoa do pretérito ao longo do dia.

Ensine e incentive o cronograma 3×3 para a prática independente.

Quando os alunos releem textos ou anotações de aula, é fácil acreditar que memorizaram o novo conceito. Porém, quando são colocados à prova (literalmente), eles percebem que não retiveram ou não conseguem recuperar o que aprenderam. Você pode ajudar os alunos a evitar essa armadilha, ensinando-os a adotar o cronograma 3×3 para a prática independente. Os alunos mais velhos ou mais bem-sucedidos podem ser capazes de escrever suas próprias perguntas. Outros podem se beneficiar das perguntas que você fornecer para esse fim. Voltando à dica do Capítulo 4, ensine a eles o princípio "três vezes é bom" durante a aprendizagem inicial: se eles conseguirem relembrar corretamente o novo conceito três vezes, poderão seguir em frente.

A segunda e igualmente importante parte do cronograma 3×3 é a participação em pelo menos duas sessões adicionais de prática. Provavelmente essa não é uma prática comum para muitos alunos, que, na melhor das hipóteses, podem se envolver em apenas uma sessão de estudo ou prática antes de um teste. Entretanto, três sessões de prática podem levar a uma melhora de mais de 60% no desempenho. Em outras palavras, você deve ensinar o cronograma 3×3 aos alunos, mas não presuma que eles o seguirão sem alguma orientação (isto é, com sessões de prática organizadas em uma ou duas semanas).

ESTRATÉGIA 11: SUPORTE DIRECIONADO (PRÁTICA DE REFORÇO)

O suporte direcionado oferece aos alunos em risco de fracasso ensino intenso de estratégia, prática orientada e feedback *formativo para aprimorar a compreensão conceitual, a fluência procedimental e a consolidação da aprendizagem.*

Apesar de seus melhores esforços para oferecer experiências de aprendizagem eficazes e envolventes, haverá momentos em que alguns alunos não dominarão o novo aprendizado. Quando isso ocorre, você precisa oferecer a eles apoio adicional e oportunidades de prática – em geral, de forma mais direcionada e estruturada. Talvez seja necessário ajudá-los a se concentrarem no novo conceito de uma maneira diferente, observá-los mais de perto para ver quais concepções equivocadas eles têm ou quais erros estão cometendo, ou fornecer *feedback* personalizado para promover seu sucesso. Em resumo, você precisa intervir antes que eles caiam. Em muitas salas de aula, especialmente naquelas que seguem um sistema de suporte em várias camadas ou um modelo de resposta à invenção, esses suportes costumam ser chamados de instrução de Nível 2 – ensino complementar projetado para melhorar a instrução de Nível 1 (ou seja, o "melhor primeiro"). Um grande conjunto de evidências constrói um forte argumento para ajudar os alunos em pequenos grupos com ciclos adicionais de aprendizagem concentrada que repetem fases anteriores de aprendizagem e empregam práticas baseadas em evidências.

Chamamos esses ciclos de aprendizagem concentrada de "suportes direcionados" para indicar que eles devem ser temporários e focados em necessidades específicas de aprendizagem dos alunos (em vez de considerar ou se referir aos alunos como "crianças de Nível 2" – um apelido que os educadores às vezes usam). Não é incomum descobrir que alguns alunos precisam de apoio adicional em uma determinada unidade, mas não na seguinte. Em resumo, quando implantados de forma adequada, os suportes direcionados devem ter vida curta, justamente porque ajudaram os alunos a alcançar o domínio e não são mais necessários.

Identificamos 18 estudos que relataram efeitos significativos (índice de progresso = de 16 a 38) para intervenções que oferecem oportunidades de prática em pequenos grupos e reforços para alunos identificados como em risco de fracasso na aprendizagem (ver Apêndice). Embora a maioria desses estudos tenha se concentrado na melhoria das habilidades de leitura e matemática entre os alunos do ensino fundamental, é razoável supor que oferecer aos alunos que têm dificuldades durante a aprendizagem inicial oportunidades adicionais para alcançar o domínio gera benefícios positivos para alunos mais velhos e em outras áreas temáticas.

Princípios norteadores para o suporte direcionado

Os seguintes princípios norteadores para oferecer aos alunos suporte direcionado e prática de reforço derivam desses estudos.

O suporte direcionado pode eliminar diferenças de desempenho.

Os altos tamanhos de efeito desses estudos são dignos de nota porque, em muitos casos, resultaram de intervenções para alunos que já haviam sido identificados com lacunas significativas de aprendizagem em leitura ou matemática. Em alguns casos, os suportes direcionados ajudaram os alunos a praticamente alcançar os colegas de melhor desempenho. Por exemplo, Coyne *et al.* (2019) compararam os efeitos da complementação de 20 minutos diários de ensino de vocabulário com toda a turma (Nível 1) com 30 minutos de intervenção de vocabulário em pequenos grupos (Nível 2) para alunos da educação infantil de grupos raciais diversos e em risco de dificuldades em linguagem e na aprendizagem. Após 22 semanas de intervenção, os alunos que receberam suporte de Nível 2 apresentaram ganhos significativos em relação aos alunos que receberam apenas instrução de Nível 1 (índice de progresso = 36) – tanto que os alunos com baixo desempenho anterior apresentaram aprendizado no nível da série para esses parâmetros.

Conforme Coyne *et al.* (2019) observaram, o tratamento, de fato, neutralizou os perniciosos "efeitos Matthew" (ver Merton, 1968), em que leitores competentes obtêm ganhos mais rápidos em conhecimento de vocabulário e habilidades de leitura do que os menos capazes. Da mesma forma, Connor *et al.* (2011) estudaram os efeitos de uma intervenção baseada em *software* que monitorava o vocabulário e o desenvolvimento da leitura dos alunos do 1º ano e oferecia aos professores orientação de ensino individualizada para melhorar os resultados dos alunos. No decorrer de um ano letivo, em comparação com os alunos do grupo de controle, os do grupo de tratamento apresentaram ganhos significativos nas habilidades de leitura (índice de progresso = 19), o que equivale a dois meses adicionais de aprendizagem. Efeitos ainda maiores (índice de progresso = 22) surgiram para os alunos cujas pontuações iniciais de leitura e vocabulário estavam abaixo do 25º percentil – na verdade, fazendo desaparecer a diferença de aprendizagem em relação a seus colegas de desempenho anteriormente superior.

Os dados da avaliação formativa são fundamentais para direcionar os suportes de aprendizagem.

Os suportes e reforços são mais eficazes quando *direcionados às necessidades de aprendizagem dos alunos*, usando dados de avaliação formativa para identificar quais alunos precisam de suporte e o tipo de suporte que eles precisam (Connor *et al.*, 2011, 2013; Coyne *et al.*, 2019; Vaughn *et al.*, 2006). Em vários estudos (Coyne *et al.*, 2019; Fuchs *et al.*, 2013b; Vaughn *et al.*, 2006), os alunos que recebiam suportes direcionados foram inicialmente indicados para intervenção com base no desempenho anterior (p. ex., alunos de inglês que fizeram o teste abaixo do percentil 25 em proficiência no idioma). Os alunos obtiveram ganhos significativos de aprendizado (índice de progresso = de 16 a 36) após receberem ensino complementar direcionado para as habilidades que ainda não haviam aprendido (p. ex., consciência fonética, conhecimento de letras, reconhecimento de palavras, fluência em textos conectados, estratégias de compreensão). Dois estudos separados (Connor *et al.*, 2011, 2013) encontraram efeitos significativos de curto e longo prazo para uma intervenção baseada em *software* que rastreava o vocabulário e as habilidades de leitura dos alunos e recomendava ensino direcionado à leitura para alunos individuais (índices de progresso = 19 e 17, respectivamente). Basicamente, a questão é que os dados devem focar o ensino e a aprendizagem complementares onde eles são mais necessários, medir o progresso do aluno em direção ao domínio e identificar quando os suportes adicionais não são mais necessários.

Os suportes são mais eficazes quando estruturados e oferecidos por profissionais treinados.

Em vários estudos, os suportes direcionados foram normalmente fornecidos por profissionais qualificados que seguiram protocolos estruturados para favorecer a aprendizagem dos alunos (Connor *et al.*, 2013; Coyne *et al.*, 2019; Fuchs *et al.*, 2013a; Fuchs *et al.*, 2013b; Nelson; Vadasy; Sanders, 2011; Vadasy; Sanders, 2008, 2010). Fuchs *et al.* (2013b) estudaram os efeitos do engajamento de alunos do 5º ano em situação de risco em aulas de reforço em pequenos grupos (proporção de 3:1). Essas aulas buscavam desenvolver a compreensão conceitual dos alunos sobre frações, desenvolver a automatização de habilidades básicas e promover a autorregulação. As sessões de tutoria em pequenos grupos ocorreram em uma sequência estruturada de atividades de ensino e aprendizagem que incluíam: ajudar os alunos a visualizar conceitos matemáticos com retas numéricas, círculos e materiais manipuláveis; instrução direta de vocabulário acadêmico; ensino e modelagem de estratégias e prática de recuperação espaçada para desenvolver a automatização. Os alunos do grupo de tratamento tiveram desempenho significativamente superior (índice de progresso = 24) aos do grupo de controle, que receberam apenas ensino para toda a turma.

Da mesma forma, Nelson, Vadasy e Sanders (2011) encontraram efeitos positivos significativos do ensino de vocabulário de Nível 2 para alunos de baixa renda e racialmente diversos, utilizando um protocolo de ensino estruturado baseado em fonética, que incluía ensino direto sobre combinação e significado de palavras, leitura rápida de trechos curtos para reforçar as habilidades de decodificação e oportunidades práticas de "falar uma frase" para reforçar a compreensão das palavras-alvo. Os alunos do grupo de controle, por sua vez, participaram de uma versão menos estruturada do desenvolvimento de vocabulário Nível 2 – uma forma modificada de leitura interativa de livros em que os tutores usavam cartões com figuras para apresentar novas palavras aos alunos antes da leitura, faziam perguntas abertas para desenvolver o conhecimento das palavras durante a leitura e incentivavam os alunos a praticar as palavras-alvo após a leitura. Em um pós-teste, os alunos do grupo de tratamento estruturado superaram significativamente os alunos do grupo de controle estruturado livremente em relação aos parâmetros de conhecimento de vocabulário (índice de progresso = 35) e habilidades de leitura de palavras (índice de progresso = 25).

Uma das principais conclusões desses estudos é que, para serem eficazes, os suportes direcionados não devem ser revisões *ad hoc* ou com *scripts* vagos sobre a aprendizagem anterior, mas sim "miniaulas" estruturadas que visem a atender às necessidades dos alunos e os envolvam em ciclos de aprendizagem concentrados. Vale a pena observar que, em vários estudos, os suportes direcionados eficazes foram oferecidos por profissionais treinados (ou seja, professores, interventores, auxiliares) que sabiam tanto o que os alunos precisavam aprender quanto a maneira de ensiná-los.

O suporte direcionado deve complementar, e não substituir, o primeiro ensino oferecido ao aluno.

Embora muitos estudos tenham relatado tamanhos de efeito significativos para suportes direcionados em comparação com o ensino para a turma inteira (Connor *et al.*, 2011; Coyne *et al.*, 2019; Fuchs *et al.*, 2013b; Vadasy; Sanders, 2008), esses mesmos estudos sugerem que até suportes direcionados bem fornecidos não conseguem superar o ensino ineficaz em sala de aula. Para começar, muitas das intervenções em nossa amostra foram projetadas para complementar a instrução de Nível 1 (Coyne *et al.*, 2019; Dyson *et al.*, 2015; Nelson; Vadasy; Sanders, 2011; Vaughn *et al.*, 2006). Além disso, as intervenções de Nível 2 pareciam ser tão eficazes quanto a instrução de Nível 1 que elas promoviam. Por exemplo, um estudo de uma sessão diária de 18 semanas de tutoria de fonética para alunos da educação infantil multilíngues e falantes somente de inglês encontrou efeitos positivos gerais para a intervenção (índice de progresso = 30 – Vadasy; Sanders, 2010). No entanto, para os alunos em salas de aula com ensino de baixa qualidade, a tutoria serviu para aprimorar suas habilidades básicas (p. ex., ortografia), mas não promoveu ganhos em habilidades mais avançadas (p. ex., compreensão de leitura). Enquanto isso, para os alunos em salas de aula com ensino de alta qualidade, a tutoria melhorou significativamente tanto suas habilidades básicas quanto as avançadas.

Dicas de sala de aula para o suporte direcionado

Em conjunto, esses estudos demonstram o poder de oferecer aos alunos oportunidades adicionais para adquirir, processar e praticar a aprendizagem que eles inicialmente têm dificuldade para dominar. Os suportes direcionados não repetem simplesmente as experiências iniciais de aprendizagem (semelhante à definição de insanidade de Albert Einstein de fazer a mesma coisa e esperar resultados diferentes). Em vez disso, eles ajudam os alunos a "ir devagar para ir rápido", oferecendo-lhes oportunidades mais intencionais e metódicas de se concentrarem na nova aprendizagem, muitas vezes de uma forma diferente, como o uso de materiais manipuláveis para desenvolver a compreensão conceitual de problemas de matemática ou fazer novas conexões pessoais com o vocabulário acadêmico. O suporte direcionado também inclui a oferta de oportunidades para que os alunos pratiquem a aprendizagem, muitas vezes sob o olhar atento de um tutor que possa fornecer *feedback* formativo que os ajude a corrigir seus erros e mal-entendidos. Com isso em mente, oferecemos a seguir dicas para fornecer aos seus alunos suporte direcionado eficaz e oportunidades de prática de reforços.

Assegure que a instrução de Nível 1 ofereça oportunidades para dominar conhecimentos e habilidades essenciais.

Os suportes direcionados são necessários somente quando o primeiro ensino (Nível 1) não consegue ajudar os alunos a alcançar o domínio. Em outras palavras, quanto mais eficaz for a instrução de Nível 1, menos alunos precisarão de apoio adicional. Portanto, ao planejar cada unidade de ensino, identifique cuidadosamente o conhecimento e as habilidades fundamentais que os alunos devem dominar. Seja claro sobre o sucesso de seus alunos (defina os critérios de sucesso!) e certifique-se de planejar e oferecer oportunidades bem estruturadas para que os alunos se concentrem na nova aprendizagem, entendam o que aprenderam e coloquem em prática. Afinal de contas, os suportes direcionados consomem muito tempo – tanto o seu quanto o dos alunos. Seu objetivo ao fornecer o primeiro ensino deve ser ajudar o maior número possível de alunos (de maneira ideal, todos eles) a compreender a nova aprendizagem de primeira, evitando a necessidade de suportes direcionados.

Utilize verificações regulares durante a prática independente para intervir na aprendizagem dos alunos antes que eles cometam erros.

Enquanto os alunos se envolvem em práticas independentes, use questionários regulares (ou seja, prática de recuperação), observações em sala de aula e tarefas práticas para acompanhar o progresso de cada aluno na direção do domínio. Isso vai ajudá-lo a identificar prontamente aqueles que podem estar tendo dificuldade em dominar o novo conceito. As dificuldades de aprendizagem, em geral, são fáceis de resolver quando percebidas precocemente e mais difíceis de minimizar quando diagnosticadas tardiamente. Você não deve esperar até o teste de final de unidade para perceber que os alunos estão com dificuldades. Em vez disso, você deve identificar suas dificuldades logo no início, para que possa oferecer a eles o que, muitas vezes, pode ser um suporte simples e breve para colocá-los de volta no caminho certo.

Estruture suportes direcionados como miniciclos de aprendizagem.

Os suportes direcionados mais eficazes não são sessões de revisão *ad hoc* ou estruturadas de forma vaga. Ao contrário, são oportunidades de aprendizagem estruturadas que proporcionam um ciclo concentrado de reaprendizagem (Figura 5.2). Em geral, você começará ensinando novamente os principais conhecimentos ou habilidades que os alunos estão tendo dificuldade de dominar, explicando o conceito ou demonstrando a habilidade de uma maneira diferente (p. ex., de forma mais visual ou desconstruída). Por exemplo, você pode usar materiais manipuláveis ou exemplos concre-

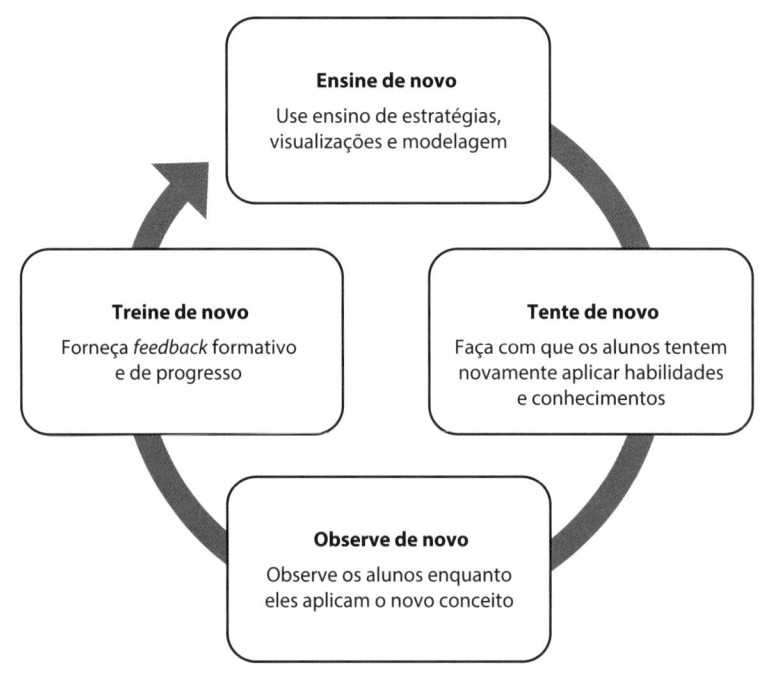

Ensine de novo
Use ensino de estratégias, visualizações e modelagem

Tente de novo
Faça com que os alunos tentem novamente aplicar habilidades e conhecimentos

Observe de novo
Observe os alunos enquanto eles aplicam o novo conceito

Treine de novo
Forneça *feedback* formativo e de progresso

FIGURA 5.2 O ciclo de suporte direcionado.

tos para explicar um conceito ou dividir um processo em suas partes componentes e modelar sistematicamente cada etapa do processo. Em seguida, ofereça aos alunos a oportunidade de repetir a aprendizagem. Enquanto eles fazem isso, observe-os atentamente para ver quais erros podem estar cometendo ou quais concepções errôneas podem ter. Em seguida, ofereça a eles muitas oportunidades de praticar o conceito e receber *feedback* formativo para corrigir seus erros e suas concepções errôneas.

Ofereça suporte direcionado a pequenos grupos enquanto outros se dedicam à prática independente.

Vários estudos descobriram efeitos positivos em oferecer suporte direcionado a alunos em grupos pequenos (p. ex., de três a cinco alunos); parece não haver nenhum benefício específico em dar aulas particulares aos alunos em comparação com as aulas em dupla (Vadasy; Sanders, 2008). Em resumo, você pode fornecer ensino complementar aos alunos em grupos pequenos. Então, o que os outros alunos devem fazer enquanto você (ou um auxiliar) oferece suporte direcionado? Prática independente. Lembre-se: todos os alunos se beneficiam de oportunidades de práticas múltiplas, espaçadas (e intercaladas); enquanto você oferece suporte direcionado a alguns alunos, outros podem praticar o conceito anterior, incluindo conhecimentos e habilidades que podem ter aprendido antes, mas que ainda não estão totalmente incorporados à sua memória de longo prazo.

Use dados para identificar (e comemorar) quando os alunos não precisam mais de suporte específico.

Como observado anteriormente, os grupos pequenos de Nível 2 não devem ser considerados permanentes, nem os alunos devem ser identificados como "crianças de Nível 2". Se os suportes direcionados forem bem planejados e oferecidos, eles devem recuperar os alunos para que não precisem de ensino complementar adicional. A única maneira de saber isso com certeza, obviamente, é continuar a acompanhar o progresso deles e fazer com que os alunos monitorem o próprio progresso, para que você (e eles) saibam quando o suporte adicional não é mais necessário. Quando isso acontecer, não deixe de parabenizar os alunos por seu progresso. Isso os ajuda a associar seus esforços extras ao sucesso e, dessa forma, reforça a mentalidade de crescimento ao atribuir resultados positivos ao trabalho árduo.

REFLEXÕES FINAIS: AJUDANDO OS ALUNOS A REPETIR PARA LEMBRAR

A repetição é a chave para a memorização, seguindo o conhecido ditado popular de que a prática leva à perfeição. Contudo, a forma *como* os alunos se engajam na prática é a verdadeira chave para a memorização – estando de acordo com outro ditado muito usado, o de que a prática *perfeita* leva à perfeição. Basicamente, o número de horas que os alunos passam praticando é menos importante do que o que eles fazem durante essas horas – algo que constatamos há uma década em nossa metanálise para a segunda edição deste livro, quando descobrimos que o tamanho de efeito da prática era *quatro vezes maior* do que o tamanho de efeito do dever de casa (Beesley; Apthorp, 2010). Em suma, a chave para o sucesso do aluno nunca foi acumular a quantidade de dever de casa, mas sim oferecer aos alunos oportunidades bem estruturadas (ou seja, espaçadas e mistas) para praticar sua aprendizagem.

Diferentemente das duas versões anteriores deste livro, que destacavam "o dever de casa e a prática" como uma categoria de ensino eficaz, eliminamos a palavra "dever de casa" desta versão, optando por nos referirmos a tipos específicos de prática. Ao fazer essa alteração, não estamos necessariamente argumentando que o dever de casa é ruim ou que os professores não devem passá-lo. Em vez disso, o que queremos dizer é que os deveres de casa devem ser intencionais e servir a um propósito, como oferecer aos alunos oportunidades de se envolverem em práticas independentes, mistas e espaçadas ou, como exploraremos no Capítulo 6, de se envolverem em oportunidades de ampliar e aplicar sua aprendizagem.

Dito isso, se o dever de casa *é* prático, qual é o objetivo de avaliar essas tarefas? A avaliação do dever de casa pode passar a mensagem de que as tarefas práticas são mais um obstáculo que os alunos devem superar para alcançar a pontuação desejada pelo professor. Em vez disso, queremos incentivar os alunos a ser *conscientes* em sua prática, refletindo sobre seu progresso, identificando lacunas no desempenho e concentrando-se no conhecimento e nas habilidades que ainda precisam aperfeiçoar.

Por fim, vale a pena repetir que praticar novas habilidades para desenvolver automatização e fluência não é o objetivo final da aprendizagem. Sim, o aprendizado mecânico tem seu lugar na aprendizagem, na medida em que ajuda os alunos a automatizar as habilidades e os conhecimentos básicos para que possam se envolver em uma aprendizagem mais complexa. Portanto, a prática (até mesmo a prática *perfeita*) auxilia uma forma limitada e superficial de aprendizagem – que é necessária, mas não suficiente, para a aprendizagem profunda. No próximo capítulo, exploraremos como você pode ajudar os alunos a ampliar e aplicar o que aprenderam durante as cinco fases anteriores de aprendizagem, para se engajarem em uma aprendizagem mais profunda, duradoura e significativa.

6

Ajudando os alunos a ampliar e aplicar a aprendizagem

A incorporação de conceitos e habilidades isolados na memória de longo prazo (o que poderíamos chamar de "inteligência livresca") é valiosa, mas é apenas parte do que significa ser educado. A maioria concordaria que o mais importante é o que podemos *fazer* com o nosso aprendizado – sejam médicos transformando sua educação formal em habilidades necessárias para diagnosticar e curar doenças, encanadores aplicando sua formação técnica para consertar canos com vazamentos ou professores aplicando e adaptando sua educação formal e a aprendizagem profissional (e livros como este!) em experiências de aprendizagem eficazes para os alunos. Em resumo, ser capaz de usar o conhecimento para pensar e resolver problemas do mundo real (o que poderíamos chamar de "*know-how*") é, sem dúvida, a verdadeira essência do que significa ser educado, sobretudo se o objetivo não for simplesmente preparar os alunos para um jogo de perguntas e respostas, mas sim ajudá-los a entender melhor o mundo e adotar ações fundamentadas que levem a resultados positivos para si mesmos e para os outros.

No entanto, é improvável que os alunos desenvolvam *know-how* se tudo o que fizerem na escola for regurgitar informações em um teste. Como discutiremos neste capítulo, eles precisam de oportunidades para *ampliar e aplicar* sua aprendizagem, participando de exercícios escritos mentalmente desafiadores, investigando fenômenos complexos e resolvendo problemas complicados.

O QUE DIZEM AS PESQUISAS

Vamos começar com o que acontece na mente dos alunos quando eles ampliam e aplicam sua aprendizagem por meio de tarefas cognitivamente desafiadoras.

Modelos mentais são a chave para a aprendizagem profunda

Anos atrás, pesquisadores descobriram um princípio interessante da formação da memória quando avaliaram a capacidade dos grandes mestres do xadrez de memorizar rapidamente a localização de cada peça em um tabuleiro quando essas peças eram colocadas *aleatoriamente* em vez de serem o resultado de um jogo. De repente, os grandes mestres não eram melhores do que os jogadores de xadrez novatos na memorização da localização das peças no tabuleiro. Acontece que os grandes mestres não tinham memória fotográfica, mas sim uma capacidade bem desenvolvida de ver padrões resultantes de jogadas – uma habilidade desenvolvida em milhares de horas de jogo de xadrez (de Groot, 1966). Em resumo, eles tinham modelos mentais, ou *esquemas*, que os ajudavam a transformar prontamente a disposição das peças em um padrão lógico. Com o padrão estabelecido, eles conseguiam gravá-lo rapidamente na memória.

O trabalho seminal nessa área (Newell; Simon, 1972) descobriu que os modelos mentais são, de fato, o que separa os especialistas dos novatos. Quando os especialistas se deparam com um problema novo, eles usam seus modelos mentais (ou *know-how*) para (1) categorizar o problema, (2) construir uma representação mental dele, (3) procurar estratégias adequadas de resolução de problemas, (4) recuperar e aplicar essas estratégias, (5) avaliar suas estratégias de resolução de problemas, (6) repetir as etapas 1 a 4 se não chegarem a uma solução imediata e (7) armazenar suas experiências para uso posterior. Em última análise, os modelos mentais de especialistas refletem uma integração sofisticada de conhecimento declarativo (saber *que tipo* de problema estão resolvendo ou fenômenos que estão vendo) e conhecimento procedimental – saber como resolver o problema ou processar as informações (Nokes; Schunn; Chi, 2010).

Em contrapartida, os alunos novatos têm dificuldade para resolver problemas complexos porque não têm modelos mentais totalmente formados.

Por exemplo, quando Brand-Gruwel, Wopereis e Vermetten (2005) acompanharam como os alunos do primeiro ano da faculdade abordavam a pesquisa e a escrita de uma redação de 400 palavras, eles observaram que os calouros tendiam a se dedicar à tarefa e a se perderem em informações supérfluas. Por outro lado, os alunos de doutorado passavam mais tempo avaliando e categorizando o problema, estando, portanto, mais concentrados na busca de informações. Talvez o mais importante seja o fato de que os alunos de pós-graduação demonstraram uma compreensão mais forte do próprio processo de escrita e se perguntavam continuamente: "Esta é a informação de que preciso? Ainda estou trabalhando para encontrar uma resposta para a minha pergunta? Quanto tempo ainda tenho?". A boa notícia é que todos os especialistas já foram novatos; seus alunos são novatos esperando para se tornarem especialistas. Ao oferecer a eles oportunidades estruturadas para solucionar problemas e observar fenômenos complexos, você pode ajudá-los a desenvolver e refinar seus modelos mentais e, assim, produzir conhecimento especializado.

Tornar o raciocínio visível favorece o desenvolvimento e o refinamento dos modelos mentais

Dar aos alunos a oportunidade de compartilhar e explicar seu raciocínio pode ajudá-los a desenvolver e refinar modelos mentais. Anos atrás, a pesquisadora britânica Dianne Berry (1983) realizou um experimento que envolveu os alunos na resolução de problemas lógicos em três condições: um grupo explicou seu raciocínio em voz alta enquanto resolvia os problemas, um segundo grupo explicou seu raciocínio *depois* de resolver os problemas e um terceiro grupo resolveu os problemas silenciosamente. No início, todos os três grupos apresentaram grande domínio dos problemas, resolvendo mais de 90% deles corretamente. No entanto, quando testados mais tarde para ver se conseguiam aplicar a lógica subjacente dos problemas a um conjunto de problemas semelhantes, mas novo, somente os alunos do grupo de autoexplicação foram bem-sucedidos. Os alunos que não falaram sobre seus raciocínios enquanto resolviam os problemas não conseguiram transferir a mesma lógica para um conjunto de problemas semelhantes, porém novos. Eles aprenderam *como* solucionar os problemas, mas não conseguiram entender a lógica – ou desenvolver um modelo mental para solucioná-los. Para que os alunos realmente entendam a lógica, os padrões ou os princípios do que estão aprendendo, eles precisam ser capazes de tornar seu raciocínio visível (para os outros e para si mesmos) – e articular sua própria explicação, verbalmente ou por escrito, sobre *por que* algo funciona da maneira que funciona.

As habilidades de pensamento crítico exigem conhecimento do conteúdo e instrução direta

As habilidades de pensamento crítico são regularmente anunciadas como uma competência essencial a ser desenvolvida pelos alunos, mas muitas vezes essas habilidades permanecem mal definidas. Em geral, o *pensamento crítico* é definido como a integração de várias disposições e habilidades, incluindo a valorização da curiosidade e a escuta dos pontos de vista dos outros, a aplicação do raciocínio lógico para desenvolver e defender argumentos e o exame das próprias crenças e sua mudança à luz de novas informações (Abrami *et al.*, 2015; Bangert-Drowns; Bankert, 1990). Entretanto, como observou o cientista cognitivo Daniel Willingham (2007), o pensamento crítico não é algo que se aprende em uma área de estudo e se transfere para outra. Em vez disso, os alunos precisam aprender e empregar, por exemplo, o pensamento científico no conhecimento de ciências, a análise textual na literatura, o pensamento histórico em estudos sociais, o raciocínio quantitativo em matemática e assim por diante.

Além disso, de acordo com uma metanálise de estudos sobre programas de pensamento crítico (Bangert-Drowns; Bankert, 1990), o pensamento crítico não se desenvolve por osmose. A simples exposição dos alunos à literatura, à ciência, à história ou a evidências geométricas pouco contribui para o desenvolvimento do pensamento crítico – em vez disso, é preciso *ensinar* a eles essas habilidades de pensamento e oferecer-lhes oportunidades para praticá-las. Em seu estudo envolvendo mais de 100 alunos, Marin e Halpern (2011) compararam o desempenho de alunos distribuídos aleatoriamente em três grupos:

- O primeiro grupo de alunos recebeu ensino direto sobre pensamento crítico, aprendendo a desenvolver argumentos, separar correlação de causalidade, identificar estereótipos e prever as consequências de longo prazo das decisões.
- O segundo grupo participou de uma oficina de introdução à psicologia com pensamento crítico incorporado em suas aulas.

- O grupo de controle participou de um curso regular.

Somente o grupo com ensino explícito apresentou aumento do pensamento crítico quando testado novamente quanto às suas habilidades de pensamento crítico três semanas depois.

Tarefas de escrita cognitivamente desafiadoras favorecem o pensamento crítico

Embora a escrita e o pensamento crítico pareçam estar intimamente ligados, pesquisas sugerem que a escrita por si só muitas vezes não desenvolve o pensamento crítico, especialmente no caso de alunos mais jovens ou se as tarefas de escrita não os desafiarem a se engajarem em um pensamento de alto nível (Langer; Applebee, 1987). Quitadamo e Kurtz (2007) escolheram aleatoriamente estudantes universitários de biologia para ou escreverem uma redação analítica semanal ou serem questionados sobre o que aprenderam, tendo descoberto que os estudantes do grupo que escreveu melhoraram sua média de pensamento crítico do 45º para o 53º percentil, enquanto os estudantes do grupo que não escreveu passaram do 42º para o 40º percentil. No entanto, ao analisar os dados, os pesquisadores descobriram que os exercícios de escrita beneficiaram mais os alunos que já tinham fortes habilidades de pensamento crítico, o que sugere que os exercícios de escrita podem *fortalecer*, mas não necessariamente *desenvolver* o pensamento crítico. Mais uma vez, para que os alunos desenvolvam habilidades de pensamento crítico, essas habilidades precisam ser ensinadas diretamente.

A aprendizagem por meio de investigação aprimora a memória de longo prazo

Refletir e responder a perguntas de alto nível parece melhorar a memória de longo prazo. Pressley *et al.* (1987) descobriram que os estudantes universitários tinham maior probabilidade de recordar frases quando eram solicitados a fornecer uma explicação após a leitura de uma frase (p. ex., "Por que o homem faminto entrou no carro?") em comparação com a simples leitura da frase (p. ex., "Um homem faminto entrou em um carro para ir ao restaurante"). Com base nesse estudo e em outros, os cientistas cognitivos concluíram que as perguntas do tipo "por que" (às vezes chamadas de "interrogatório elaborativo") podem solidificar o aprendizado, ajudando a conectar o novo conceito com o conhecimento prévio – ou seja, criando e refinando *modelos mentais*.

Considere, por exemplo, o que acontece em seu cérebro se lhe pedirem para explicar exatamente por que o ar quente sobe. Você pode pensar: "Bem, eu sei que o ar quente se expande e se torna menos denso, e que o ar é menos denso do que a água. Então, talvez seja como uma bolha de ar subindo em um copo de água". Em resumo, refletir sobre uma pergunta como essa o incentiva a fundir o novo aprendizado com seus modelos mentais existentes, o que, por sua vez, ajuda o cérebro a fazer com que o novo conhecimento sobre modelos mentais "pegue carona" em ganchos de recuperação preexistentes. Como resultado, em vez de ter apenas um ou dois ganchos de recuperação, agora você tem vários, o que torna mais fácil para seu cérebro recuperar mais tarde o que você aprendeu.

Como se vê, muitos estudos iniciais apontaram os benefícios de engajar alunos de idades e níveis de habilidade variados na aprendizagem baseada em investigação para auxiliar a compreensão em várias áreas de conteúdo (Chi *et al.*, 1994; Scruggs; Mastropieri; Sullivan, 1994; Schworm; Renkl, 2006; Smith; Holliday; Austin, 2010; Wong; Lawson; Keeves, 2002; Wood; Hewitt, 1993). Todavia, as pesquisas deixam claro que a aprendizagem baseada em investigação é mais eficaz quando amplia, mas não substitui, o ensino direto de ideias e conceitos-chave (Woloshyn; Pressley; Schneider, 1992).

A investigação e a resolução de problemas são mais eficazes quando estruturadas e orientadas

Por meio de uma série de estudos na década de 1980, o pesquisador australiano John Sweller (1988) concluiu que simplesmente colocar os alunos para tentar resolver problemas complexos (p. ex., "Um carro que parte do repouso e acelera uniformemente a 2 m/s^2 em uma linha reta tem uma velocidade média de 17 m/s. Qual a distância percorrida por ele?") sem orientação ou suporte não ajuda muito os alunos a desenvolver habilidades de resolução de problemas. Os alunos iniciantes precisam alternar entre descobrir como resolver um problema e resolvê-lo de fato. Se eles chegarem (com esforço) à resposta correta, é improvável que tenham desenvolvido modelos mentais para resolver problemas semelhantes no futuro.

Nesse sentido, uma metanálise de 164 estudos (Alfieri *et al.*, 2011) comparou os efeitos do ensino direto explícito com a aprendizagem por descoberta minimamente orientada (p. ex., engajar os alunos na realização de experimentos, pesquisas ou resolução de problemas com pouca orientação do professor) e descobriu que os alunos aprenderam de forma mais significativa com o ensino direto do que com a aprendizagem por descoberta sem assistência. Digno de nota, a aprendizagem minimamente orientada foi particularmente ineficaz para alunos com desempenho inferior e mais jovens. Os alunos novatos são propensos a aprender novas habilidades de forma incorreta e a desenvolver concepções errôneas (Kirschner; Sweller; Clark, 2006). Além disso, eles tendem a se frustrar com a aprendizagem por descoberta devido à carga cognitiva excessiva necessária para alternar entre a tentativa de descobrir como resolver um problema e a sua resolução de fato (van Merriënboer; Sweller, 2005).

A questão aqui não é que o ensino direto seja bom e a aprendizagem por descoberta seja ruim. Pelo contrário, é que as duas estratégias funcionam melhor juntas (por isso, você encontrará tanto uma quanto a outra neste livro). Em sua metanálise sobre a aprendizagem por descoberta, Alfieri *et al.* (2011) descobriram que a melhor abordagem – até melhor do que o ensino direto – era a "descoberta orientada". Fornecer aos alunos objetivos de aprendizagem, ensino direto, exemplos resolvidos e *feedback* durante o processo de descoberta garante que eles desenvolvam compreensão e habilidades adequadas. No restante deste capítulo, exploraremos três estratégias de ensino baseadas em evidências que atingem esse equilíbrio entre a aprendizagem conduzida pelo aluno e a aprendizagem auxiliada pelo professor, a fim de ajudar os alunos a ampliar e aplicar sua aprendizagem.

ESTRATÉGIA 12: ESCRITA COGNITIVA

A escrita cognitiva envolve os alunos em tarefas de escrita ampliada e auxilia sua compreensão por meio do processamento de alto nível de novas aprendizagens.

A maioria de nós não sabe o que pensa até ver o que escreveu. Isso ocorre porque o ato de organizar nossos pensamentos em frases costuma nos ajudar a organizá-los em nossa mente. Portanto, não surpreende que vários estudos em nossa amostra apontem para os benefícios de engajar os alunos em tarefas de escrita cognitivamente desafiadoras para ajudá-los a processar sua aprendizagem. Essas tarefas exigem que os alunos expliquem processos e fenômenos, analisem e avaliem evidências, desenvolvam ideias originais e defendam seus argumentos com evidências. Em suma, a escrita não deve se limitar às aulas de linguagem – ela é uma ferramenta poderosa para a aprendizagem profunda em várias áreas temáticas. A escrita faz com que os alunos pensem sobre o que estão aprendendo, aprimora suas compreensões conceituais e os ajuda a estabelecer conexões pessoais com o que aprenderam. Além disso, a escrita cognitiva não é simplesmente uma questão de colocar palavras no papel, mas envolve a formação de ideias e a consolidação de compreensões duradouras na mente dos alunos. Encontramos sete estudos empíricos de intervenções que demonstraram efeitos significativos (índice de progresso = de 14 a 49) do engajamento de uma ampla gama de alunos, incluindo alunos etnicamente diversos, de baixa renda e que têm o inglês como segunda língua, em exercícios de escrita cognitiva em várias áreas temáticas (ver Apêndice).

Princípios norteadores para a escrita cognitiva

A escrita cognitiva estrutura oportunidades para que os alunos pensem sobre a aprendizagem.

Em vários estudos, as intervenções de escrita com efeitos positivos para os alunos foram explicitamente projetadas para incentivar o raciocínio do aluno por meio da escrita. Por exemplo, Collins *et al.* (2017) encontraram efeitos significativos em uma intervenção de escrita para alunos de vários anos do ensino fundamental, de baixa renda e racialmente diversos, que usaram "folhas de pensamento (*thinksheets*)"– guias de cinco a sete páginas projetados para ajudar os alunos a extrair ideias do texto (p. ex., "Por que você acha que é uma boa ideia os corredores de Iditarod largarem com dois minutos de intervalo?"). A intervenção também incluiu o uso de organizadores gráficos para ordenar as ideias (p. ex., "Selecione algumas evidências e conclusões e coloque-as em uma tabela de duas colunas"). Os alunos responderam a solicitações criadas para incentivar o processamento cognitivo da aprendizagem (p. ex., conectar ideias, comparar e contrastar conceitos, desenvolver e defender argumentos). Após dois anos, os alunos do grupo de tratamento apresentaram ganhos significativamente maiores na compreensão de leitura (índice de progresso = 19) do que os do grupo de controle, que leram os mesmos textos sem o benefício da escrita ampliada.

Os exercícios de escrita cognitiva fornecem ensino direto sobre estratégias de pensamento crítico.

Em vez de presumir que as habilidades de pensamento crítico se desenvolvem automaticamente por meio da escrita, as intervenções cognitivas eficazes de escrita oferecem ensino direto sobre estratégias de raciocínio. Por exemplo, uma série de experimentos relacionados aplicados em salas de aula com alunos de baixa renda, racialmente diversos e que têm o inglês como segunda língua (Kim *et al.*, 2011; Olson *et al.*, 2012, 2017) apresentou efeitos positivos significativos (índice de progresso = de 14 a 25). Os alunos aprenderam um "*kit* de ferramentas" de estratégias de raciocínio essenciais para a leitura e a escrita, incluindo o estabelecimento de metas, a exploração do conhecimento prévio, a realização de previsões, a identificação de ideias principais, a visualização, a leitura atenta do texto, a reflexão em voz alta durante a leitura, a revisão do próprio raciocínio e a autoavaliação do progresso. De acordo com as pesquisas que demonstram que as habilidades de pensamento crítico não se desenvolvem por osmose, essas intervenções mostram que os exercícios de escrita podem desenvolver as habilidades de raciocínio dos alunos quando elas não apenas desafiam os alunos a pensar profundamente sobre sua aprendizagem, mas também fornecem instruções diretas sobre as habilidades essenciais de raciocinar.

Os exercícios de escrita cognitiva devem ajudar os alunos a ampliar e aplicar a aprendizagem anterior.

As intervenções cognitivas eficazes de escrita em todos os sete estudos de nossa amostra foram explicitamente elaboradas para ajudar os alunos a ampliar e aplicar o que aprenderam. Por exemplo, Connor *et al.* (2017) encontraram efeitos positivos para um programa de ensino que aprimorou o conhecimento de ciências e estudos sociais de alunos do ensino fundamental em escolas racialmente diversas que atendem bairros de baixa renda, engajando-os na seguinte sequência de aprendizagem:

- Um dia de aulas conceituais (despertando o interesse cognitivo ao conectar a aprendizagem à vida dos alunos).

- Três a quatro dias de aulas de esclarecimento (p. ex., leitura sobre ciências e estudos sociais).
- Três a quatro dias de aulas de pesquisa (p. ex., realização de experimentos científicos ou uso de fontes primárias, como fotografias, diários e cartas, para aprender sobre estudos sociais).
- Três a quatro dias de aulas de aplicação (p. ex., fazer conexões por meio de tarefas de aprendizagem desafiadoras, incluindo tarefas de redação extensas).

Em comparação com os alunos de um grupo de controle que se envolveu em um ensino mais tradicional em sala de aula – ou seja, um "bloco de leitura" de 1 a 2 horas focado apenas no ensino da leitura –, os alunos do grupo de tratamento demonstraram ganhos significativos em seu conhecimento de estudos sociais (índice de progresso = 49) e ciências (índice de progresso = 48). Essas descobertas sugerem fortemente que exercícios de escrita bem construídos e cognitivamente desafiadores são uma maneira poderosa de ajudar diversos alunos a desenvolver a compreensão conceitual da aprendizagem anterior e, ao mesmo tempo, desenvolver suas habilidades de letramento.

Dicas de sala de aula para a escrita cognitiva

As pesquisas têm demonstrado o poder de ajudar os alunos a ampliar e aplicar sua aprendizagem por meio de exercícios de escrita que os desafiem a pensar profundamente sobre o assunto (comparando, contrastando, avaliando, analisando, sintetizando), junto com instruções diretas sobre as ferramentas mentais e as estratégias necessárias para um raciocínio mais profundo e uma escrita eficaz. A seguir, são apresentadas algumas dicas para ajudar os alunos a ampliar e aplicar sua aprendizagem por meio da escrita cognitiva.

Comece com o que você quer que os alunos pensem.

Como já observamos antes, os alunos só aprendem sobre aquilo em que pensam (Willingham, 2003). A chave para a escrita cognitiva é garantir que as tarefas criem oportunidades para que os alunos pensem sobre o que estão aprendendo. Portanto, ao elaborar exercícios de escrita para os alunos, comece com o que você quer que eles raciocinem – as compreensões duradouras, os conceitos centrais e as ideias principais. Em seguida, forneça sugestões de escrita que os levem a raciocinar em alto nível (comparação, análise, avaliação, síntese; a Figura 6.1 traz alguns exemplos).

Ensine diretamente e modele habilidades de raciocínio.

A escrita, por si só, pouco contribui para que os alunos aprendam ou desenvolvam habilidades de raciocínio. Na melhor das hipóteses, os exercícios de escrita oferecem aos alunos oportunidades de *praticar* – mas não de desenvolver – habilidades de pensamento crítico. Para ajudar os alunos a

RACIOCÍNIO DE ALTO NÍVEL	SUGESTÕES
Comparação	Que paralelos existem entre a Pax Romana e a Pax Americana?
	Quais são as motivações de Walter e de Mama em *A raisin in the sun*? Como suas motivações são diferentes? Em que são parecidas?
	Lemos três versões diferentes do que você deve conhecer como *Chapeuzinho vermelho*. Como os personagens de cada uma delas eram iguais e diferentes? Como as ações deles lhe deram uma pista sobre o cenário da história?
Análise	Como o autor constrói a tensão em *The most dangerous game*?
	Que adaptações genéticas tornam os tubarões "os predadores perfeitos da natureza"?
	Você aprendeu três maneiras diferentes de resolver problemas de multiplicação. Qual estratégia você usará com mais frequência e por quê? Quando você escolheria uma das outras duas estratégias?
Avaliação	O filme *Cidadão Kane* merece sua reputação como um dos maiores de todos os tempos?
	Os partidos políticos ajudam ou atrapalham a democracia?
	Qual dos locais propostos para a horta escolar proporcionará as melhores condições de cultivo?
Síntese	Com base em nossas leituras anteriores, a importação de espécies não nativas deve ser proibida?
	Com base em nossas leituras anteriores, os jovens devem ter acesso às mídias sociais?
	Com base em nossas leituras nesta unidade, quais invenções mais mudaram nossas vidas?

FIGURA 6.1 Exemplos de sugestões de escrita para engajar os alunos em um raciocínio de alto nível.

realmente se envolverem na escrita cognitiva, ensine a eles as habilidades de raciocínio essenciais para a tarefa. Como acontece com qualquer habilidade, ofereça aos alunos instruções diretas e modelos de cada uma dessas habilidades, mostrando-lhes como escritores (e pensadores) eficazes as empregam. A Figura 6.2 lista algumas dessas habilidades-chave, juntamente com uma descrição de como cada uma delas é usada.

HABILIDADE DE RACIOCÍNIO	COMO É EXECUTADA
Entendendo a tarefa	Antes de começar a escrever, os escritores eficazes leem cuidadosamente a solicitação e fazem perguntas de esclarecimento para garantir que entenderam a tarefa.
Estabelecendo objetivos	Os escritores competentes estabelecem metas de domínio para sua escrita (p. ex., quero usar dados relevantes a fim de persuadir meus leitores de que a escola deve começar mais tarde pela manhã).
Refletindo sobre o conhecimento prévio	Ao coletar evidências, os escritores eficazes refletem sobre seu conhecimento prévio e sobre como o que estão aprendendo embasa, modifica ou entra em conflito com o que já sabem.
Extraindo e expressando ideias-chave	Os escritores eficazes extraem ideias-chave de uma fonte e as reafirmam com suas próprias palavras (p. ex., como você explicaria esse conceito a um amigo ou membro da família?).
Desenvolvendo e revisitando uma ideia principal	Os escritores competentes desenvolvem uma ideia-chave, uma tese ou um argumento central e revisitam periodicamente sua ideia, revisando-a conforme necessário.
Mostrando, não falando	Os escritores eficazes embasam seus argumentos com exemplos e detalhes concretos que "mostram" aos leitores o que eles estão dizendo.
Analisando e respondendo a contra-argumentos	Depois de concluir um rascunho inicial, os escritores competentes releem seus textos, prevendo como os outros poderão responder aos seus argumentos, oferecendo novos argumentos ou evidências para fortalecer seus argumentos.
Automonitorando e autoavaliando o progresso	Os escritores competentes continuamente perguntam a si mesmos: "Estou no caminho certo? Essa evidência é importante? Estou alcançando meu objetivo?".
Revisando o próprio raciocínio	Os escritores competentes são pensadores flexíveis, capazes de rever e esclarecer suas ideias à medida que encontram novas evidências ou desenvolvem ideias melhores.

FIGURA 6.2 Habilidades de raciocínio usadas na escrita cognitiva.

Desenvolva ferramentas e orientações para estruturar a escrita cognitiva.

Além de ensinar diretamente as habilidades de raciocínio, é útil fornecer aos alunos ferramentas visuais e orientadas para ajudá-los a pensar sobre seu aprendizado, organizar seus pensamentos e colocá-los no papel. O exemplo na Figura 6.3 reflete as "folhas de pensamento" que Collins *et al.* (2017) demonstraram ser altamente eficazes para favorecer o sucesso de vários alunos.

Elabore e ofereça rubricas para todas as tarefas de escrita cognitiva.

As rubricas são ferramentas poderosas em sala de aula – não porque ajudam os professores a avaliar o trabalho dos alunos de forma mais objetiva, mas porque deixam claras as expectativas de aprendizagem para os alunos. Para todas as principais tarefas de escrita, forneça aos alunos uma rubrica para

Estratégia de pensamento-chave: _____
(p. ex., comparar, analisar, sintetizar)

Orientações
Enquanto lê este texto, preste atenção em ___.

Questões norteadoras
Por que você pensa ___ ? Por que __ deveria ocorrer?

Organize seu pensamento e sua escrita
Liste os argumentos-chave e as evidências
Liste ideias-chave e exemplos

FIGURA 6.3 Investigações orientadas com base no modelo de aprendizagem de seis fases.

deixar claras as expectativas de aprendizagem em várias dimensões: desenvolver e compartilhar ideias originais, embasar argumentos com evidências e exemplos, escrever com clareza e revisar para evitar erros de ortografia e gramaticais. A Figura 6.4 oferece um exemplo de um critério de avaliação

CRITÉRIOS	INICIAL	EM DESENVOLVIMENTO	ATENDE ÀS EXPECTATIVAS	EXEMPLAR
Ideias e informações detalhadas	A ideia central está ausente ou é vaga e há poucas informações detalhadas	A ideia central é declarada, mas inadequadamente fundamentada (ou seja, mais fala do que mostra)	A ideia central é declarada e fundamentada com detalhes (ou seja, mostrando, não falando)	A ideia central reflete um pensamento original e é bem fundamentada com detalhes
Organização e transições	A estrutura organizacional é difícil de seguir; poucas palavras de transição são usadas	A estrutura organizacional é, em sua maior parte, evidente e lógica, mas o uso de palavras de transição para orientar os leitores é inconsistente	A estrutura organizacional é consistentemente evidente e lógica; as palavras de transição guiam os leitores de forma consistente	A escrita é claramente organizada e lógica, com várias palavras de transição fortes usadas para orientar os leitores
Voz e escolha de palavras	Poucos verbos fortes e pouco uso de linguagem precisa ou vocabulário-chave	Uso inconsistente de verbos fortes e linguagem ou vocabulário precisos	Uso consistente de verbos fortes e linguagem ou vocabulário precisos	Muitas boas escolhas de linguagem para desenvolver um discurso forte e envolvente
Convenções e ortografia	Muitos erros gramaticais ou de revisão são evidentes e interferem na compreensão	Alguns erros gramaticais ou de revisão que causam distração são evidentes e podem interferir na compreensão	A versão final apresenta alguns erros gramaticais ou de revisão, mas eles não interferem na compreensão	O rascunho final apresenta pouquíssimos erros gramaticais ou de revisão

FIGURA 6.4 Uma rubrica de escrita elaborada para promover uma mentalidade de crescimento.

de redação elaborado para promover uma mentalidade de crescimento, evitando rótulos como "inadequado" ou "ruim" e optando por termos orientados para o crescimento, como "em desenvolvimento" e "emergente".

Ofereça aos alunos oportunidades de compartilhar e revisar sua escrita.

Várias intervenções eficazes de escrita cognitiva incorporaram a consolidação auxiliada por pares – geralmente na forma de oficinas de escrita. Como se vê, quando os alunos percebem que seus colegas (e não apenas os professores) lerão seus textos, eles costumam se sentir mais motivados a investir tempo e esforço em sua escrita. Isso os ajuda a desenvolver ideias mais convincentes, defendê-las e escrever com mais clareza. Dar aos alunos a oportunidade de compartilhar seus textos com os colegas, ver os textos de outros e receber *feedback* sobre a própria escrita pode favorecer um pensamento mais profundo sobre a aprendizagem, bem como melhorar a escrita – especialmente se você fornecer uma rubrica para auxiliar o *feedback* dos colegas, a autorreflexão, as revisões e a edição.

ESTRATÉGIA 13: INVESTIGAÇÕES ORIENTADAS

As investigações orientadas envolvem os alunos em experimentos, aprendizagem baseada em investigação e projetos de pesquisa que exigem altos níveis de engajamento cognitivo.

Para muitos alunos, as formas convencionais de aprendizagem em sala de aula não permitem fixar o conhecimento; eles geralmente esquecem 90% do que aprenderam em 30 dias (Medina, 2008). Isso ocorre porque os alunos têm poucas oportunidades não apenas de repetir, mas também de *recuperar* sua aprendizagem em várias maneiras e contextos. As investigações orientadas envolvem os alunos na exploração de perguntas interessantes, na observação de fenômenos do mundo real, na análise de dados e evidências e no relato de suas descobertas. Essas oportunidades auxiliam a memória de longo prazo de duas maneiras poderosas. Primeiro, elas exploram a curiosidade natural dos alunos, a fim de tornar a aprendizagem mais prazerosa e memorável para eles. Elas também oferecem aos alunos oportunidades de usar a repetição e a recuperação para codificar sua aprendizagem de forma mais rica.

As duas edições anteriores deste livro identificaram uma categoria de estratégias chamada "geração e teste de hipóteses", que incluía várias estratégias de ensino, como análise de sistemas, resolução de problemas, pesquisa experimental e investigação. Na última década, muitos estudos empíricos novos ampliaram e esclareceram melhor essa categoria de práticas de ensino eficazes, o que nos levou a destacar duas abordagens relacionadas, porém separadas, da aprendizagem baseada em projetos: investigações orientadas e resolução estruturada de problemas. As investigações orientadas envolvem os alunos no exame de questões importantes e na investigação de fenômenos intrigantes, principalmente em ciências naturais e sociais e, em geral, com a seguinte sequência de atividades de aprendizagem:

1. Desenvolver o conhecimento prévio dos alunos com textos de alto interesse.
2. Planejar experimentos e investigações para testar hipóteses e suposições.
3. Coletar dados e reunir evidências por meio de observação atenta e leitura.
4. Usar as evidências para embasar os resultados e as conclusões.

Nossa revisão das pesquisas identificou oito estudos empíricos com efeitos positivos significativos (índice de progresso = 10 a 49) para o uso de investigações orientadas a fim de auxiliar a aprendizagem dos alunos em ciências, estudos sociais e, em alguns casos, letramento (ver Apêndice). Esses efeitos positivos foram encontrados em diversos grupos de alunos, incluindo alunos em situação de pobreza, alunos bilíngues em formação e alunos com dificuldades de aprendizagem.

Princípios norteadores para as investigações orientadas

Os seguintes princípios para as investigações orientadas derivam desses estudos.

Pensar profundamente sobre a aprendizagem ajuda os alunos a codificar o novo conceito na memória de longo prazo.

Assim como na escrita cognitiva, o principal objetivo das investigações orientadas não é simplesmente fazer com que os alunos *façam algo* com sua aprendizagem, mas sim dar-lhes oportunidades de *pensar profundamente sobre* sua aprendizagem enquanto fazem algo com ela. Isso codifica o novo conceito de forma mais rica e profunda em suas memórias de longo prazo. Muitas vezes, uma das melhores maneiras de fazer com que os alunos pensem sobre sua aprendizagem é incentivá-los a examinar e reexaminar suas noções preconcebidas (ou seja, seus modelos mentais) sobre fenômenos científicos, questões sociais e eventos históricos. Por exemplo, um currículo de ciências do ensino médio baseado em investigação apresentou aos alunos do ensino médio, cultural e racialmente diversos, conceitos e fenômenos que contradiziam seus modelos mentais preconcebidos (Lynch *et al.*, 2007). Por meio de atividades de aprendizagem estruturadas, os alunos investigaram ideias conflitantes, refletiram sobre seu raciocínio e como ele pode estar mudando, discutiram suas ideias e observações com outras pessoas e se envolveram em exercícios de "pensar e escrever" que os orientaram na interpretação de dados e no compartilhamento de seu raciocínio em evolução. Os alunos obtiveram ganhos significativos na aprendizagem de ciências (índice de progresso = 10).

A autonomia do aluno deve ser equilibrada com a aprendizagem orientada pelo professor.

Décadas de pesquisa demonstraram que a aprendizagem minimamente orientada tem benefícios limitados para os alunos (Alfieri *et al.*, 2011), podendo ser particularmente prejudicial para alunos com baixo desempenho (Kirschner; Sweller; Clark, 2006). A chave é equilibrar a autonomia do aluno com a orientação do professor. O currículo *Chemistry that applies* ("Química na prática", em português) (Lynch *et al.*, 2007) refletiu esse equilíbrio entre a autonomia do aluno e a orientação do professor ao envolver os alunos em atividades de aprendizagem independentes. A investigação deles foi estruturada por perguntas fornecidas pelo professor que os incentivaram a refletir sobre o conhecimento prévio, levar em conta questões-chave (p. ex., "Como suas previsões se comparam às mudanças reais nos pesos das substâncias?"), elaborar um plano para testar as previsões e coletar dados, além de organizá-los e interpretá-los.

Lorch *et al.* (2010) testaram se palestras ou experimentos práticos são mais eficazes. Especificamente, eles compararam os efeitos de três abordagens diferentes do ensino de ciências para alunos do 4º ano: (1) palestras em sala de aula, (2) experimentos práticos ou (3) uma combinação de ambos. Como se verificou, os alunos do grupo que combinou aulas expositivas e experimentos tiveram um desempenho melhor do que os alunos do grupo que recebeu apenas ensino (índice de progresso = 12), bem como os do grupo que recebeu apenas experimentos (índice de progresso = 27). É importante ressaltar que, embora os alunos de escolas com melhor desempenho tenham demonstrado ganhos em todas as três condições, os alunos que trabalharam apenas em experimentos práticos de escolas com alto índice de pobreza e baixo desempenho não apresentaram nenhum ganho de aprendizado. Isso reforça as descobertas de pesquisas anteriores de que o ensino minimamente orientado pode ser particularmente prejudicial para alunos com baixo desempenho. Considerando as visões conflitantes do ensino direto e da aprendizagem por investigação, os educadores podem se perguntar: "Devo usar o ensino direto ou a aprendizagem por investigação?". As pesquisas sugerem que tanto uma quanto a outra são eficazes, sobretudo quando usadas em conjunto. Uma palestra ou demonstração de habilidades bem ministrada e interativa pode ser altamente eficaz para apresentar aos alunos novas ideias e habilidades, ajudando-os a se concentrar na nova aprendizagem. As investigações orientadas, por sua vez, podem ajudar os alunos a ampliar e aplicar o que aprenderam, de modo que eles incorporem a aprendizagem mais profundamente em sua memória de longo prazo.

Experiências de aprendizagem práticas e reais aprofundam a aprendizagem.

Guthrie *et al.* (2006) realizaram um "experimento natural" que comparou os resultados de 98 alunos dos anos iniciais do ensino fundamental que aprenderam o mesmo conteúdo de ciências, leram os mesmos textos e receberam a mesma quantidade de ensino de ciências – com uma diferença fundamental. Em duas salas de aula, os professores estimularam altos níveis de interesse dos alunos, envolvendo-os em atividades práticas de aprendizagem e observações, fazendo mais perguntas sobre ciências e incentivando os alunos a gerar e testar mais hipóteses (Guthrie *et al.*, 2006). Embora os alunos não diferissem em termos de desempenho anterior ou demografia (todos estavam em escolas com alto índice de pobreza), depois de apenas 12 semanas, os alunos das salas de aula com alto estímulo apresentaram uma compreensão de leitura significativamente maior do que aqueles das salas de aula com baixo estímulo (índice de progresso = 26).

Investigações orientadas, principalmente aquelas que envolvem os alunos em atividades práticas de aprendizagem relacionadas a textos e à aprendizagem em sala de aula, também têm efeitos positivos sobre a motivação e o desempenho dos alunos. Friedman *et al.* (2017) descobriram que o programa *Playground physics* ("Física no *playground*", em português) aprimorou a aprendizagem de ciências de alunos do ensino médio (índice de progresso = 15). Esse programa forneceu aos alunos uma série de lições estruturadas e um aplicativo de *software* para gravar vídeos uns dos outros envolvidos em atividades no *playground*, que os alunos visualizaram por meio de "lentes" desenvolvidas para ilustrar os princípios científicos do movimento. Outras intervenções eficazes incluíram o engajamento dos alunos na dissecação de fezes de coruja para entender melhor a ecologia (índice de progresso = 26; Guthrie *et al.*, 2004) e o ajuste da inclinação e da superfície das rampas para compreender a física do movimento (índice de progresso = 27; Lorch *et al.*, 2010). Em todos os casos, as atividades práticas não foram apenas desvios "divertidos" do processo de aprendizagem, mas foram explicitamente planejadas para ajudar os alunos a ampliar e aplicar o que aprenderam.

Exercícios de escrita cognitiva podem ajudar a assegurar que investigações orientadas favoreçam a aprendizagem profunda.

As investigações orientadas podem incluir exercícios de escrita cognitiva elaborados para ajudar os alunos a consolidar e aprofundar sua aprendizagem. A seguir, são apresentados alguns exemplos: August *et al.* (2009) estudaram um programa chamado Quality English and Science Teaching (QuEST, ou Ensino de Qualidade de Inglês e de Ciências, em português), que integrou várias estratégias de ensino baseadas em evidências, incluindo estímulos de interesse cognitivo, ensino direto de vocabulário, consolidação da aprendizagem auxiliada por pares, experimentos práticos e tarefas de redação. Connor *et al.* (2017) descobriram que uma sequência de aprendizagem estruturada – 3 a 4 dias de experimentos científicos ou uso de fontes primárias em estudos sociais, seguidos de 3 a 4 dias de exercícios de escrita cognitiva – aumentou o conhecimento dos alunos em ciências e estudos sociais. Da mesma forma, um currículo de investigação orientada promoveu ganhos na aprendizagem de ciências para diversos alunos do ensino médio, incluindo muitos com dificuldades de aprendizagem (Lynch *et al.*, 2007). O currículo combinava experimentos científicos com exercícios de "pensar e escrever" criados para ajudar os alunos a interpretar os dados e os resultados de seus experimentos. Por fim, uma unidade de ciências integrada ao letramento combinou atividades práticas de exploração com exercícios frequentes de leitura e escrita, apresentando efeitos positivos no aprimoramento do conhecimento de ciências de diversos grupos de alunos de baixa condição socioeconômica (Tong *et al.*, 2014).

Dicas de sala de aula para as investigações orientadas

As experiências práticas de aprendizagem permitem que os alunos explorem, pensem profundamente e consolidem compreensões duradouras. A seguir, são apresentadas algumas dicas para ajudá-lo a engajar seus alunos na ampliação e na aplicação da aprendizagem com investigações orientadas.

Comece com o que os alunos devem pensar – e o que eles precisam ver para acreditar e compreender.

Assim como na escrita cognitiva, é importante ancorar as investigações orientadas nas compreensões duradouras que você deseja que seus alunos desenvolvam. Que descobertas eles devem fazer? Que momentos "a-ha" eles devem ter? Que novas percepções eles devem desenvolver? Como diz o ditado, ver para crer. Considere quais descobertas e percepções os alunos talvez precisem ver (por meio de investigações ou experimentos práticos) para acreditar ou compreender. Por exemplo, os alunos talvez não acreditem de fato que os objetos mais pesados caem na mesma velocidade que os objetos mais leves até que vejam isso acontecer com seus próprios olhos. Da mesma forma, eles podem não apreciar as diferenças que a luz solar, o solo e a água têm no crescimento das plantas até que observem esse fenômeno por si mesmos.

Identifique quais conhecimentos e habilidades devem ser ensinados diretamente e o que os alunos devem descobrir.

Como já observamos, a aprendizagem por investigação minimamente orientada raramente é eficaz. Entretanto, a investigação orientada, que integra a orientação do professor com a descoberta do aluno, é incrivelmente poderosa. Ao elaborar uma investigação orientada, considere as seguintes questões:

- De quais conhecimentos ou habilidades (p. ex., observação, previsão, classificação, análise) os alunos precisam para conduzir a investigação?

- Quais conceitos-chave e termos de vocabulário (p. ex., titulação, catalisador, reação) eles precisam entender para conduzir a investigação ou interpretar os resultados?
- Você quer que seus alunos descubram os conceitos primeiro e ouçam a explicação depois?

Assegure que os alunos voltem a pensar sobre conceitos-chave, ideias principais e compreensões duradouras.

É fácil para os alunos (e professores) ficarem tão absortos no processo de investigação que perdem de vista seu propósito: desenvolver uma compreensão profunda de fenômenos naturais, questões sociais ou eventos históricos. Em resumo, as investigações podem se tornar mais uma questão de *fazer* do que de *pensar*. Como os alunos só aprendem sobre o que pensam, certifique-se de ancorar as investigações em oportunidades para que os alunos pensem e reflitam sobre o que aprenderam por meio de discussões em sala de aula e exercícios de escrita que, em última análise, se conectem às metas de aprendizagem.

Use o modelo de aprendizagem para planejar sua investigação.

Como se pode perceber, uma investigação orientada bem elaborada deve refletir todas as seis fases da aprendizagem. A Figura 6.5 ilustra como uma investigação orientada pode ser configurada para incorporar todas as seis fases da aprendizagem.

ESTRATÉGIA 14: RESOLUÇÃO ESTRUTURADA DE PROBLEMAS

A resolução estruturada de problemas desenvolve esquemas mentais ao ensinar processos passo a passo para compreender e aplicar conhecimentos e habilidades na resolução de problemas complexos da vida real.

As pesquisas apontam para outra estratégia com efeitos comprovados que ajuda os alunos a ampliar e colocar em prática a aprendizagem – sobretudo com habilidades de raciocínio matemático e quantitativo: a *resolução estruturada de problemas*. Diferentemente da escrita cognitiva mais aberta ou

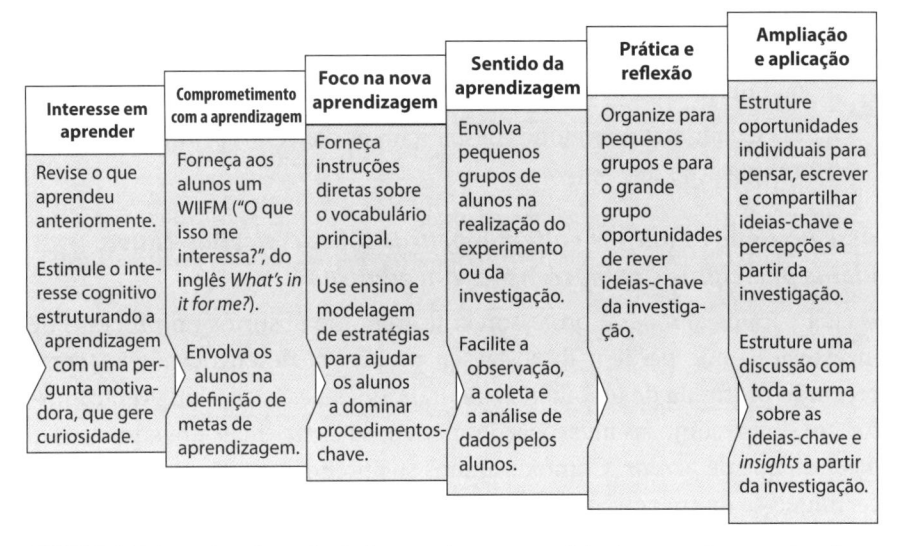

Interesse em aprender	Comprometimento com a aprendizagem	Foco na nova aprendizagem	Sentido da aprendizagem	Prática e reflexão	Ampliação e aplicação
Revise o que aprendeu anteriormente. Estimule o interesse cognitivo estruturando a aprendizagem com uma pergunta motivadora, que gere curiosidade.	Forneça aos alunos um WIIFM ("O que isso me interessa?", do inglês *What's in it for me?*). Envolva os alunos na definição de metas de aprendizagem.	Forneça instruções diretas sobre o vocabulário principal. Use ensino e modelagem de estratégias para ajudar os alunos a dominar procedimentos-chave.	Envolva pequenos grupos de alunos na realização do experimento ou da investigação. Facilite a observação, a coleta e a análise de dados pelos alunos.	Organize para pequenos grupos e para o grande grupo oportunidades de rever ideias-chave da investigação.	Estruture oportunidades individuais para pensar, escrever e compartilhar ideias-chave e percepções a partir da investigação. Estruture uma discussão com toda a turma sobre as ideias-chave e *insights* a partir da investigação.

FIGURA 6.5 Investigações orientadas com base no modelo de aprendizagem de seis fases.

das investigações orientadas, a resolução estruturada de problemas costuma engajar os alunos na busca da resposta para um problema ou um conjunto de problemas complexos. No entanto, a jornada até a resposta é tão importante quanto a própria resposta. Em muitos casos, um elemento-chave da resolução estruturada de problemas é o foco explícito em ajudar os alunos a desenvolver esquemas mentais – ou seja, a capacidade de reconhecer o tipo de problema que estão resolvendo, mesmo quando as particularidades dos problemas mudam. Muitos estudos que fundamentam essa estratégia, de fato, referem-se a ela como ensino "baseado em esquemas" ou "ampliador de esquemas".

Doze estudos científicos em nossa amostra relataram efeitos positivos significativos (índice de progresso = de 16 a 48) para a resolução estruturada de problemas em grupos de alunos diversos, incluindo alunos racialmente diversos, em situação de pobreza, bilíngues em formação e com dificuldades de aprendizagem (ver Apêndice). Embora a maioria dessas intervenções tenha se concentrado na aprendizagem de matemática, um estudo (Vaughn et al., 2017) relatou efeitos positivos para um formulário de resolução estruturada de problemas em estudos sociais.

Princípios norteadores para a resolução estruturada de problemas

Os seguintes princípios norteadores para a resolução estruturada de problemas derivam desses estudos.

Ancorar a aprendizagem em problemas da vida real aumenta a motivação dos alunos e aprimora as habilidades de resolução de problemas.

Todos nós estamos familiarizados com problemas que ninguém precisa resolver no mundo real, como o clichê "Um trem sai de St. Louis às 8 horas da manhã e outro sai de Chicago às 9 horas da manhã. Quando eles se encontram?" (*Resposta*: Quem se importa?). A resolução estruturada de problemas não se limita a engajar os alunos na resolução de problemas sem significado. Em vez disso, ela desafia os alunos a resolver problemas interessantes que estão ancorados em desafios do mundo real e em atividades práticas de aprendizagem relevantes para eles. Bottge *et al.* (2002, 2014, 2015) apresentaram efeitos positivos para o "ensino ancorado aprimorado", despertando o interesse dos alunos com vídeos de alunos tentando resolver problemas complexos do mundo real (p. ex., calcular os custos e o imposto sobre vendas da madeira e dos materiais necessários para construir uma rampa de *skate*, projetar rampas com a altura e a inclinação corretas para fazer com que os carros-modelo realizem *loops* e outros truques). As próprias atividades de resolução de problemas culminaram em aprendizado prático – os alunos construíram rampas para testar seus cálculos. Em comparação com o engajamento dos alunos no ensino tradicional em sala de aula, a oferta de ensino ancorado aprimorado trouxe benefícios significativos para alunos com baixo desempenho (índice de progresso = de 26 a 38).

Os alunos precisam de ensino direto nos esquemas de resolução de problemas.

Vários estudos apontam para o poder de fornecer aos alunos ensino direto para que aprendam a identificar o tipo de problema que estão resolvendo, recuperem o conceito aprendido anteriormente para resolver problemas e reflitam sobre as estratégias enquanto as utilizam. Por exemplo, Fuchs *et al.* (2004) examinaram os efeitos do ensino de transferência baseado em esquemas (SBTI, do inglês *schema-based transfer instruction*) para mais de 300 alunos do 3º ano envolvidos na resolução de problemas complexos de matemática do mundo real. Os alunos em um primeiro grupo receberam ensino explícito para identificar que tipo de problemas estavam resolvendo e quais estratégias seriam necessárias para resolvê-los. Os alunos em um segundo grupo receberam uma versão ampliada do SBTI que os expôs a problemas ainda mais complexos do mundo real, com detalhes mais superficiais nas histórias dos problemas que ajudam os alunos a desenvolver a capacidade de reconhecer os esquemas subjacentes aos problemas. Após 16 semanas, os alunos do grupo SBTI expandido superaram significativamente o desempenho do grupo SBTI (índice de progresso = 36), que, por sua vez, superou o desempenho de um grupo de controle que recebeu instruções normais (índice de progresso = 30). Os alunos claramente se beneficiam do ensino direto sobre como analisar os detalhes superficiais dos problemas para identificar as semelhanças subjacentes entre os tipos de problemas. Isso, por sua vez, os ajuda a desenvolver e ampliar o esquema mental para a resolução de problemas. Mnemônicos simples podem ajudar os alunos a se lembrarem dos processos de resolução de problemas, como: RUN, que significa *Read the problem, Underline key words, Name the problem type* em inglês, ou "leia o problema, sublinhe as palavras-chave, nomeie o tipo de problema" em português (Fuchs et al., 2021); e FOPS, que significa *Find the problem, Organize information using a diagram, Plan to solve the problem, Solve the problem,* em inglês, ou "encontre o problema, organize a informação com um diagrama, planeje resolver o problema, resolva o problema" em português (Jitendra et al., 2011, 2013).

Os pensamentos em voz alta e as autoexplicações dos alunos podem aprimorar a resolução estruturada de problemas.

Os modelos mentais são uma forma poderosa de conversa interna, servindo como uma voz na cabeça dos alunos que os orienta na resolução de problemas (p. ex., "Que tipo de problema é esse?", "Já resolvi algo parecido antes?" e "Quais estratégias preciso usar?"). Muitos alunos, especialmente aqueles que no início têm dificuldades para resolver problemas complexos, ainda não desenvolveram totalmente essa voz em suas cabeças. Os pensamentos em voz alta e as autoexplicações parecem ser eficazes para ajudá-los a desenvolver essa voz. Jitendra *et al.* (2009), por exemplo, demonstraram os efeitos positivos de incentivar os alunos a usar o pensamento em voz alta ao empregar a estratégia FOPS (p. ex., "Eu li e recontei o problema para entender o que foi perguntado e o que deve ser resolvido?"). Um grupo de controle recebeu instruções regulares, baseadas em livros didáticos, sobre razões e proporções, que incluíam exemplos trabalhados para facilitar a resolução de problemas. Os alunos do grupo de tratamento com pensamentos em voz alta apresentaram um desempenho significativamente melhor tanto nos pós-testes imediatos quanto nos tardios de habilidades de resolução de problemas (índices de progresso = 17 e 21, respectivamente).

O ensino direto de vocabulário aumenta os efeitos da resolução estruturada de problemas.

Considerando que as palavras são os ganchos nos quais penduramos as ideias, não surpreende que estudos encontrem efeitos positivos a partir da incorporação do ensino de vocabulário na resolução estruturada de problemas. Fuchs *et al.* (2021), por exemplo, descobriram que a incorporação do ensino direto de vocabulário acadêmico (p. ex., "mais", "menos que", "custo", "porque") no ensino baseado em esquemas (SBI, do inglês *schema-based instruction*) produziu ganhos significativos para os alunos em comparação com o SBI isolado (índice de progresso = 36) e ganhos ainda maiores em relação ao ensino normal (índice de progresso = 46). Da mesma forma, Vaughn *et al.* (2017) avaliaram os benefícios de ensinar aos alunos do 8º ano (incluindo um grande número de alunos bilíngues em formação) termos essenciais de vocabulário antes de envolvê-los em atividades de resolução de problemas em pequenos grupos (p. ex., responder a perguntas do tipo "Como as regiões coloniais se desenvolveram de forma diferente?" ou "O que poderia ter acontecido para evitar a Guerra de Independência dos Estados Unidos?"). Esses alunos apresentaram maiores ganhos em comparação com um grupo de controle de ensino tradicional em relação aos parâmetros de conhecimento de conteúdo (índice de progresso = 16) e compreensão de leitura (índice de progresso = 8).

Ajudar os alunos a reconhecer as estruturas dos problemas pode eliminar diferenças de aprendizagem.

A resolução estruturada de problemas parece ser particularmente benéfica para alunos com baixos níveis de desempenho anteriores. Uma das principais causas das dificuldades de aprendizagem de matemática – em especial quando os alunos se envolvem na resolução de problemas complexos – é a incapacidade dos alunos de reconhecer os tipos de problemas, filtrar as informações relevantes entre as irrelevantes e utilizar seu conhecimento prévio para resolver problemas. Xin, Jitendra e Deatline-Buchman (2005) compararam os efeitos de duas abordagens de ensino de resolução de problemas – SBI e o ensino da estratégia geral – nas habilidades de resolução de problemas com palavras de alunos dos anos finais do ensino fundamental com dificuldades de aprendizagem ou baixo desempenho anterior em matemática. Todos os alunos aprenderam um processo de quatro etapas para resolver problemas com palavras: (1) ler para entender, (2) desenvolver um plano, (3) resolver e (4) revisar. Entretanto, os alunos do grupo de tratamento também receberam instruções explícitas para identificar tipos de problemas e usar diagramas para representá-los. O grupo de tratamento superou significativamente o grupo de controle nos pós-testes imediatos e tardios, bem como em um teste de transferência (índices de progresso = 45, 49 e 50, respectivamente). Esses resultados sugerem que a resolução estruturada de problemas pode ser particularmente benéfica para alunos com baixo desempenho anterior quando eles recebem tanto ensino direto para reconhecer os tipos de problemas quanto recursos visuais para orientá-los no processo de resolução de problemas.

Tarefas eficazes de resolução estruturada de problemas fazem parte de outras estratégias de ensino comprovadas.
Em conjunto, esses estudos revelam que a resolução estruturada de problemas não é uma única estratégia, e sim a integração de muitas estratégias comprovadas, incluindo as seguintes:

- **Estímulos de interesse cognitivo** — usar vídeos e problemas reais para aumentar o interesse e a motivação dos alunos na resolução de problemas complexos (Bottge *et al.*, 2002, 2014, 2015; Fuchs *et al.*, 2004).
- **Definição de metas pelos alunos** — ajudar os alunos a desenvolver estratégias autorreguladas de aprendizagem para a resolução de problemas complexos, incluindo o uso de definição de metas e conversa interna positiva para permanecerem na tarefa (Fuchs *et al.*, 2008a).
- **Visualizações e exemplos concretos** — oferecer aos alunos várias representações de problemas matemáticos (Bottge *et al.*, 2014, 2015; Fuchs *et al.*, 2008a) e criar representações visuais de problemas antes de resolvê-los (Jitendra *et al.*, 2011, 2013).

- **Ensino e modelagem diretos** — fornecer instrução direta explícita que ajude os alunos a desenvolver esquemas para a resolução de problemas complexos (Bottge *et al.*, 2002, 2015; Fuchs *et al.*, 2004, 2021; Fuchs *et al.*, 2013b; Jitendra *et al.*, 2011, 2013; Xin; Jindra; Deatline-Buchman, 2005).
- **Ensino de vocabulário acadêmico** — construir o conhecimento dos alunos sobre palavras-chave do vocabulário acadêmico e específicas do tema antes que eles se engajem na resolução de problemas complexos (Fuchs *et al.*, 2021; Vaughn *et al.*, 2017).
- **Consolidação da aprendizagem por pares** — engajar pequenos grupos de alunos na resolução de problemas complexos (Bottge *et al.*, 2015; Vaughn *et al.*, 2017).
- **Perguntas de alto nível e autoexplicações dos alunos** — fornecer perguntas de alto nível e encorajar os alunos a pensar em voz alta para monitorar sua resolução de problemas (Jitendra *et al.*, 2009, 2013).

Em resumo, a resolução estruturada de problemas não é uma estratégia autônoma, mas uma abordagem abrangente que integra estratégias de ensino das cinco fases anteriores da aprendizagem (interesse, comprometimento com a aprendizagem, foco na nova aprendizagem, dar sentido à aprendizagem e prática e reflexão). Trata-se de ajudar os alunos a ampliar e aplicar sua aprendizagem *depois* de terem se envolvido totalmente nas cinco primeiras fases.

Dicas de sala de aula para a resolução estruturada de problemas

Em conjunto, esses estudos demonstram o poder de envolver os alunos na resolução de problemas complexos do mundo real e, ao mesmo tempo, fornecem estrutura e orientação para ajudá-los a desenvolver os modelos mentais necessários para reconhecer a estrutura ou os problemas subjacentes e recuperar as estratégias adequadas de resolução de problemas. A seguir, são apresentadas algumas dicas para ajudá-lo a transformar esses princípios em oportunidades de aprendizagem que desenvolvam os modelos mentais e as habilidades de resolução de problemas de seus alunos.

Ancore a aprendizagem em problemas complexos e relacionáveis.

Os problemas desafiadores são um poderoso estimulador de curiosidade e de motivação intrínseca (Loewenstein, 1994); as pessoas se sujeitam alegremente à frustração de palavras cruzadas diárias, quebra-cabeças e salas de fuga (conhecidas como *escape room*, em inglês). Os alunos não são diferentes. Poucos saem da cama pela manhã preocupados em saber quando um trem de St. Louis chegará a Chicago, mas se eles puderem encontrar atividades de ampliação e aplicação que considerem problemas desafiadores relacionados a seus próprios interesses e à sua vida, é mais provável que se envolvam e se sintam motivados a aprender. A chave aqui é encontrar uma âncora forte e culturalmente relevante para o aprendizado – um cenário realista (muitas vezes enquadrado como uma história ou aventura com os personagens principais enfrentando um problema) com vários subproblemas que exigem que os alunos analisem os dados para desenvolver uma solução plausível para os personagens da história (Bottge, 2001). A Figura 6.6 lista algumas áreas temáticas possíveis e maneiras de ancorar os problemas nos interesses dos alunos.

TÓPICO	EXEMPLOS
Problemas de construção e edificação	Cálculo de materiais e custos para a construção de rampas de *skate*, cenários para peças escolares, projetos de quintal, projetos de robótica.
Desafios ambientais	Cálculo da economia de energia e de custos com conservação, redução de resíduos ou reciclagem; medição da emissão de carbono de várias formas de transporte escolar.
Problemas financeiros	Cálculo do lucro líquido total de várias profissões; criação de um orçamento e cálculo de economias acumuladas; determinação do melhor valor de planos de telefonia celular.
Desafios em saúde	Calcular a queima de calorias durante vários tipos de exercício; correlacionar bem-estar mental e hábitos de uso de mídia social ou de sono.
Desafios em esportes	Calcular a velocidade e a curva de um arremesso de basquete de 3 pontos, a distância ideal de um chute para aumentar o tempo de reação do goleiro, se é melhor rebater a bola forte ou fraco no tênis para se posicionar em quadra.

FIGURA 6.6 Exemplos de problemas estruturados ancorados em desafios relevantes.

Forneça a seus alunos um processo – e um auxílio à memória – para lidar com problemas complexos.

Sem os reforços adequados, a aprendizagem baseada em problemas pode deixar os alunos confusos ou com modelos mentais subdesenvolvidos e com pouca capacidade de resolver problemas semelhantes, porém novos. Certifique-se de ensinar a seus alunos um processo para lidar com problemas complexos, como o seguinte:

1. **Entenda o problema** – O que é importante? O que é estranho? Que tipo de problema é esse?
2. **Planeje uma linha de ação** – Qual(is) estratégia(s) devo usar? Como as listaria ou desenharia?
3. **Resolva o problema** – Que etapas são necessárias? Eu as estou executando corretamente?
4. **Revise a solução** – Ela faz sentido? Se não, o que devo fazer de diferente? Em caso afirmativo, o que é importante lembrar na próxima vez que eu encontrar um problema?

Além de ensinar aos alunos o processo de resolução de problemas, você pode fornecer um mnemônico ou um acrônimo simples para lembrá-lo, como RUN (Fuchs *et al.*, 2021), FOPS (Jitendra *et al.*, 2013) ou um que você invente sozinho ou com seus alunos.

Ajude os alunos a reconhecer e classificar os tipos de problemas.

Um elemento fundamental para a construção do esquema é ajudar os alunos a reconhecer os tipos de problemas e acessar estratégias para resolvê-los, além de ensinar ambas as práticas diretamente aos alunos. A Figura 6.7 oferece uma lista inicial de categorias de problemas, suas definições e estratégias para resolvê-los.

Ajude os alunos a usar organizadores gráficos e desenhos para visualizar os problemas.

Além de auxiliares de memória, os organizadores gráficos ajudam os alunos a visualizar os problemas, ordenar as principais informações e tornar os conceitos abstratos mais concretos – reduzindo, assim, a demanda cognitiva da resolução de problemas (Jitendra *et al.*, 2011, 2013). O exemplo da

TIPO DE PROBLEMA	DEFINIÇÃO	ESTRATÉGIAS DE RESOLUÇÃO COMUM
Problemas de agrupamento	Os problemas de agrupamento usam a adição ou a multiplicação para combinar duas partes ou grupos menores em um maior. Como alternativa, eles podem começar com o valor total e usar subtração ou divisão para calcular os subgrupos.	Adicione números para calcular a soma das partes (p. ex., nos 6º, 7º e 8º anos, nossa escola tem 607 alunos). Subtraia um número menor de um maior para determinar o tamanho de um grupo ou de uma parte dele (p. ex., adicionamos 204 novos alunos ao 6º ano este ano).
Problemas de mudança	Os problemas de mudança têm início, meio e fim. Uma quantidade muda para outra por meio de alguma forma de ação direta (p. ex., uma conta poupança acumula juros).	Adicione, multiplique ou subtraia o valor da mudança da quantidade inicial para obter a quantidade final (p. ex., agora você tem R$ 107 em economias). Subtraia a quantidade final da quantidade inicial para determinar a mudança (p. ex., sua poupança cresceu 3% neste mês).
Problemas de comparação	Os problemas de comparação se concentram em diferenças estáticas entre conjuntos não relacionados (p. ex., Ty é 10 cm mais alto que Tyra, que é 7,5 cm mais alta que Tyrell).	Adicione ou subtraia quantidades comparativas de um conjunto para calcular as propriedades de outro conjunto (p. ex., Ty tem 1,80 m, Tyra tem 1,70 m, Tyrell tem 1,63 m). Divida a quantidade do conjunto maior pela quantidade do conjunto menor para calcular as diferenças percentuais (p. ex., Tyra tem 94% da altura de Ty).

FIGURA 6.7 Tipos de problemas e estratégias de resolução.

Figura 6.8 ilustra como os organizadores gráficos podem auxiliar a resolução estruturada de problemas.

Ensine aos alunos as habilidades metacognitivas e a conversa interna positiva necessárias para resolver problemas complexos.

Um dos principais objetivos da resolução estruturada de problemas é desafiar os alunos cognitivamente – envolvê-los em um "esforço produtivo" que amplie seu pensamento e, ao mesmo tempo, desenvolva a persistência necessária para lidar com problemas complexos. Muitas intervenções

O professor Smith precisa que a equipe do grupo de teatro da escola construa um cenário de madeira compensada com 2,4 m de altura e 19,5 m de largura. Atualmente, há sete painéis de compensado de 2,4 m × 1,2 m na sala do depósito. Quantos painéis adicionais são necessários para construir o cenário? E quanto custará para comprar esses painéis se cada painel custar R$19,45?

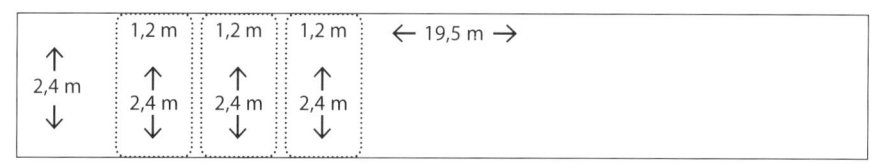

1. A primeira etapa é um problema de **agrupamento**: devemos calcular quantas placas são necessárias no total. Se cada painel tem 1,2 m de largura, quantos serão necessários para cobrir 19,5 m? *Sentença numérica: 19,5 m ÷ 1,2 m = x.* Pode ser útil desenhar uma figura como esta:

7 painéis no depósito **+** ? novos painéis **=** 16 painéis necessários

2. OK, então sabemos que precisamos de 16 painéis para cobrir o espaço. Agora precisamos calcular quantas placas adicionais são necessárias, o que é um problema de **mudança**. Começamos com uma quantidade e, por meio da ação, terminamos com outra, conforme veremos a seguir.

3. Como vários problemas de **mudança,** podemos subtrair um número menor de um maior para chegar a uma resposta. *Sentença numérica: 16 – 7 = x.*

4. Agora devemos calcular o custo de 9 painéis adicionais, sabendo que cada um deles custa R$19,45. Podemos representar isso desta maneira:

R$19,45 R$19,45 R$19,45 R$19,45 R$19,45 R$19,45 R$19,45 R$19,45 R$19,45

5. Podemos somar esses números, mas existe um modo mais fácil? *Sentença numérica: 9 × R$19,45 = x.*

Agora sabemos a resposta correta: R$175,05. Parece que o grupo de teatro precisará vender vários ingressos para cobrir esses custos!

FIGURA 6.8 Um exemplo de uso de organizador gráfico na resolução estruturada de problemas.

eficazes têm promovido a autonomia do aluno e a conversa interna positiva (Fuchs *et al.*, 2008a; Jitendra *et al.*, 2009; Xin; Jitendra; Deatline-Buchman, 2005) ao fornecer instruções diretas sobre autonomia e habilidades de raciocínio, definindo e acompanhando o progresso em direção às metas, ouvindo atentamente, seguindo instruções e voltando à tarefa em questão. A seguir, são apresentadas algumas frases-chave e perguntas que os alunos podem usar para ajudarem a si mesmos a persistir na resolução estruturada de problemas:

- Eu entendi as orientações? O que ainda está confuso ou pouco claro?
- Posso visualizar o que está acontecendo nesse problema?
- Qual é a minha meta? Estou me aproximando dela?
- Estou me distraindo? O que posso fazer para voltar a me concentrar na tarefa?
- Desistir jamais! A luta torna meu cérebro mais forte.

REFLEXÕES FINAIS: OS COMPONENTES QUE FALTAM EM MUITAS SALAS DE AULA

As três estratégias destacadas neste capítulo podem ser as mais importantes deste livro devido à sua capacidade comprovada de ajudar os alunos a converter novas informações em aprendizagem profunda. No entanto, em muitas salas de aula, elas estão visivelmente ausentes, com a aprendizagem sendo interrompida abruptamente por avaliações somativas. E se essa fase final da aprendizagem for cortada, os alunos provavelmente esquecerão a maior parte do que "dominaram". Além disso, eles podem ver todo o processo de escolarização como um exercício superficial de fazer testes de conteúdo e habilidades que estão irremediavelmente divorciados da vida real, do que faz sentido e do que lhes interessa. Resumindo, a escolaridade parecerá algo muito chato de ser vivido.

Não era isso que você tinha em mente quando escolheu a profissão de professor. Você se tornou um educador para estimular nos alunos o desejo de se tornarem aprendizes e adquirirem conhecimentos e habilidades que eles podem e vão usar por toda a vida. A boa notícia é que, com as 14 estratégias destacadas neste livro, você pode fazer exatamente isso.

7

Juntando tudo

Quando nos propusemos a criar outra edição de um texto tão influente quanto *Novas formas de ensinar em sala de aula*, tememos que fosse uma tarefa tola, semelhante à tentativa de fazer uma sequência de clássicos do cinema como *Cidadão Kane* ou *Casablanca*. Alguns leitores, imaginamos, ficariam desapontados se não nos aproximássemos do original. Outros, tememos, ficariam desanimados se a nova edição não apresentasse percepções ou orientações significativamente novas.

Nesta edição, esperamos ter atingido um meio-termo, seguindo o espírito das edições anteriores – usando a melhor pesquisa disponível para fazer avançar a ciência do ensino – e, ao mesmo tempo, trazendo um novo olhar sobre a própria pesquisa. Esse esforço incluiu o foco em uma nova geração de estudos empíricos vistos pelas lentes da ciência da aprendizagem e o reconhecimento da diversidade de alunos em nossas escolas. O resultado, acreditamos, é algo que os educadores considerarão *tanto* novo *quanto* baseado nas edições anteriores.

FAZENDO A PONTE ENTRE *NOVAS FORMAS DE ENSINAR EM SALA DE AULA* E SUAS EDIÇÕES ANTERIORES

Dada a popularidade das edições anteriores e o fato de que milhares de professores em todo o mundo usaram as informações dos livros antecedentes como um modelo de ensino, prevemos que alguns leitores podem se perguntar como as 14 estratégias deste livro se relacionam com as nove categorias de ensino da primeira e segunda edições. A Figura 7.1 apresenta um "cruzamento" que ilustra como as novas estratégias têm como base e expandem as categorias anteriores.

CATEGORIA DAS EDIÇÕES ANTERIORES DESTE LIVRO	PESQUISAS ATUAIS	ESTRATÉGIAS ADOTADAS NESTA EDIÇÃO
Estabelecendo objetivos e fornecendo *feedback*	A maioria dos estudos incluídos nas edições anteriores não atende aos novos critérios de pesquisa experimental. Os estudos relacionados na nova base de pesquisa defendem a definição das metas pelos alunos, bem como a aplicação inicial orientada com *feedback* formativo.	• Definição e monitoramento das metas pelos alunos • Aplicação inicial orientada com *feedback* formativo
Reforçando o esforço e oferecendo reconhecimento	Os estudos das edições anteriores não atendem aos novos critérios de pesquisa experimental. Alguns estudos que defendem a definição de metas pelos alunos refletem o reforço do esforço.	• Definição e monitoramento das metas pelos alunos
Aprendizagem cooperativa	A maioria dos estudos incluídos nas edições anteriores não atende aos novos critérios de pesquisa experimental. Os estudos na nova base de pesquisa defendem a consolidação da aprendizagem por pares (em vez de usar grupos para introduzir um novo conceito).	• Consolidação da aprendizagem com o auxílio dos pares
Estímulos, questões e organizadores avançados	A maioria dos estudos incluídos nas edições anteriores não atende aos critérios de pesquisa experimental. Os estudos na nova base de pesquisa defendem os estímulos de interesse cognitivo, bem como as perguntas de alto nível e as explicações dos alunos.	• Estímulos de interesse cognitivo • Perguntas de alto nível e explicações dos alunos
Representações não linguísticas	Os estudos das edições anteriores não atendem aos novos critérios de pesquisa experimental. Os estudos da nova base de pesquisa defendem visualizações e exemplos concretos.	• Visualizações e exemplos concretos

FIGURA 7.1 Cruzamento entre as novas estratégias e as categorias originais de ensino.

CATEGORIA DAS EDIÇÕES ANTERIORES DESTE LIVRO	PESQUISAS ATUAIS	ESTRATÉGIAS ADOTADAS NESTA EDIÇÃO
Resumindo e tomando notas	A maioria dos estudos incluídos nas edições anteriores não atende aos novos critérios de pesquisa experimental. Os estudos anteriores mantidos na nova base de pesquisa defendem o ensino e a modelagem de estratégias (ou seja, o ensino direto para resumir textos) e a escrita cognitiva (ou seja, o uso da escrita para sintetizar o aprendizado).	• Ensino e modelagem de estratégias • Escrita cognitiva
Passando dever de casa e práticas	Os estudos que advogam o dever de casa não atendem aos novos critérios de pesquisa experimental. A maioria dos estudos que defendem a prática não atendeu aos critérios; os que foram mantidos na nova base de pesquisa falam a favor da prática de recuperação, bem como da prática intercalada e espaçada.	• Prática de recuperação (questionário para lembrar) • Prática independente, mista e espaçada
Identificando semelhanças e diferenças	Os estudos das edições anteriores não atendem aos novos critérios de pesquisa experimental. Os que foram incluídos na nova base de pesquisa defendem os estímulos de interesse cognitivo (usando metáforas para vincular a nova aprendizagem e a anterior) e o ensino baseado em esquemas (ajudando os alunos a comparar novos problemas com problemas anteriores).	• Estímulos de interesse cognitivo • Resolução estruturada de problemas
Gerando e testando hipóteses	Os estudos incluídos nas edições anteriores não atendem aos novos critérios de pesquisa experimental. Os estudos na nova base de pesquisa defendem a escrita cognitiva, as investigações orientadas e a resolução estruturada de problemas.	• Escrita cognitiva • Investigações orientadas • Resolução estruturada de problemas

FIGURA 7.1 Cruzamento entre as novas estratégias e as categorias originais de ensino (*Continuação*).

Três novas estratégias de ensino eficazes que não foram identificadas nas edições anteriores deste livro surgiram nos novos estudos empíricos:

- Ensino de vocabulário

- Ensino e modelagem de estratégias
- Suportes direcionados (prática de reforço)

Como observado anteriormente, essas três estratégias demonstraram ter efeitos poderosos sobre a aprendizagem dos alunos e, portanto, representam importantes acréscimos ao repertório dos professores.

A cada novo estudo empírico, a ciência do ensino continua a evoluir, oferecendo percepções novas e mais precisas. De fato, prevemos que, à medida que a ciência do ensino e da aprendizagem continue evoluindo, em uma ou duas décadas poderemos vir a encarar essas novas estratégias sob uma luz diferente e ser capazes de oferecer aos professores uma orientação ainda mais precisa. Contudo, o que podemos dizer definitivamente é que a melhor pesquisa atual disponível identificou as 14 estratégias que destacamos neste livro como tendo efeitos poderosos sobre a aprendizagem dos alunos. Portanto, os alunos são bem atendidos quando os professores as aplicam em suas salas de aula.

Partindo daqui para lá

Como qualquer pessoa que esteja aprendendo novas técnicas, ninguém está apto a dominar todas as 14 estratégias da noite para o dia. Dominar até mesmo uma única estratégia leva tempo, incluindo vários ciclos de prática, reflexão e revisão. Da primeira vez que você tentar aplicar uma dessas estratégias em sua sala de aula, ela pode parecer estranha ou não funcionar. É de se esperar que isso aconteça. Tendo isso em mente, a seguir, oferecemos algumas diretrizes para ajudar você e seus colegas a colocar essas estratégias em prática em suas salas de aula e escolas.

Foque na estratégia que oferece a melhor oportunidade de crescimento para você.

Reconhecemos que há muito o que aprender neste livro. Não esperamos que nenhum professor ou escola tente aplicar todas as estratégias de uma só vez (ou que tenha sucesso ao fazê-lo). Em vez disso, sugerimos que você primeiro identifique seus pontos fortes – as estratégias que você já domina e pode aplicar de forma consistente em sua sala de aula. Identifique seus pontos fortes atuais e, ao mesmo tempo, reconheça que é melhor gastar suas energias direcionando seu aprendizado profissional para o problema mais urgente de sua prática.

Você pode considerar, por exemplo, quais das seis fases da aprendizagem representam seu maior desafio em sala de aula. Como observamos em *Learning that sticks* (Goodwin; Gibson; Rouleau, 2020), o modelo de seis fases da aprendizagem pode servir como uma ferramenta de diagnóstico útil para identificar onde o processo de aprendizagem pode estar sendo interrompido ou atrasado em sua sala de aula. Por exemplo, você tem mais dificuldade para engajar os alunos em sua aprendizagem? Nesse caso, você pode começar com estímulos de interesse cognitivo. Muitos alunos precisam de suporte direcionado Nível 2? Você pode decidir se concentrar em melhorar o ensino Nível 1, oferecendo ensino e modelagem de estratégias mais consistentes e eficazes. A questão aqui é que seu foco deve ser *você mesmo* – onde as melhorias tangíveis no ensino têm maior probabilidade de produzir os maiores ganhos na aprendizagem dos alunos.

Não faça isso sozinho.

Uma prática infeliz que vemos persistir em muitas escolas é a dos professores que continuam a se dedicar à "prática particular" – ensinando isoladamente, por trás das portas fechadas da sala de aula, pouco interagindo com os colegas. Como resultado, muitos educadores têm poucas oportunidades de aprender uns com os outros ou de trabalhar juntos para incorporar melhores práticas em sala de aula. No entanto, pesquisas demonstraram (Joyce; Showers, 2002) que pouquíssimo aprendizado profissional se transforma em prática em sala de aula sem a orientação entre colegas. Os professores precisam observar e orientar uns aos outros – não apontando o dedo e culpabilizando o outro, mas funcionando como um sistema de apoio para melhorar e aperfeiçoar a prática profissional de todos. Se você está lendo este livro de forma independente, nós o parabenizamos por sua curiosidade profissional. Contudo, recomendamos que o compartilhe com um colega próximo para que possam trabalhar juntos na aplicação dessas práticas em sala de aula.

Continue assim.

Qualquer mudança de comportamento – seja evitar batatas fritas em favor de saladas ou aderir a uma rotina de exercícios – leva tempo. A adoção de novas práticas de ensino não é diferente. Cada nova estratégia leva um tempo significativo para ser incorporada às práticas da sala de aula. Além disso, mesmo depois de incorporar uma nova prática ao seu repertório de ensino, é fácil voltar aos velhos hábitos, como Mary Budd Rowe (1986) descobriu anos atrás ao ajudar os professores a incorporar o tempo de espera em sua prática de ensino. Embora a maioria dos professores pudesse entender e incorporar rapidamente um tempo de espera maior em suas aulas, passadas apenas algumas semanas, muitos voltaram aos velhos hábitos. Para que você adote as melhores práticas, é preciso mantê-las por semanas, meses e até anos. E é muito mais fácil manter as melhores práticas quando você (1) mantém o foco e (2) trabalha com outras pessoas para implantá-las.

Adote e adapte.

Apesar de nossos melhores esforços para ilustrar essas práticas nas diferentes áreas temáticas, séries escolares e grupos de alunos, você precisará contextualizá-las e adaptá-las aos seus próprios alunos. O mais importante aqui não é a fidelidade a um programa específico, mas, sim, a fidelidade aos *princípios norteadores* – ou seja, o objetivo subjacente mais profundo de uma estratégia ou o *motivo pelo qual* ela favorece a aprendizagem dos alunos. É por isso que oferecemos não apenas dicas e técnicas para aplicar cada estratégia, mas também princípios norteadores que você e seus colegas podem usar como testes para fazer com que cada estratégia funcione em sua sala de aula e para seus alunos.

Usando as estratégias para o planejamento e a oferta de ensino

É claro que essas estratégias têm maior probabilidade de se manterem quando você as incorpora ao projeto e à execução de cada aula e cada unidade de estudo. Fazer isso também o ajudará a integrar essas estratégias em um poderoso "pacote" de técnicas de ensino comprovadas e oportunidades de aprendizagem eficazes para os alunos – como muitas das intervenções estudadas na base de pesquisa empírica deste livro. Poucas, ou nenhuma, são estratégias autônomas. Em vez disso, elas foram incorporadas em um conjunto maior de estratégias que, juntas, tiveram efeitos poderosos sobre a aprendizagem dos alunos.

Ao longo deste livro, observamos que algumas dessas estratégias foram desenvolvidas para favorecer o *conhecimento declarativo* (aprendizagem baseada em conteúdo) e outras para promover o *conhecimento procedimental* (aprendizagem baseada em habilidades). E algumas estratégias favorecem tanto um quanto o outro. A Figura 7.2 mostra como combinar essas

Novas formas de ensinar em sala de aula **171**

VIA DO CONHECIMENTO DECLARATIVO   **VIA DO CONHECIMENTO PROCEDIMENTAL**

Estímulos de interesse cognitivo

Definição e monitoramento das metas pelos alunos

Visualizações e exemplos concretos

Ensino de vocabulário | Ensino e modelagem de estratégias

Consolidação da aprendizagem com o auxílio dos pares

Perguntas de alto nível e explicações dos alunos

Prática de recuperação | Aplicação inicial orientada com *feedback* formativo

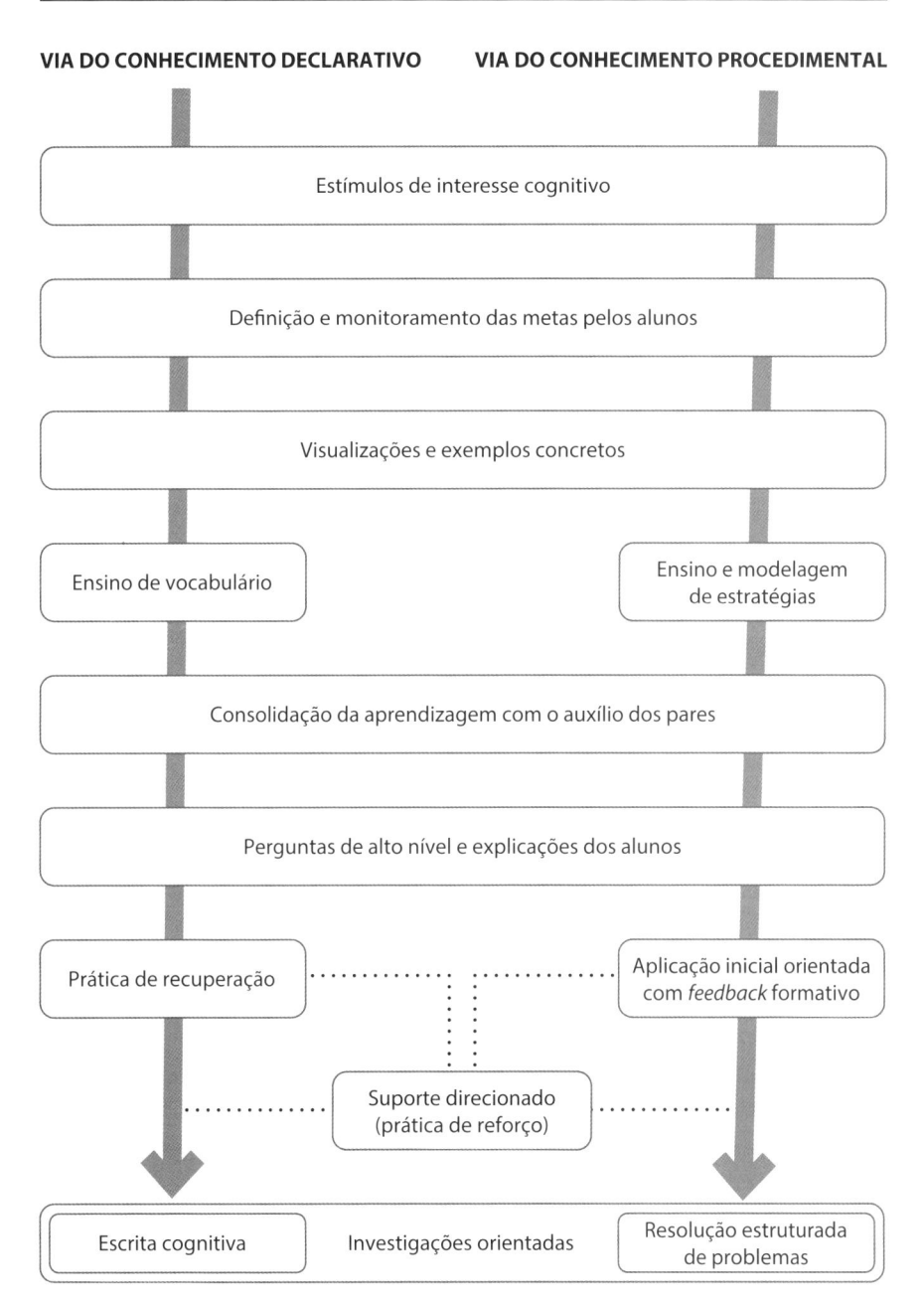

Suporte direcionado (prática de reforço)

Escrita cognitiva | Investigações orientadas | Resolução estruturada de problemas

FIGURA 7.2 Vias de ensino do conhecimento declarativo e do conhecimento procedimental.

estratégias em caminhos de ensino e aprendizagem que promovem tanto o conhecimento declarativo quanto o procedimental.

Como você pode ver, algumas estratégias (p. ex., estímulos de interesse cognitivo, definição das metas pelos alunos e consolidação da aprendizagem com o auxílio dos pares) favorecem ambos os tipos de aprendizagem, enquanto outras são mais adequadas para o conhecimento declarativo (p. ex., ensino de vocabulário, escrita cognitiva) ou para o conhecimento procedimental (p. ex., ensino e modelagem de estratégias, aplicação inicial orientada com *feedback* formativo). A principal conclusão aqui é que você não precisa usar cada estratégia em cada aula ou mesmo em cada unidade. Em vez disso, você deve aplicar as estratégias mais adequadas ao conceito em questão e que melhor atendam às necessidades de aprendizagem de seus alunos.

REFLEXÕES FINAIS: O PODER DO GRANDE ENSINO PARA ALUNOS DIVERSOS

Neste livro, identificamos 14 estratégias de ensino com tamanhos de efeito que comprovadamente equivalem a aumentar o desempenho de alunos médios de 10 a quase 50 pontos de percentil. É importante observar que, dependendo do nível da série escolar, esses tamanhos de efeito significam vários meses, se não um ano inteiro ou mais de aprendizado – ver, por exemplo, Lipsey *et al.* (2012), para obter orientação sobre como converter os tamanhos de efeito em equivalentes de série escolar. Esses efeitos poderosos deveriam ser difíceis de ignorar, especialmente quando a maioria dos mais de 100 estudos em nossa amostra (ver Apêndice) foi realizada em salas de aula com diversidade de alunos, alunos em situação de pobreza, alunos com baixo desempenho anterior e alunos bilíngues em formação. Em vários estudos, foi demonstrado que essas práticas reduziram, se não eliminaram, as diferenças de desempenho e, portanto, garantiram resultados mais equitativos para todos os alunos.

Coletivamente, essas descobertas devem servir de inspiração; elas oferecem a certeza de que o que você faz em sala de aula pode fazer a diferença nas trajetórias de aprendizagem dos alunos. De fato, talvez a maior lição deste livro seja a de que você não precisa de uma tecnologia revolucionária, de planos de melhoria escolar hipercomplicados ou da reforma mais inovadora para promover resultados mais equitativos para os alunos. Em vez disso, você favorece o sucesso de todos os alunos ao incorporar práticas de ensino comprovadas em cada aula e cada unidade de estudo.

Por fim, esperamos que este livro demonstre inequivocamente que o ensino é uma profissão – uma profissão que se baseia em tanta ciência, pesquisa e especialização quanto a medicina, a engenharia, o direito ou qualquer outra carreira profissional. Talvez o mais importante seja que, ao levar práticas baseadas em evidências para a sala de aula, você possa atingir o objetivo que o levou a buscar essa nobre profissão: mudar a vida dos alunos, garantindo que eles tenham oportunidades de prosperar na escola e na vida.

Apêndice

Pesquisas que fundamentam
*Novas formas de ensinar
em sala de aula*

Resumos desses estudos estão disponíveis *on-line* na página do livro em **loja.grupoa.com.br**.

Estudo	Tratamento	N	IP	Série escolar					Área temática			População de alunos			
				EFI	EFII	EM	ES	LI	MAT	CIE	ESO	>40% PPI	ALI	DA	>40% RGPR
Anand; Ross, 1987	Problemas de matemática personalizados vs. contextualizados vs. abstratos	48	44	x					x			x			
August et al., 2009	Estímulos de interesse cognitivo + ensino de vocabulário + ensino de estratégias + visualizações + investigações orientadas	890	11		x					x		x	x		x
Bottge et al., 2002	Estímulos de interesse cognitivo + visualizações + resolução estruturada de problemas vs. problemas tradicionais com palavras	42	26		x				x					x	
Bottge et al., 2014	Estímulos de interesse cognitivo + ensino de estratégias + resolução estruturada de problemas vs. ensino tradicional	335	26		x				x					x	
Bottge et al., 2015	Estímulos de interesse cognitivo + ensino de estratégias + resolução estruturada de problemas vs. ensino de estratégias	417	25		x				x					x	
Cordova; Lepper, 1996	Estímulos de interesse cognitivo (fantasia + personalização + escolha) para a aprendizagem de matemática	70	49	x					x						
Connor et al., 2017	Estímulos de interesse cognitivo + investigações orientadas + escrita cognitiva	418	49	x						x	x				x

(Continua)

FIGURA A.1 Fundamentação da Estratégia 1: estudos empíricos sobre estímulos de interesse cognitivo.
Legenda: N = número de estudos; IP = índice de progresso; EFI = anos iniciais do ensino fundamental; EFII = anos finais do ensino fundamental; EM = ensino médio; ES = ensino superior; LI = língua inglesa; MAT = matemática; CIE = ciências; ESO = estudos sociais; PPI = pretos, partos e indígenas; ALI = aprendizes de língua inglesa; DA = alunos com dificuldades de aprendizagem; RGPR = alunos que recebem refeição gratuita e a preço reduzido.

Estudo	Tratamento	N	IP	Série escolar				Área temática				População de alunos			
				EFI	EFII	EM	ES	LI	MAT	CIE	ESO	>40% PPI	ALI	DA	>40% RGPR
Guthrie et al., 2004	Estímulos de interesse cognitivo + definição de metas pelos alunos + ensino de estratégias + consolidação auxiliada por pares + ensino orientado vs. apenas ensino de estratégias	361	26	x											
Guthrie et al., 2006	Aulas de ciência estimulantes (estímulos de interesse cognitivo + perguntas de alto nível + investigações orientadas) vs. aula de ciências tradicional	98	26	x						x					x
Hulleman et al., 2010	Estímulos de interesse cognitivo por meio da escrita reflexiva	318	10				x			x					
Kim et al., 2017	Estímulos de interesse cognitivo + ensino de estratégias + consolidação auxiliada por pares	402	8		x			x			x	x			x
Lynch et al., 2007	Estímulos de interesse cognitivo + questionário orientado vs. ensino tradicional	2.282	10		x					x		x		x	
Stevens, 2003	Estímulos de interesse cognitivo + ensino de estratégias + consolidação auxiliada por pares + escrita cognitiva	3.916	10		x			x				x		x	
Vaughn et al., 2017	Estímulos de interesse cognitivo + ensino de vocabulário + prática de recuperação + consolidação auxiliada por pares + resolução estruturada de problemas	1.629	16		x						x	x	x		x

FIGURA A.1 Fundamentação da Estratégia 1: estudos empíricos sobre estímulos de interesse cognitivo. *(Continuação)*

Estudo	Tratamento	N	IP	Série escolar					Área temática				População de alunos			
				EFI	EFII	EM	ES	LI	MAT	CIE	ESO	>40% PPI	ALI	DA	>40% RGPR
Blackwell; Trzesniewski; Dweck, 2007	Ensino de mentalidade de crescimento + definição de metas pelos alunos	99	28		x							x			
Fuchs et al., 1997	Definição de metas pelos alunos (objetivos específicos da tarefa)	160	16	x					x			x		x	
Fuchs et al., 2003	Definição de metas pelos alunos + automonitoramento	395	23	x					x			x			x
Glaser; Brunstein, 2007	Definição de metas pelos alunos + automonitoramento	113	26	x				x							
Graham; MacArthur; Schwartz, 1995	Definição de metas gerais vs. específicas pelos alunos para a escrita de histórias	67	29	x				x						x	
Guthrie et al., 2004	Estímulos de interesse cognitivo + definição de metas pelos alunos + ensino de estratégias + consolidação auxiliada por pares + primeiro ensino orientado vs. apenas ensino de estratégias	361	26	x				x		x					
Limpo; Alves, 2014	Definição de metas pelos alunos + automonitoramento + ensino de estratégias	213	26	x				x							

(Continua)

FIGURA A.2 Fundamentação da Estratégia 2: estudos empíricos sobre definição e monitoramento das metas pelos alunos.

Legenda: IP = índice de progresso; EFI = anos iniciais do ensino fundamental; EFII = anos finais do ensino fundamental; EM = ensino médio; ES = ensino superior; LI = língua inglesa; MAT = matemática; CIE = ciências; ESO = estudos sociais; PPI = pretos, pardos e indígenas; ALI = aprendizes de língua inglesa; DA = alunos com dificuldades de aprendizagem; RGPR = alunos que recebem refeição gratuita e a preço reduzido.

Estudo	Tratamento	N	IP	Série escolar							Área temática				População de alunos			
				EFI	EFII	EM	ES	LI	MAT	CIE	ESO	>40% PPI	ALI	DA	>40% RGPR
Morisano et al., 2010	Visualização do sucesso + objetivos pessoais	84	26				x	x	x	x	x				
Olson et al., 2012	Ensino direto de habilidades de raciocínio (incluindo definir metas e fazer perguntas) para escrever	1.671	25		x	x		x				x	x		x
Olson et al., 2017	Ensino direto de habilidades de raciocínio (incluindo definir metas e fazer perguntas) para escrever	1.817	23		x	x		x				x	x		x
Page-Voth; Graham, 1999	Definição de metas individuais para melhorar a escrita persuasiva	30	46		x			x						x	
Sawyer; Graham; Harris, 1992	Ensino de estratégias + definição de metas e automonitoramento vs. apenas ensino de estratégias	43	30	x				x				x		x	
Schunk; Swartz, 1991	Metas de processos vs. metas de produtos	60	40	x				x							
Schunk; Swartz, 1993	Metas de processos + feedback vs. apenas metas de processos	40	39	x				x				x			
Troia; Graham, 2002	Definição de metas pelos alunos + ensino e modelagem de estratégias	24	47	x				x						x	

FIGURA A.2 Fundamentação da Estratégia 2: estudos empíricos sobre definição e monitoramento das metas pelos alunos. *(Continuação)*

Estudo	Tratamento	N	IP	Série escolar				Área temática				População de alunos			
				EFI	EFII	EM	ES	LI	MAT	CIE	ESO	>40% PPI	ALI	DA	>40% RGPR
August et al., 2009	Vocabulário + estímulos de interesse cognitivo + representações visuais + descoberta orientada	890	11		x					x		x	x		x
Brown; Ryoo; Rodriguez, 2010	Usando a linguagem do dia a dia como reforço para o ensino de vocabulário	49	32	x						x		x	x		x
Carlo et al., 2004	Ensino de estratégias relacionadas a habilidades com palavras + ensino direto de vocabulário + consolidação auxiliada por pares	254	13	x				x				x	x		x
Fuchs et al., 2013b	Ensino de vocabulário + ensino de estratégias + visualizações de problemas de matemática + prática de recuperação + suportes direcionados	259	24	x					x			x		x	
Fuchs et al., 2021	Ensino de vocabulário + resolução estruturada de problemas (ensino baseado em esquemas)	391	46	x					x			x	x	x	x
Justice; Meier; Walpole, 2005	Ensino de vocabulário (elaboração de novas palavras durante a leitura do livro de histórias)	57	39	x				x				x	x		x

(Continua)

FIGURA A.3 Fundamentação da Estratégia 3: estudos empíricos sobre ensino de vocabulário.

Legenda: IP = índice de progresso; EFI = anos iniciais do ensino fundamental; EFII = anos finais do ensino fundamental; EM = ensino médio; ES = ensino superior; LI = língua inglesa; MAT = matemática; CIE = ciências; ESO = estudos sociais; PPI = pretos, pardos e indígenas; ALI = aprendizes de língua inglesa; DA = alunos com dificuldades de aprendizagem; RGPR = alunos que recebem refeição gratuita e a preço reduzido.

Estudo	Tratamento	N	IP	Série escolar					Área temática				População de alunos			
				EFI	EFII	EM	ES	LI	MAT	CIE	ESO	> 40% PPI	ALI	DA	> 40% RGPR
Lesaux et al., 2014	Ensino direto de palavras do vocabulário acadêmico	3.551	16		x			x			x	x	x		x
McKeown et al., 2018	Ensino direto de vocabulário acadêmico interdisciplinar	192	35		x			x	x	x	x				x
Tong et al., 2014	Ensino de vocabulário acadêmico + ciência baseada em investigação + ensino de estratégias de leitura e escrita	288	43		x			x		x		x			
Townsend; Collins, 2009	Ensino de vocabulário acadêmico após o horário escolar	37	32		x			x					x		
Vadasy; Sander; Logan Herrera, 2015	Ensino de vocabulário em sala de aula para alunos dos anos finais do ensino fundamental	1.232	11		x			x							
Vaughn et al., 2017	Estímulos de interesse cognitivo + ensino de vocabulário + ensino de estratégias + prática de recuperação + aprendizagem baseada em equipes	1.629	16		x						x		x		
Wasik; Bond, 2001	Ensino de vocabulário + visualizações e objetos concretos	127	39	x				x				x		x	x
Wood et al., 2018	Ensino de vocabulário por meio de e-book para alunos ALI	288	15	x				x				x	x		x

FIGURA A.3 Fundamentação da Estratégia 3: estudos empíricos sobre ensino de vocabulário. (*Continuação*)

Estudo	Tratamento	N	IP	Série escolar				Área temática				População de alunos			
				EFI	EFII	EM	ES	LI	MAT	CIE	ESO	>40% PPI	ALI	DA	>40% RGPR
August et al., 2009	Vocabulário + estímulos de interesse cognitivo + ensino de estratégias + visualizações + investigação orientada	890	11							x		x	x		x
Carlo et al., 2004	Ensino de estratégias relacionadas a habilidades com palavras + ensino de vocabulário + consolidação auxiliada por pares	254	13	x				x				x	x		x
Fuchs et al., 2013b	Ensino de vocabulário + ensino de estratégias + visualizações de problemas de matemática + prática de recuperação + suportes direcionados	259	24	x					x			x		x	
Guthrie et al., 2004	Estímulos de interesse cognitivo + definição de metas pelos alunos + ensino de estratégias + visualizações + perguntas de alto nível + consolidação auxiliada por pares + investigações orientadas vs. ensino tradicional	491	26	x						x		x			
Kim et al., 2011	Ensino de estratégias na escrita + escrita cognitiva	1.393	14		x	x		x				x	x		x
Kim et al., 2017	Estímulo de interesse cognitivo + ensino de estratégias + aprendizagem com o auxílio dos pares	402	8		x			x			x	x			x

(Continua)

FIGURA A.4 Fundamentação da Estratégia 4: estudos empíricos sobre ensino e modelagem de estratégias.
Legenda: IP = índice de progresso; EFI = anos iniciais do ensino fundamental; EFII = anos finais do ensino fundamental; EM = ensino médio; ES = ensino superior; LI = língua inglesa; MAT = matemática; CIE = ciências; ESO = estudos sociais; PPI = pretos, partos e indígenas; ALI = aprendizes de língua inglesa; DA = alunos com dificuldades de aprendizagem; RGPR = alunos que recebem refeição gratuita e a preço reduzido.

Estudo	Tratamento	N	IP	Série escolar				Área temática				População de alunos			
				EFI	EFII	EM	ES	LI	MAT	CIE	ESO	>40% PPI	ALI	DA	>40% RGPR
Limpo; Alves, 2014	Definição de metas + automonitoramento + ensino de estratégias	213	26	x				x							
Nelson; Vadasy; Sanders, 2011	Ensino de estratégias fonéticas + suportes direcionados para alunos ALI	185	35	x				x				x	x		x
Olson et al., 2012	Ensino direto de estratégias cognitivas para a escrita	1.671	25		x	x		x				x	x		x
Olson et al., 2017	Ensino direto de estratégias cognitivas para a escrita	1.817	23		x	x		x				x	x		x
Peng; Fuchs, 2017	Treinamento da memória de trabalho para auxiliar a aplicação inicial orientada	58	24	x					x			x			x
Saddler; Graham, 2005	Ensino direto relacionado a habilidades de escrita + aprendizagem com o auxílio dos pares	44	24	x				x							
Stevens, 2003	Texto de alto interesse + ensino direto de estratégias de leitura e escrita + escrita frequente + aprendizagem com o auxílio dos pares	3.916	10		x			x				x			x
Tournaki, 2003	Ensino de estratégias vs. ensaio e prática vs. ensino tradicional	84	43	x					x					x	

FIGURA A.4 Fundamentação da Estratégia 4: estudos empíricos sobre ensino e modelagem de estratégias. (*Continuação*)

(*Continua*)

Estudo	Tratamento	N	IP	Série escolar					Área temática					População de alunos			
				EFI	EFII	EM	ES	LI	MAT	CIE	ESO	>40% PPI	ALI	DA	>40% RGPR
Troia; Graham, 2002	Ensino direto sobre definição de metas + *brainstorming* + organização	24	47	x				x						x	
Vadasy; Sanders, 2008	Ensino complementar de estratégias em fonética + prática orientada (individualmente e em duplas)	76	24	x				x				x		x	x
Vadasy; Sanders, 2010	Ensino complementar de estratégias em fonética + prática orientada (individualmente e em duplas)	148	30	x				x				x	x		x
Vaughn et al., 2006	Ensino de estratégias de habilidades de leitura em grupos pequenos com prática orientada em leitura e escrita	171	16	x				x				x	x		
Vaughn et al., 2017	Estímulos de interesse cognitivo + ensino de vocabulário + ensino de estratégias + prática de recuperação + consolidação auxiliada por pares + resolução de problemas	1.629	16		x						x		x		
Williams et al., 2007	Ensino estruturado de estratégias + perguntas de alto nível (causa-efeito) para leitura de textos de ciências sociais	243	44	x				x			x			x	
Williams et al., 2014	Ensino estruturado de estratégias + perguntas de alto nível (causa-efeito) para leitura de textos de ciências sociais	197	47	x				x			x	x			x
Woodward, 2006	Ensino de estratégias com prática intercalada vs. somente prática em bloco	58	22	x					x					x	

FIGURA A.4 Fundamentação da Estratégia 4: estudos empíricos sobre ensino e modelagem de estratégias. (*Continuação*)

Estudo	Tratamento	N	IP	Série escolar					Área temática			População de alunos			
				EFI	EFII	EM	ES	LI	MAT	CIE	ESO	>40% PPI	ALI	DA	>40% RGPR
August et al., 2009	Vocabulário + estímulos de interesse cognitivo + visualizações + descoberta orientada	890	11							x		x	x		x
Bottge et al., 2002	Materiais manipuláveis + aprendizagem prática para visualizar conceitos matemáticos	42	26		x				x					x	
Bottge et al., 2014	Estímulos de interesse cognitivo + ensino de estratégias + resolução de problemas estruturados vs. ensino tradicional	335	26		x				x					x	
Bulgren et al., 2000	Ancoramento da aprendizagem de matemática em representações concretas	83	34			x				x	x				
Fuchs et al., 2013b	Ensino de vocabulário + ensino de estratégias + visualizações de problemas de matemática + prática de recuperação + suportes direcionados	259	24	x					x			x		x	
Guthrie et al., 2004	Estímulos de interesse cognitivo + definição de metas pelos alunos + ensino de estratégias + visualizações + perguntas de alto nível + consolidação auxiliada por pares + investigações orientadas vs. ensino tradicional	491	26	x						x		x			

(Continua)

FIGURA A.5 Fundamentação da Estratégia 5: estudos empíricos sobre visualizações e exemplos concretos.

Legenda: IP = índice de progresso; EFI = anos iniciais do ensino fundamental; EFII = anos finais do ensino fundamental; EM = ensino médio; ES = ensino superior; LI = língua inglesa; MAT = matemática; CIE = ciências; ESO = estudos sociais; PPI = pretos, pardos e indígenas; ALI = aprendizes de língua inglesa; DA = alunos com dificuldades de aprendizagem; RGPR = alunos que recebem refeição gratuita e a preço reduzido.

Estudo	Tratamento	N	IP	Série escolar				Área temática				População de alunos			
				EFI	EFII	EM	ES	LI	MAT	CIE	ESO	>40% PPI	ALI	DA	>40% RGPR
Ives, 2007	Organizadores gráficos + ensino de estratégias	30	42		x	x			x					x	
Jitendra et al., 2009	Tutoria no ensino baseada em esquemas + visualizações + explicações dos alunos	148	21		x				x			x			x
Jitendra et al., 2011	Ensino baseado em esquemas (visualizações + resolução estruturada de problemas)	436	27		x				x			x			x
Jitendra et al., 2013	Tutoria no ensino baseada em esquemas (visualizações + resolução estruturada de problemas) vs. tutoria para habilidades computacionais	109	18	x					x			x	x	x	x
Kalyuga; Chandler; Sweller, 2001	Exemplos trabalhados vs. aprendizagem exploratória para tarefas complexas	17	24				x		x						
Mwangi; Sweller, 1998	Exemplos trabalhados passo a passo para resolver problemas de matemática	27	44	x					x						
Outhwaite et al., 2019	Ensino direto e visualmente rico + prática de recuperação baseada em jogos	389	12	x					x						
Rittle-Johnson; Star, 2007	Comparação de exemplos resolvidos de diferentes métodos de resolução de forma simultânea ou sequencial	70	20		x				x						
Roschelle et al., 2010	Representações visuais + materiais manipuláveis interativos + explicações dos alunos	825	21		x				x						

FIGURA A.5 Fundamentação da Estratégia 5: estudos empíricos sobre visualizações e exemplos concretos. *(Continuação)*

(Continua)

Estudo	Tratamento	N	IP	EFI	EFII	EM	ES	LI	MAT	CIE	ESO	>40% PPI	ALI	DA	>40% RGPR
Scheiter; Gerjets; Schuh, 2010	Representações visuais + exemplos resolvidos	32	37		x				x						
Silverman; Hines, 2009	Videoclipes para ajudar na aquisição de vocabulário acadêmico	85	33	x						x			x		
Star; Rittle-Johnson, 2009	Comparação de exemplos resolvidos de diferentes métodos de resolução simultaneamente vs. sequencialmente	157	11	x					x						
Swanson; Lussier; Orosco, 2013	Ensino visual-esquemático	120	22	x					x					x	
Terwel et al., 2009	Representações visuais criadas pelos alunos	239	24	x					x						
Wasik; Bond, 2001	Leitura interativa de livros com objetos concretos para aumentar o vocabulário na educação infantil	127	39	x				x				x		x	x
Xin; Jitendra; Deatline-Buchman, 2005	Ensino baseado em esquemas + diagramas esquemáticos vs. ensino geral de estratégias	22	45		x				x			x		x	
Zhou; Yadav, 2017	Histórias multimídia com animações e definições interativas de novas palavras	72	9	x				x							

FIGURA A.5 Fundamentação da Estratégia 5: estudos empíricos sobre visualizações e exemplos concretos. *(Continuação)*

Estudo	Tratamento	N	IP	EFI	EFII	EM	ES	LI	MAT	CIE	ESO	>40% PPI	ALI	DA	>40% RGPR
Clariana; Koul, 2006	Texto com *feedback* tardio sobre perguntas de alto nível vs. texto sem perguntas	82	34			x									
Fuchs et al., 2014	Ensino de pequenos grupos com autoexplicação dos alunos vs. controle com ensino tradicional	243	37	x					x			x		x	x
Fuchs et al., 2016	Autoexplicação com suporte vs. prática com problemas de palavras	212	42	x					x			x		x	x
Guthrie et al., 2004	Estímulos de interesse cognitivo + definição de metas pelos alunos + ensino de estratégias + visualizações + perguntas de alto nível + consolidação auxiliada por pares + investigações orientadas vs. ensino tradicional	491	26	x						x		x			
Guthrie et al., 2006	Atividades de aprendizagem com alta estimulação (estímulos de interesse cognitivo + perguntas de alto nível + investigações orientadas) vs. ensino tradicional	98	26	x						x					x

(Continua)

FIGURA A.6 Fundamentação da Estratégia 6: estudos empíricos sobre perguntas de alto nível e explicações dos alunos.
Legenda: IP = índice de progresso; EFI = anos iniciais do ensino fundamental; EFII = anos finais do ensino fundamental; EM = ensino médio; ES = ensino superior; LI = língua inglesa; MAT = matemática; CIE = ciências; ESO = estudos sociais; PPI = pretos, pardos e indígenas; ALI = aprendizes de língua inglesa; DA = alunos com dificuldades de aprendizagem; RGPR = alunos que recebem refeição gratuita e a preço reduzido.

Estudo	Tratamento	N	IP	Série escolar					Área temática					População de alunos			
				EFI	EFII	EM	ES	LI	MAT	CIE	ESO	>40% PPI	ALI	DA	>40% RGPR
Jitendra et al., 2009	Tutoria no ensino baseado em esquemas + visualizações + explicações dos alunos	148	21						x			x			x
King, 1991	Perguntas orientadas vs. perguntas não orientadas vs. sem perguntas	46	34	x											
Kramarski; Mevarech, 2003	Questões metacognitivas + consolidação da aprendizagem com o auxílio dos pares	384	28		x				x						
McDougall; Granby, 1996	Perguntas-surpresa aleatórias vs. respostas voluntárias	40	36				x		x						
Olson et al., 2012	Ensino direto de habilidades de raciocínio (incluindo definir metas e fazer perguntas) para a escrita	1.671	25		x	x		x				x	x		x
Olson et al., 2017	Ensino direto de habilidades de raciocínio (incluindo definir metas e fazer perguntas) para a escrita	1.817	23		x	x		x				x	x		x
Roschelle et al., 2010	Representações visuais + materiais manipuláveis interativos + explicações dos alunos	825	21		x				x						
Scruggs; Mastropieri; Sullivan, 1994	Autoexplicações dos alunos vs. explicações fornecidas vs. repetição	36	30	x						x				x	

FIGURA A.6 Fundamentação da Estratégia 6: estudos empíricos sobre perguntas de alto nível e explicações dos alunos. *(Continuação)*

(Continua)

Estudo	Tratamento	N	IP	Série escolar					Área temática				População de alunos			
				EFI	EFII	EM	ES	LI	MAT	CIE	ESO	>40% PPI	ALI	DA	>40% RGPR
Tajika et al., 2007	Pensamento em voz alta vs. prática independente para resolução de problemas	79	32		x				x						
Williams et al., 2007	Ensino estruturado de estratégias + perguntas de alto nível (causa-efeito) para leitura de textos de ciências sociais	243	44	x				x			x			x	
Williams et al., 2014	Ensino estruturado de estratégias + perguntas de alto nível (causa-efeito) para leitura de textos de ciências sociais	197	47	x				x			x	x			x
Zhou; Yadav, 2017	Questões abertas de processamento durante a leitura	72	18	x				x							

FIGURA A.6 Fundamentação da Estratégia 6: estudos empíricos sobre perguntas de alto nível e explicações dos alunos. *(Continuação)*

Estudo	Tratamento	N	IP	Série escolar					Área temática				População de alunos			
				EFI	EFII	EM	ES	LI	MAT	CIE	ESO	>40% PPI	ALI	DA	>40% RGPR
Cardelle-Elawar, 1990	Prática guiada com estratégias metacognitivas e *feedback* descritivo	80	49		x				x			x	x		x
Dyson *et al.*, 2015	Suporte direcionado para matemática + aplicação inicial guiada + prática de recuperação de números e fatos	276	29	x					x			x	x		x
Fuchs *et al.*, 2008a	Ensino de ampliação de esquemas + aplicação inicial guiada + suporte direcionado	243	38	x					x			x			x
Fuchs *et al.*, 2009	Tutoria de prática guiada para resolução de problemas com palavras vs. controle sem tutoria	133	29	x					x			x		x	x
Fuchs *et al.*, 2010	Tutoria com prática consciente	180	23	x					x			x			x
Fuchs *et al.*, 2013a	Tutoria com orientação conceitual sem velocidade (prática guiada) vs. controle sem tutoria (cálculos complexos)	591	19	x					x			x		x	x
Powell *et al.*, 2009	Tutoria com *feedback* formativo durante a prática de recuperação de fatos	139	19	x					x			x		x	x
Roschelle *et al.*, 2016	Prática guiada e espaçada *on-line* com *feedback* imediato	2.850	11		x				x						

(*Continua*)

FIGURA A.7 Fundamentação da Estratégia 7: estudos empíricos sobre aplicação inicial orientada com *feedback* formativo.
Legenda: IP = índice de progresso; EFI = anos iniciais do ensino fundamental; EFII = anos finais do ensino fundamental; EM = ensino médio; ES = ensino superior; LI = língua inglesa; MAT = matemática; CIE = ciências; ESO = estudos sociais; PPI = pretos, partos e indígenas; ALI = aprendizes de língua inglesa; DA = alunos com dificuldades de aprendizagem; RGPR = alunos que recebem refeição gratuita e a preço reduzido.

Estudo	Tratamento	N	IP	Série escolar				Área temática				População de alunos			
				EFI	EFII	EM	ES	LI	MAT	CIE	ESO	>40% PPI	ALI	DA	>40% RGPR
Vadasy; Sanders, 2008	Ensino complementar de estratégias em fonética + prática orientada (individualmente e em duplas)	76	24	x				x				x		x	x
Vadasy; Sanders, 2010	Ensino complementar de estratégias em fonética + prática orientada (individualmente e em duplas)	148	30	x				x				x	x	x	
Vaughn et al., 2006	Ensino de estratégias em pequenos grupos sobre habilidades de leitura com prática orientada em leitura e escrita	171	16	x				x				x	x		

FIGURA A.7 Fundamentação da Estratégia 7: estudos empíricos sobre aplicação inicial orientada com *feedback* formativo. *(Continuação)*

Estudo	Tratamento	N	IP	Série escolar					Área temática				População de alunos			
				EFI	EFII	EM	ES	LI	MAT	CIE	ESO	> 40% PPI	ALI	DA	> 40% RGPR
Carlo et al., 2004	Ensino de estratégias relacionadas a habilidades com palavras + ensino direto de vocabulário + consolidação auxiliada por pares	254	13	x				x				x	x		x
Guthrie et al., 2004	Estímulos de interesse cognitivo + definição de metas pelos alunos + ensino de estratégias + visualizações + perguntas de alto nível + consolidação auxiliada por pares + investigações orientadas vs. ensino tradicional	491	42	x						x		x			
Kim et al., 2017	Estímulo de interesse cognitivo + ensino de estratégias + aprendizagem com o auxílio dos pares	402	8		x			x			x				x
Kramarski; Mevarech, 2003	Processamento de perguntas metacognitivas com a ajuda de colegas	384	28		x				x						
Saddler; Graham, 2005	Ensino direto sobre habilidades escritas + aprendizagem com o auxílio dos pares	44	24	x				x							
Stevens, 2003	Texto de alto interesse + ensino de estratégia + escrita cognitiva + consolidação auxiliada por pares	3.916	10		x			x				x			x

(Continua)

FIGURA A.8 Fundamentação da Estratégia 8: estudos empíricos sobre consolidação da aprendizagem com o auxílio dos pares.

Legenda: IP = índice de progresso; EFI = anos iniciais do ensino fundamental; EFII = anos finais do ensino fundamental; EM = ensino médio; ES = ensino superior; LI = língua inglesa; MAT = matemática; CIE = ciências; ESO = estudos sociais; PPI = pretos, pardos e indígenas; ALI = aprendizes de língua inglesa; DA = alunos com dificuldades de aprendizagem; RGPR = alunos que recebem refeição gratuita e a preço reduzido.

Estudo	Tratamento	N	IP	Série escolar					Área temática				População de alunos			
				EFI	EFII	EM	ES	LI	MAT	CIE	ESO	>40% PPI	ALI	DA	>40% RGPR
Tong et al., 2014	Ensino de vocabulário + consolidação auxiliada por pares + ciência baseada em investigação + escrita cognitiva	288	43		x			x		x		x			x
Vaughn et al., 2017	Estímulos de interesse cognitivo + ensino de vocabulário + ensino de estratégias + prática de recuperação + resolução de problemas em grupo	1.629	16		x						x		x		
Wanzek et al., 2014	Aprendizagem em grupo vs. trabalho com toda a turma e independente	432	9			x					x	x			

FIGURA A.8 Fundamentação da Estratégia 8: estudos empíricos sobre consolidação da aprendizagem com o auxílio dos pares. *(Continuação)*

Estudo	Tratamento	N	IP	Série escolar				Área temática				População de alunos			
				EFI	EFII	EM	ES	LI	MAT	CIE	ESO	>40% PPI	ALI	DA	>40% RGPR
Carpenter; Pashler; Cepeda, 2009	Prática de recuperação vs. estudo	75	13		x						x				
Dyson et al., 2015	Intervenção direcionada para o conhecimento procedimental de matemática + prática de números-fatos	276	29	x					x			x	x		x
Fuchs et al., 2009	Prática de recuperação com tutoria vs. controle sem tutoria	133	21	x					x			x		x	x
Fuchs et al., 2013a	Prática de recuperação com tutoria acelerada com feedback vs. controle sem tutoria (cálculos complexos)	591	26	x					x			x		x	x
Fuchs et al., 2013b	Tutoria em pequenos grupos com visualizações + ensino de estratégias + vocabulário + prática de recuperação	259	24	x					x			x		x	x
Fuchs et al., 2014	Prática de recuperação acelerada com pequenos grupos vs. ensino tradicional	243	37	x					x			x		x	x

FIGURA A.9 Fundamentação da Estratégia 9: estudos empíricos sobre prática de recuperação (questionário para lembrar).

Legenda: IP = índice de progresso; EFI = anos iniciais do ensino fundamental; EFII = anos finais do ensino fundamental; EM = ensino médio; ES = ensino superior; LI = língua inglesa; MAT = matemática; CIE = ciências; ESO = estudos sociais; PPI = pretos, partos e indígenas; ALI = aprendizes de língua inglesa; DA = alunos com dificuldades de aprendizagem; RGPR = alunos que recebem refeição gratuita e a preço reduzido.

(Continua)

Estudo	Tratamento	N	IP	Série escolar					Área temática				População de alunos		
				EFI	EFII	EM	ES	LI	MAT	CIE	ESO	> 40% PPI	ALI	DA	> 40% RGPR
Karpicke; Blunt, 2011	Prática de recuperação vs. estudo elaborativo	120	36				x			x					
Karpicke; Smith, 2012	Recuperação repetida vs. estudo repetido	90	11				x			x					
Outhwaite et al., 2019	Ensino direto visualmente rico + prática de recuperação baseada em jogos	389	12	x					x						
Powell et al., 2009	Tutoria com *feedback* corretivo durante a prática de recuperação de fatos	139	19	x					x			x			x
Rawson; Dunlosky, 2011	Três sessões de recuperação repetidas vs. uma sessão	335	33				x				x			x	

FIGURA A.9 Fundamentação da Estratégia 9: estudos empíricos sobre prática de recuperação (questionário para lembrar). *(Continuação)*

Estudo	Tratamento	N	IP	Série escolar					Área temática					População de alunos			
				EFI	EFII	EM	ES	LI	MAT	CIE	ESO	> 40% PPI	ALI	DA	> 40% RGPR
Mayfield; Chase, 2002	Prática intercalada vs. prática em bloco com problemas de álgebra	33	47	x					x						
McNeil et al., 2011	Prática com apresentação não tradicional de problemas de matemática	90	28	x					x						
Powell; Driver; Julian, 2015	Prática intercalada com equações padrão e não padrão	51	24	x					x			x			
Rohrer et al., 2014	Prática intercalada em matemática	140	35		x				x						
Rohrer et al., 2020	Prática intercalada em matemática	54	30	x					x						
Roschelle et al., 2016	Prática *on-line* guiada e espaçada com *feedback*	2.850	9		x				x						
Woodward, 2006	Ensino de estratégia com prática intercalada vs. somente prática em bloco	58	22	x					x					x	

FIGURA A.10 Fundamentação da Estratégia 10: estudos empíricos sobre práticas independentes, mistas e espaçadas.

Legenda: IP = índice de progresso; EFI = anos iniciais do ensino fundamental; EFII = anos finais do ensino fundamental; EM = ensino médio; ES = ensino superior; LI = língua inglesa; MAT = matemática; CIE = ciências; ESO = estudos sociais; PPI = pretos, partos e indígenas; ALI = aprendizes de língua inglesa; DA = alunos com dificuldades de aprendizagem; RGPR = alunos que recebem refeição gratuita e a preço reduzido.

Estudo	Tratamento	N	IP	Série escolar				Área temática				População de alunos			
				EFI	EFII	EM	ES	LI	MAT	CIE	ESO	>40% PPI	ALI	DA	>40% RGPR
Connor et al., 2011	1 ano de ensino direcionado em leitura	396	19	x				x				x			x
Connor et al., 2013	3 anos de ensino direcionado em leitura	357	17	x				x							x
Coyne et al., 2019	Ensino de vocabulário Nível 2 para alunos em situação de risco	2.347	36	x				x				x		x	
Doabler et al., 2016	Suportes Nível 2 para alunos que apresentam dificuldade em matemática	316	12	x				x				x		x	x
Dyson et al., 2015	Suporte direcionado em matemática + aplicação inicial orientada + prática de recuperação de números-fatos	276	29	x					x			x	x		x
Fuchs et al., 2008a	Tutoria de pequenos grupos na ampliação de esquemas	243	38	x					x			x			x
Fuchs et al., 2009	Tutoria na prática orientada para resolução de problemas vs. controle sem tutoria	133	29	x					x			x		x	x
Fuchs et al., 2010	Tutoria com e sem prática deliberada e *feedback* reflexivo	180	23	x					x			x			x

(Continua)

FIGURA A.11 Fundamentação da Estratégia 11: estudos empíricos sobre suporte direcionado (prática de reforço).
Legenda: IP = índice de progresso; EFI = anos iniciais do ensino fundamental; EFII = anos finais do ensino fundamental; EM = ensino médio; ES = ensino superior; LI = língua inglesa; MAT = matemática; CIE = ciências; ESO = estudos sociais; PPI = pretos, partos e indígenas; ALI = aprendizes de língua inglesa; DA = alunos com dificuldades de aprendizagem; RGPR = alunos que recebem refeição gratuita e a preço reduzido.

Estudo	Tratamento	N	IP	Série escolar					Área temática				População de alunos			
				EFI	EFII	EM	ES	LI	MAT	CIE	ESO	> 40% PPI	ALI	DA	> 40% RGPR
Fuchs et al., 2013a	Tutoria com orientação conceitual não acelerada (prática guiada) vs. controle sem tutoria (cálculos complexos)	591	19	x					x			x			x
Fuchs et al., 2013b	Tutoria de grupos pequenos com visualizações + ensino de estratégias + vocabulário + prática de recuperação	259	24	x					x			x		x	x
Fuchs et al., 2014	Tutoria em pequenos grupos com autoexplicação dos alunos ou prática de recuperação acelerada	243	37	x					x			x		x	x
Nelson; Vadasy; Sanders, 2011	Ensino de estratégias fonéticas + suportes direcionados para alunos ALI	185	35	x				x				x	x		x
Pullen et al., 2010	Suporte direcionado para aquisição de vocabulário	224	24	x				x				x	x		x
Vadasy; Sanders, 2008	Tutoria de alunos em decodificação (individualmente e em duplas)	76	24	x				x				x	x	x	x
Vadasy; Sanders, 2010	Ensino fonético complementar e prática orientada	148	30	x				x				x	x		x
Vaughn et al., 2006	Ensino de leitura baseado em fonética, em pequenos grupos, com prática orientada em leitura e escrita	171	16	x				x				x	x		
Vaughn et al., 2017	Estímulos de interesse cognitivo + ensino de vocabulário + ensino de estratégias + prática de recuperação + aprendizagem baseada em equipes	1.629	16		x						x		x		

FIGURA A.11 Fundamentação da Estratégia 11: estudos empíricos sobre suporte direcionado (prática de reforço). (*Continuação*)

Estudo	Tratamento	N	IP	Série escolar				Área temática				População de alunos			
				EFI	EFII	EM	ES	LI	MAT	CIE	ESO	>40% PPI	ALI	DA	>40% RGPR
Collins et al., 2017	Visualizações (planilhas de pensamento) para auxiliar a escrita cognitiva vs. ensino tradicional	1.062	19	x				x				x			x
Connor et al., 2017	Estímulos de interesse cognitivo + leitura + experimentos + escrita cognitiva	418	49	x						x	x	x			x
Kim et al., 2011	Ensino de estratégia na escrita + escrita cognitiva	1.393	14		x	x		x				x	x		x
Olson et al., 2012	Ensino direto de estratégias cognitivas para a escrita	1.671	25		x	x		x				x	x		x
Olson et al., 2017	Ensino direto de estratégias cognitivas para a escrita	1.817	23		x	x		x				x	x		x
Stevens, 2003	Texto de alto interesse + ensino direto de estratégias de leitura e escrita + consolidação auxiliada por pares + escrita cognitiva	3.916	10		x			x				x			x
Tong et al., 2014	Ensino de vocabulário + consolidação auxiliada por pares + ciência baseada em investigações + escrita cognitiva	288	43		x			x		x		x			x

FIGURA A.12 Fundamentação da Estratégia 12: estudos empíricos sobre escrita cognitiva.

Legenda: IP = índice de progresso; EFI = anos iniciais do ensino fundamental; EFII = anos finais do ensino fundamental; EM = ensino médio; ES = ensino superior; LI = língua inglesa; MAT = matemática; CIE = ciências; ESO = estudos sociais; PPI = pretos, partos e indígenas; ALI = aprendizes de língua inglesa; DA = alunos com dificuldades de aprendizagem; RGPR = alunos que recebem refeição gratuita e a preço reduzido.

Estudo	Tratamento	N	IP	Série escolar					Área temática				População de alunos			
				EFI	EFII	EM	ES	LI	MAT	CIE	ESO	> 40% PPI	ALI	DA	> 40% RGPR
August et al., 2009	Vocabulário + estímulos de interesse cognitivo + representações visuais + investigação orientada	890	11		x			x		x		x	x		x
Connor et al., 2017	Estímulos de interesse cognitivo + leitura + experimentos direcionados + escrita em resposta a questões abertas	418	49	x						x	x	x			x
Friedman et al., 2017	Ensino direto formal + investigação orientada vs. ensino tradicional	1.166	15		x					x		x			x
Guthrie et al., 2004	Estímulos de interesse cognitivo + definição de metas + ensino de estratégias + visualizações + perguntas de alto nível + consolidação auxiliada por pares + investigações orientadas	491	26	x						x		x			
Guthrie et al., 2006	Atividades de aprendizagem de alta estimulação (estímulos de interesse cognitivo + perguntas de alto nível + investigações orientadas) vs. ensino tradicional	98	26	x						x					x
Lorch et al., 2010	Ensino explícito + experimentação vs. apenas experimentação	460	27	x						x		x			x
Lynch et al., 2007	Estímulos de interesse cognitivo + ensino orientado por investigações vs. ensino tradicional	2.282	10		x					x				x	
Tong et al., 2014	Ensino de vocabulário + consolidação auxiliada por pares + ciência baseada em investigações + escrita cognitiva	288	43		x			x		x		x			x

FIGURA A.13 Fundamentação da Estratégia 13: estudos empíricos sobre investigações orientadas.

Legenda: IP = índice de progresso; EFI = anos iniciais do ensino fundamental; EFII = anos finais do ensino fundamental; EM = ensino médio; ES = ensino superior; LI = língua inglesa; MAT = matemática; CIE = ciências; ESO = estudos sociais; PPI = pretos, pardos e indígenas; ALI = aprendizes de língua inglesa; DA = alunos com dificuldades de aprendizagem; RGPR = alunos que recebem refeição gratuita e a preço reduzido.

Estudo	Tratamento	N	IP	Série escolar				Área temática				População de alunos			
				EFI	EFII	EM	ES	LI	MAT	CIE	ESO	>40% PPI	ALI	DA	>40% RGPR
Bottge et al., 2002	Estímulos de interesse cognitivo + visualizações + resolução estruturada de problemas vs. problemas tradicionais com palavras	42	26		x				x					x	
Bottge et al., 2014	Estímulos de interesse cognitivo + ensino de estratégias + resolução estruturada de problemas vs. ensino tradicional	335	26		x				x					x	
Bottge et al., 2015	Estímulos de interesse cognitivo + ensino de estratégias + resolução estruturada de problemas vs. ensino procedimental sobre problemas abstratos	417	25		x				x					x	
Fuchs et al., 2004	Ensino de transferência baseado em estratégias expandidas vs. ensino em sala de aula tradicional	351	47	x					x			x			x
Fuchs et al., 2008a	Ensino de ampliação de esquemas + aplicação inicial direcionada + suporte direcionado	243	38	x					x			x			x
Fuchs et al., 2009	Aulas de reforço focadas em habilidades relacionadas a problemas com palavras em vez de habilidades em combinação de números	133	29	x					x			x		x	x

(Continua)

FIGURA A.14 Fundamentação da Estratégia 14: estudos empíricos sobre resolução estruturada de problemas.

Legenda: IP = índice de progresso; EFI = anos iniciais do ensino fundamental; EFII = anos finais do ensino fundamental; EM = ensino médio; ES = ensino superior; LI = língua inglesa; MAT = matemática; CIE = ciências; ESO = estudos sociais; PPI = pretos, pardos e indígenas; ALI = aprendizes de língua inglesa; DA = alunos com dificuldades de aprendizagem; RGPR = alunos que recebem refeição gratuita e a preço reduzido.

Estudo	Tratamento	N	IP	Série escolar							Área temática					População de alunos			
				EFI	EFII	EM	ES	LI	MAT	CIE	ESO	>40% PPI	ALI	DA	>40% RGPR
Fuchs et al., 2021	Ensino de vocabulário + ensino baseado em esquemas para resolução de problemas com palavras	391	46	x					x			x	x	x	x
Jitendra et al., 2009	Tutoria em ensino baseado em esquemas + visualizações + explicações dos alunos	148	21		x				x			x			x
Jitendra et al., 2011	Ensino baseado em esquemas (visualizações + resolução estruturada de problemas)	436	27		x				x			x			x
Jitendra et al., 2013	Tutoria em ensino baseado em esquemas (visualizações + resolução estruturada de problemas) vs. tutoria para habilidades computacionais	109	18	x					x			x	x	x	x
Vaughn et al., 2017	Estímulos de interesse cognitivo + ensino de vocabulário + ensino de estratégias + prática de recuperação + resolução de problemas em equipe	1.629	16		x						x		x		
Xin; Jitendra; Deatline-Buchman, 2005	Ensino baseado em esquemas + diagramas esquemáticos vs. ensino geral de estratégias	22	45		x				x			x		x	

FIGURA A.14 Fundamentação da Estratégia 14: estudos empíricos sobre resolução estruturada de problemas. (*Continuação*)

Referências

ABRAMI, P. C. *et al.* Strategies for teaching students to think critically: a meta-analysis. *Review of Educational Research*, v. 85, n. 2, p. 275–314, 2015.

ALFIERI, L. *et al.* Does discovery-based instruction enhance learning? *Journal of Educational Psychology,* v. 103, n. 1, p. 1–18, 2011.

ANAND, P. G.; ROSS, S. M. Using computer-assisted instruction to personalize arithmetic materials for elementary school children. *Journal of Educational Psychology*, v. 79, n. 1, p. 72–78, 1987.

ANDERSON, J. R. *Learning and memory:* an integrated approach. New York: Wiley, 1995.

AUGUST, D. *et al.* The impact of an instructional intervention on the science and language learning of middle grade English language learners. *Journal of Research on Educational Effectiveness,* v. 2, n. 4, p. 345–376, 2009.

BAILEY, F.; PRANSKY, K. *Memory at work in the classroom:* strategies to help underachieving students. Alexandria: ASCD, 2014.

BANDURA, A.; SCHUNK, D. H. Cultivating competence, self-efficacy, and intrinsic interest through proximal self-motivation. *Journal of Personality and Social Psychology,* v. 41, n. 3, p. 586–598, 1981.

BANGERT-DROWNS, R. L.; BANKERT, E. Meta-analysis of effects of explicit instruction for critical thinking. *In*: AMERICAN EDUCATIONAL RESEARCH ASSOCIATION ANNUAL MEETING, 1990, Boston. *Proceedings…* [Washington: AERA], 1990.

BECK, I. L.; PERFETTI, C. A.; MCKEOWN, M. G. Effects of long-term vocabulary instruction on lexical access and reading comprehension. *Journal of Educational Psychology*, v. 74, n. 4, p. 506–521, 1982.

BEESLEY, A. D.; APTHORP, H. S. (ed). *Classroom instruction that works*. 2nd ed. Denver: McREL, 2010. Research report.

BERRY, D. C. Metacognitive experience and transfer of logical reasoning. *The Quarterly Journal of Experimental Psychology Section A,* v. 35, n. 1, p. 39–49, 1983.

BJORK, E. L.; BJORK, R. A. Making things hard on yourself, but in a good way: creating desirable difficulties to enhance learning. *In*: GERNSBACHER, M. A. *et al.* (ed.). *Psychology and the real world:* essays illustrating fundamental contributions to society. New York: Worth Publishers, 2011. p. 56–64.

BJORK, R. A.; BJORK, E. L. A new theory of disuse and an old theory of stimulus fluctuation. *In*: HEALY, A. F.; KOSSLYN, S. M.; SHIFFRIN, R. M. (ed.). *From learning processes to cognitive processes:* essays in honor of William K. Estes. Hillsdale: Lawrence Erlbaum Associates, 1992. v. 2, p. 35–67.

BLACKWELL, L. S.; TRZESNIEWSKI, K. H.; DWECK, C. S. Implicit theories of intelligence predict achievement across an adolescent transition: a longitudinal study and an intervention. *Child Development*, v. 78, n. 1, p. 246–263, 2007.

BLOOM, B. (ed.). *Developing talent in young people*. New York: Ballantine Books, 1985.

BOTTGE, B. A. Using intriguing problems to improve math skills. *Educational Leadership*, v. 56, n. 6, p. 88–72, 2001.

BOTTGE, B. A. *et al*. Effects of blended instructional models on math performance. *Exceptional Children*, v. 80, n. 4, p. 423–437, 2014.

BOTTGE, B. A. *et al*. Impact of enhanced anchored instruction in inclusive math classrooms. *Exceptional Children*, v. 81, n. 2, p. 158–175, 2015.

BOTTGE, B. A. *et al*. Weighing the benefits of anchored math instruction for students with disabilities in general education classes. *The Journal of Special Education*, v. 35, n. 4, p. 186–200, 2002.

BRAND-GRUWEL, S.; WOPEREIS, I.; VERMETTEN, Y. Information problem solving by experts and novices: analysis of a complex cognitive skill. *Computers in Human Behavior*, v. 21, n. 3, p. 487–508, 2005.

BROPHY, J. *Motivating students to learn*. 2nd ed. New York: Routledge, 2004.

BROWN, B. A.; RYOO, K.; RODRIGUEZ, J. Pathway towards fluency: using "disaggregate instruction" to promote science literacy. *International Journal of Science Education*, v. 32, n. 11, p. 1465–1493, 2010.

BROWN, P. C.; ROEDIGER III, H. L.; MCDANIEL, M. A. *Make it stick*: the science of successful learning. Cambridge: Harvard University, 2014.

BULGREN, J. A. *et al*. The use and effectiveness of analogical instruction in diverse secondary content classrooms. *Journal of Educational Psychology*, v. 92, n. 3, p. 426–441, 2000.

BUSTEED, B. *The school cliff*: student engagement drops with each school year. 2013. Disponível em: https://news.gallup.com/opinion/gallup/170525/school-cliff-student-engagement-drops-school-year.aspx. Acesso em: 4 mar. 2024.

BUTLER, A. C.; ROEDIGER III, H. L. Feedback enhances the positive effects and reduces the negative effects of multiple-choice testing. *Memory & Cognition*, v. 36, n. 3, p. 604–616, 2008.

CARDELLE-ELAWAR, M. Effects of feedback tailored to bilingual students' mathematics needs on verbal problem solving. *The Elementary School Journal*, v. 91, n. 2, p. 165–175, 1990.

CARLO, M. S. *et al*. Closing the gap: addressing the vocabulary needs of English-language learners in bilingual and mainstream classrooms. *Reading Research Quarterly*, v. 39, n. 2, p. 188–215, 2004.

CARPENTER, S. K.; PASHLER, H.; CEPEDA, N. J. Using tests to enhance 8th grade students' retention of U.S. history facts. *Applied Cognitive Psychology*, v. 23, n. 6, p. 760–771, 2009.

CERASOLI, C. P.; NICKLIN, J. M.; FORD, M. T. Intrinsic motivation and extrinsic incentives jointly predict performance: a 40-year meta-analysis. *Psychological Bulletin*, v. 140, n. 4, p. 980–1008, 2014.

CHI, M. T. H. *et al*. Eliciting self-explanations improves understanding. *Cognitive Science*, v. 18, n. 3, p. 439–477, 1994.

CIALDINI, R. B. What's the best secret device for engaging student interest?: the answer is in the title. *Journal of Social and Clinical Psychology,* v. 24, n. 1, p. 22–29, 2005.

CITY, E. A. *et al. Instructional rounds in education.* Cambridge: Harvard Education, 2009.

CLARIANA, R. B.; KOUL, R. The effects of different forms of feedback on fuzzy and verbatim memory of science principles. *British Journal of Educational Psychology,* v. 76, n. 2, p. 259–270, 2006.

COLEMAN, J. S. *Equality of educational opportunity.* Washington: U.S. Department of Health, Education, and Welfare, 1966.

COLLINS, J. L. *et al.* Bringing together reading and writing: an experimental study of writing intensive reading comprehension in low-performing urban elementary schools. *Reading Research Quarterly,* v. 52, n. 3, p. 311–332, 2017.

CONNOR, C. M. *et al.* A longitudinal cluster-randomized controlled study on the accumulating effects of individualized literacy instruction on students' reading from first through third grade. *Psychological Science,* v. 24, n. 8, p. 1408–1419, 2013.

CONNOR, C. M. *et al.* Effective classroom instruction: implications of child characteristics by reading instruction interactions on first graders' word reading achievement. *Journal of Research on Educational Effectiveness,* v. 4, n. 3, p. 173–207, 2011.

CORDOVA, D. I.; LEPPER, M. R. Intrinsic motivation and the process of learning: beneficial effects of contextualization, personalization, and choice. *Journal of Educational Psychology,* v. 88, n. 4, p. 715–730, 1996.

COYNE, M. D. *et al.* Racing against the vocabulary gap: Matthew effects in early vocabulary instruction and intervention. *Exceptional Children,* v. 85, n. 2, p. 163–179, 2019.

DE GROOT, A. Perception and memory versus thought: some old ideas and recent findings. *In*: KLEINMUNTZ, B. (ed.). *Problem solving:* research, method and theory. New York: Wiley, 1966. p. 19–50.

DEAN, C. B. *et al. Classroom instruction that works:* research-based strategies for increasing student achievement. 2nd ed. Alexandria: ASCD, 2012.

DECI, E. L.; RYAN, R. M.; KOESTNER, R. A meta-analytic review of experiments examining the effects of extrinsic rewards on intrinsic motivation. *Psychological Bulletin,* v. 125, n. 6, p. 627–668, 1999.

DOABLER, C. T. *et al.* Testing the efficacy of a Tier 2 mathematics intervention: a conceptual replication study. *Exceptional Children,* v. 83, n. 1, p. 92–110, 2016.

DOMBECK, J. *et al.* Acquiring science and social studies knowledge in kindergarten through fourth grade: conceptualization, design, implementation, and efficacy testing of content-area literacy instruction (CALI). *Journal of Educational Psychology,* v. 109, n. 3, p. 301–320, 2017.

DWECK, C. S. *Mindset:* the new psychology of success. New York: Random House, 2006.

DWECK, C. S. *Self theories:* their role in motivation, personality, and development. Philadelphia: Taylor & Francis, 2000.

DYSON, N. *et al.* A kindergarten number-sense intervention with contrasting practice conditions for low-achieving children. *Journal for Research in Mathematics Education,* v. 46, n. 3, p. 331–370, 2015.

EBBINGHAUS, H. *Memory:* a contribution to experimental psychology. New York: Dover, 1964. (Obra originalmente publicada em 1885).

EKSTROM, R. *et al.* Who drops out of high school and why?: findings from a national study. *Teachers College Record,* v. 87, n. 3, p. 356-373, 1986.

FINN, J. D.; ROCK, D. A. Academic success among students at risk for school failure. *Journal of Applied Psychology,* v. 82, n. 2, p. 221-234, 1997.

FISHER, D.; FREY, N. *Better learning through structured teaching:* a framework for the gradual release of responsibility. 3rd ed. Alexandria: ASCD, 2021.

FRAYER, D.; FREDERICK, W. C.; KLAUSMEIER, H. J. *A schema for testing the level of cognitive mastery.* Madison: Wisconsin Research and Development Center for Cognitive Learning, 1969.

FRIEDMAN, L. B. *et al. Enhancing middle school science lessons with playground activities:* a study of the impact of playground physics. Washington: American Institutes of Research, 2017. Disponível em: https://files.eric.ed.gov/fulltext/ED574773.pdf. Acesso em: 4 mar. 2024.

FRITZ, C. O. *et al.* Expanding retrieval practice: an effective aid to preschool children's learning. *Quarterly Journal of Experimental Psychology,* v. 60, n. 7, p. 991-1004, 2007.

FUCHS, L. S. *et al.* Closing the word-problem achievement gap in first grade: schema-based word-problem intervention with embedded language comprehension instruction. *Journal of Educational Psychology,* v. 113, n. 1, p. 86-103, 2021.

FUCHS, L. S. *et al.* Does working memory moderate the effects of fraction intervention?: an aptitude treatment interaction. *Journal of Educational Psychology,* v. 106, n. 2, p. 499-514, 2014.

FUCHS, L. S. *et al.* Effects of first-grade number knowledge tutoring with contrasting forms of practice. *Journal of Educational Psychology,* v. 105, n. 1, p. 58-77, 2013a.

FUCHS, L. S. *et al.* Effects of small-group tutoring with and without validated classroom instruction on at-risk students' math problem solving: are two tiers of prevention better than one? *Journal of Educational Psychology,* v. 100, n. 3, p. 491-509, 2008a.

FUCHS, L. S. *et al.* Effects of task-focused goals on low-achieving students with and without learning disabilities. *American Educational Research Journal,* v. 34, n. 3, p. 513-543, 1997.

FUCHS, L. S. *et al.* Enhancing third-grade students' mathematical problem solving with self-regulated learning strategies. *Journal of Educational Psychology,* v. 95, n. 2, p. 306-315, 2003.

FUCHS, L. S. *et al.* Expanding schema-based transfer instruction to help third graders solve real-life mathematical problems. *American Educational Research Journal,* v. 41, n. 2, p. 419-445, 2004.

FUCHS, L. S. *et al.* Improving at-risk learners' understanding of fractions. *Journal of Educational Psychology,* v. 105, n. 3, p. 683-700, 2013b.

FUCHS, L. S. *et al.* Remediating computational deficits at third grade: a randomized field trial. *Journal of Research on Educational Effectiveness,* v. 1, n. 1, p. 2-32, 2008b.

FUCHS, L. S. *et al.* Remediating number combination and word problem deficits among students with mathematics difficulties: a randomized control trial. *Journal of Educational Psychology,* v. 101, n. 3, p. 561-576, 2009.

FUCHS, L. S. *et al.* Supported self-explaining during fraction intervention. *Journal of Educational Psychology,* v. 108, n. 4, p. 493–508, 2016.

FUCHS, L. S. *et al.* The effects of strategic counting instruction, with and without deliberate practice, on number combination skill among students with mathematics difficulties. *Learning and Individual Differences,* v. 20, n. 2, p. 89–100, 2010.

FYFE, E. R. *et al.* Concreteness fading in mathematics and science instruction: a systematic review. *Educational Psychology Review,* v. 26, n. 1, p. 9–25, 2014.

GATES, A. I. Recitation as a factor in memorizing. *Archives of Psychology,* n. 40, 1917.

GLASER, C.; BRUNSTEIN, J. C. Improving fourth-grade students' composition skills: effects of strategy instruction and self-regulation procedures. *Journal of Educational Psychology,* v. 99, n. 2, p. 297–310, 2007.

GOOD, T. L. *et al.* Student passivity: a study of question asking in K–12 classrooms. *Sociology of Education,* v. 60, n. 3, p. 181–199, 1987.

GOODWIN, B.; GIBSON, T.; ROULEAU, K. *Learning that sticks:* a brain-based model for K–12 instructional design and delivery. Alexandria: ASCD; Denver: McREL, 2020.

GRAHAM, S.; MACARTHUR, C.; SCHWARTZ, S. Effects of goal setting and procedural facilitation on the revising behavior and writing performance of students with writing and learning problems. *Journal of Educational Psychology,* v. 87, n. 2, p. 230–240, 1995.

GRUBER, M. J.; GELMAN, B. D.; RANGANATH, C. States of curiosity modulate hippocampus-dependent learning via the dopaminergic circuit. *Neuron,* v. 84, n. 2, p. 486–496, 2014.

GUTHRIE, J. T. *et al.* Increasing reading comprehension and engagement through concept-oriented reading instruction. *Journal of Educational Psychology,* v. 96, n. 3, p. 403–423, 2004.

GUTHRIE, J. T. *et al.* Influences of stimulating tasks on reading motivation and comprehension. *The Journal of Educational Research,* v. 99, n. 4, p. 232–246, 2006.

HOLLINGSWORTH, J. R.; YBARRA, S. E. *Explicit direct instruction (EDI):* the power of the well-crafted, well-taught lesson. 2nd ed. Thousand Oaks: Corwin, 2017.

HULLEMAN, C. S. *et al.* Enhancing interest and performance with a utility value intervention. *Journal of Educational Psychology,* v. 102, n. 4, p. 880–895, 2010.

HULLEMAN, C. S.; HARACKIEWICZ, J. M. Promoting interest and performance in high school science classes. *Science,* v. 326, n. 5958, p. 1410–1412, 2009.

HUNTER, M. C. *Mastery teaching.* Thousand Oaks: Corwin, 1982.

HYDE, T. S.; JENKINS, J. J. Differential effects of incidental tasks on the organization and recall of a list of highly associated words. *Journal of Experimental Psychology,* v. 82, n. 3, p. 472–481, 1969.

IVES, B. Graphic organizers applied to secondary algebra instruction for students with learning disorders. *Learning Disabilities Research & Practice,* v. 22, n. 2, p. 110–118, 2007.

JITENDRA, A. K. *et al.* A randomized controlled trial of the impact of schema-based instruction on mathematical outcomes for third-grade students with mathematics difficulties. *The Elementary School Journal,* v. 114, n. 2, p. 252–276, 2013.

JITENDRA, A. K. *et al.* Improving seventh grade students' learning of ratio and proportion: the role of schema-based instruction. *Contemporary Educational Psychology,* v. 34, n. 3, p. 250–264, 2009.

JITENDRA, A. K. et al. Improving students' proportional thinking using schema-based instruction. *Learning and Instruction*, v. 21, n. 6, p. 731-745, 2011.

JOHNSON, D. W.; JOHNSON, R. T. Making cooperative learning work. *Theory into Practice*, v. 38, n. 2, p. 67-73, 1999.

JONES, M. G. Action zone theory, target students and science classroom interactions. *Journal of Research in Science Teaching*, v. 27, n. 7, p. 651-660, 1990.

JOYCE, B.; SHOWERS, B. *Student achievement through staff development.* 3rd ed. Alexandria: ASCD, 2002.

JUSTICE, L. M.; MEIER, J.; WALPOLE, S. Learning new words from storybooks: an efficacy study with at-risk kindergartners. *Language, Speech & Hearing Services in Schools*, v. 36, n. 1, p. 17-32, 2005.

KAHNEMAN, D. *Thinking, fast and slow.* New York: Farrar, Straus & Giroux, 2011.

KALYUGA, S.; CHANDLER, P.; SWELLER, J. Learner experience and efficiency of instructional guidance. *Educational Psychology*, v. 21, n. 1, p. 5-23, 2001.

KARPICKE, J. D.; BLUNT, J. R. Retrieval practice produces more learning than elaborative studying with concept mapping. *Science*, v. 331, n. 6018, p. 772-775, 2011.

KARPICKE, J. D.; BLUNT, J. R.; SMITH, M. A. Retrieval-based learning: positive effects of retrieval practice in elementary school children. *Frontiers in Psychology*, v. 7, article 350, 2016.

KARPICKE, J. D.; SMITH, M. A. Separate mnemonic effects of retrieval practice and elaborative encoding. *Journal of Memory and Language*, v. 67, n. 1, p. 17-29, 2012.

KEITH, T. Z. Time spent on homework and high school grades: a large-sample path analysis. *Journal of Educational Psychology*, v. 74, n. 2, p. 248-253, 1982.

KERR, R.; BOOTH, B. Specific and varied practice of a motor skill. *Perceptual and Motor Skills*, v. 46, n. 2, p. 395-401, 1978.

KIM, J. S. et al. A randomized experiment of a cognitive strategies approach to text-based analytical writing for mainstreamed Latino English language learners in grades 6 to 12. *Journal of Research on Educational Effectiveness*, v. 4, n. 3, p. 231-263, 2011.

KIM, J. S. et al. Engaging struggling adolescent readers to improve reading skills. *Reading Research Quarterly*, v. 52, n. 3, p. 357-382, 2017.

KING, A. Effects of training in strategic questioning on children's problem-solving performance. *Journal of Educational Psychology*, v. 83, n. 3, p. 307-317, 1991.

KIRSCHNER, P.; SWELLER, J.; CLARK, R. E. Why minimal guidance during instruction does not work: an analysis of the failure of constructivist, discovery, problem-based, experiential, and inquiry-based teaching. *Educational Psychologist*, v. 41, n. 2, p. 75-86, 2006.

KLUGER, A. N.; DENISI, A. The effects of feedback interventions on performance: a historical review, a meta-analysis, and a preliminary feedback intervention theory. *Psychological Bulletin*, v. 119, n. 2, p. 254-284, 1996.

KOHN, A. *Punished by rewards:* the trouble with gold stars, incentive plans, A's, praise, and other bribes. Boston: Houghton Mifflin, 1999.

KRAMARSKI, B.; MEVARECH, Z. R. Enhancing mathematical reasoning in the classroom: the effects of cooperative learning and metacognitive training. *American Educational Research Journal*, v. 40, n. 1, p. 281-310, 2003.

LANGER, J. A.; APPLEBEE, A. N. *How writing shapes thinking:* a study of teaching and learning. Urbana: National Council of Teachers of English, 1987. (NCTE Research Report, 22).

LARSON, L. R.; LOVELACE, M. D. Evaluating the efficacy of questioning strategies in lecture-based classroom environments: are we asking the right questions? *Journal on Excellence in College Teaching,* v. 24, n. 1, p. 105–122, 2013.

LESAUX, N. K. *et al.* Effects of academic vocabulary instruction for linguistically diverse adolescents: evidence from a randomized field trial. *American Educational Research Journal,* v. 51, n. 6, p. 1159–1194, 2014.

LEVITIN, D. J. *Why it's so hard to pay attention, explained by science.* 2015. Disponível em: https://www.fastcompany.com/3051417/why-its-so-hard-to-pay-attention-explained-by-science. Acesso em: 4 mar. 2024.

LIMPO, T.; ALVES, R. A. Implicit theories of writing and their impact on students' response to a SRSD intervention. *British Journal of Educational Psychology,* v. 84, n. 4, p. 571–590, 2014.

LIPSEY, M. W. *et al. Translating the statistical representation of the effects of education interventions into more readily interpretable forms.* Washington: National Center for Special Education Research, 2012.

LOEWENSTEIN, G. The psychology of curiosity: a review and reinterpretation. *Psychology Bulletin,* v. 116, n. 1, p. 75–98, 1994.

LORCH, R. F. *et al.* Learning the control of variables strategy in higher and lower achieving classrooms: contributions of explicit instruction and experimentation. *Journal of Educational Psychology,* v. 102, n. 1, p. 90–101, 2010.

LOWRY, N.; JOHNSON, D. W. Effects of controversy on epistemic curiosity, achievement, and attitudes. *Journal of Social Psychology,* v. 115, n. 1, p. 31–43, 1981.

LYNCH, S. *et al.* Effectiveness of a highly rated science curriculum unit for students with disabilities in general education classrooms. *Exceptional Children,* v. 73, n. 2, p. 202–223, 2007.

MAHEADY, L. *et al.* Heads together: a peer-mediated option for improving the academic achievement of heterogeneous learning groups. *Remedial and Special Education,* v. 12, n. 2, p. 25–33, 1991.

MARIN, L. M.; HALPERN, D. F. Pedagogy for developing critical thinking in adolescents: explicit instruction produces greatest gains. *Thinking Skills and Creativity,* v. 6, n. 1, p. 1–13, 2011.

MARZANO, R. J. *A new era of school reform:* going where the research takes us. Colorado: Mid-continent Research for Education and Learning, 2001.

MARZANO, R. J. *A theory-based meta-analysis of research on instruction.* Colorado: Mid-continent Research for Education and Learning, 1998.

MARZANO, R. J.; PICKERING, D. J.; POLLOCK, J. E. *Classroom instruction that works:* research-based strategies for increasing student achievement. Alexandria: ASCD, 2001.

MAYFIELD, K. H.; CHASE, P. N. The effects of cumulative practice on mathematics problem solving. *Journal of Applied Behavior Analysis,* v. 35, n. 2, p. 105–123, 2002.

MCDANIEL, M. A. *et al.* Test-enhanced learning in a middle school science classroom: the effects of quiz frequency and placement. *Journal of Educational Psychology,* v. 103, n. 2, p. 399–414, 2011.

MCDANIEL, M. A. DONNELLY, C. M. Learning with analogy and elaborative interrogation. *Journal of Educational Psychology,* v. 88, n. 3, p. 508–519, 1996.

MCDERMOTT, K. B. *et al.* Both multiple-choice and short-answer quizzes enhance later exam performance in middle and high school classes. *Journal of Experimental Psychology: Applied,* v. 20, n. 1, p. 3–21, 2014.

MCDOUGALL, D.; GRANBY, C. How expectation of questioning method affects undergraduates' preparation for class. *The Journal of Experimental Education,* v. 65, n. 1, p. 43–54, 1996.

MCKEOWN, M. G. *et al.* Word knowledge and comprehension effects of an academic vocabulary intervention for middle school students. *American Educational Research Journal,* v. 55, n. 3, p. 572–616, 2018.

MCNEIL, N. M. *et al.* Benefits of practicing 4 = 2 + 2: nontraditional problem formats facilitate children's understanding of mathematical equivalence. *Child Development,* v. 82, n. 5, p. 1620–1633, 2011.

MEDINA, J. *Brain rules:* 12 principles for surviving and thriving at work, home, and school. Seattle: Pear, 2008.

MERTON, K. The Matthew effect in science. *Science,* v. 159, n. 3810, p. 56–63, 1968.

MIDGETTE, E.; HARIA, P.; MACARTHUR, C. The effects of content and audience awareness goals for revision on the persuasive essays of fifth- and eighth grade students. *Reading and Writing,* v. 21, n. 1, p. 131–151, 2008.

MILLER, G. A. The magical number seven, plus or minus two: some limits on our capacity for processing information. *Psychological Review,* v. 63, n. 2, p. 81–97, 1956.

MORISANO, D. *et al.* Setting, elaborating, and reflecting on personal goals improves academic performance. *Journal of Applied Psychology,* v. 95, n. 2, p. 255–264, 2010.

MWANGI, W.; SWELLER, J. Learning to solve compare word problems: the effect of example format and generating self-explanations. *Cognition and Instruction,* v. 16, n. 2, p. 173–199, 1998.

NELSON, J. R.; VADASY, P. F.; SANDERS, E. A. Efficacy of a Tier 2 supplemental root word vocabulary and decoding intervention with kindergarten Spanish speaking English learners. *Journal of Literacy Research,* v. 43, n. 2, p. 184–211, 2011.

NEWELL, A.; SIMON, H. A. *Human problem solving.* Englewood: Prentice-Hall, 1972.

NOKES, T. J.; SCHUNN, C. D.; CHI, M. T. H. Problem solving and human expertise. *In*: PETERSON, P.; BAKER, E.; MCGAW, B. (ed.). *International encyclopedia of education.* 3rd ed. Oxford: Elsevier, 2010. p. 265–272.

OLSON, C. B. *et al.* Enhancing the interpretive reading and analytical writing of mainstreamed English learners in secondary school: results from a randomized field trial using a cognitive strategies approach. *American Educational Research Journal,* v. 49, n. 2, p. 323–355, 2012.

OLSON, C. B. *et al.* Reducing achievement gaps in academic writing for Latinos and English learners in grades 7–12. *Journal of Educational Psychology,* v. 109, n. 1, p. 1–21, 2017.

OLSON, C. B.; LAND, R. A cognitive strategies approach to reading and writing instruction for English language learners in secondary school. *Research in the Teaching of English,* v. 41, n. 3, p. 269–303, 2007.

OUTHWAITE, L. A. *et al.* Raising early achievement in math with interactive apps: a randomized control trial. *Journal of Educational Psychology*, v. 111, n. 2, p. 284-298, 2019.

PAGE-VOTH, V.; GRAHAM, S. Effects of goal setting and strategy use on the writing performance and self-efficacy of students with writing and learning problems. *Journal of Educational Psychology*, v. 91, n. 2, p. 230-240, 1999.

PAIVIO, A. *Images in mind:* the evolution of a theory. New York: Harvester Wheatsheaf, 1991.

PASHLER, H. *et al.* Learning styles: concepts and evidence. *Psychological Science in the Public Interest*, v. 9, n. 3, p. 105-119, 2008.

PEARSALL, G.; HARRIS, N. *Tilting your teaching:* seven simple shifts that can substantially improve student learning. Denver: McREL International, 2019.

PENG, P.; FUCHS, D. A randomized control trial of working memory training with and without strategy instruction: effects on young children's working memory and comprehension. *Journal of Learning Disabilities*, v. 50, n. 1, p. 62-80, 2017.

POWELL, S. R. *et al.* Effects of fact retrieval tutoring on third-grade students with math difficulties with and without reading difficulties. *Learning Disabilities Research & Practice*, v. 24, n. 1, p. 1-11, 2009.

POWELL, S. R.; DRIVER, M. K.; JULIAN, T. E. The effect of tutoring with nonstandard equations for students with mathematics difficulty. *Journal of Learning Disabilities*, v. 48, n. 5, p. 523-534, 2015.

PRESSLEY, M. *et al.* Generation and precision of elaboration: effects on intentional and incidental learning. *Journal of Experimental Psychology:* Learning, Memory, and Cognition, v. 13, n. 2, p. 291-300, 1987.

PULLEN, P. C. *et al.* A tiered intervention model for early vocabulary instruction: the effects of tiered instruction for young students at risk for reading disability. *Learning Disabilities Research & Practice*, v. 25, n. 3, p. 110-123, 2010.

QUITADAMO, I. J.; KURTZ, M. J. Learning to improve: using writing to increase critical thinking performance in general education biology. *CBE—Life Sciences Education*, v. 6, n. 2, p. 140-154, 2007.

RAWSON, K. A.; DUNLOSKY, J. Optimizing schedules of retrieval practice for durable and efficient learning: how much is enough? *Journal of Experimental Psychology:* General, v. 140, n. 3, p. 283-302, 2011.

RICHARDSON, M.; ABRAHAM, C.; BOND, R. Psychological correlates of university students' academic performance: a systematic review and meta-analysis. *Psychological Bulletin*, v. 138, n. 2, p. 353-387, 2012.

RITTLE-JOHNSON, B.; STAR, J. R. Does comparing solution methods facilitate conceptual and procedural knowledge?: an experimental study on learning to solve equations. *Journal of Educational Psychology*, v. 99, n. 3, p. 561-574, 2007.

ROEDIGER III, H. L.; PYC, M. A. Inexpensive techniques to improve education: applying cognitive psychology to enhance educational practice. *Journal of Applied Research in Memory and Cognition*, v. 1, n. 4, p. 242-248, 2012.

ROHRER, D.; DEDRICK, R. F.; BURGESS, K. The benefit of interleaved mathematics practice is not limited to superficially similar kinds of problems. *Psychonomic Bulletin & Review*, v. 21, n. 5, p. 1323-1330, 2014.

ROHRER, D. et al. A randomized controlled trial of interleaved mathematics practice. *Journal of Educational Psychology*, v. 112, n. 1, p. 40–52, 2020.

ROHRER, D.; PASHLER, H. Recent research on human learning challenges conventional instructional strategies. *Educational Researcher*, v. 39, n. 5, p. 406–412, 2010.

ROSCHELLE, J. et al. Integration of technology, curriculum, and professional development for advancing middle school mathematics: three large-scale studies. *American Educational Research Journal*, v. 47, n. 4, p. 833–878, 2010.

ROSCHELLE, J. et al. Online mathematics homework increases student achievement. *AERA Open*, v. 2, n. 4, p. 1–12, 2016.

ROWE, M. B. Wait time: slowing down may be a way of speeding up! *Journal of Teacher Education*, v. 37, n. 1, 43–50, 1986.

SADDLER, B.; GRAHAM, S. The effects of peer-assisted sentence-combining instruction on the writing performance of more and less skilled young writers. *Journal of Educational Psychology*, v. 97, n. 1, p. 43–54, 2005.

SAWYER, R. J.; GRAHAM, S.; HARRIS, K. R. Direct teaching, strategy instruction, and strategy instruction with explicit self-regulation: effects on the composition skills and self--efficacy of students with learning disabilities. *Journal of Educational Psychology*, v. 84, n. 3, p. 340–352, 1992.

SCHEITER, K.; GERJETS, P.; SCHUH, J. The acquisition of problem-solving skills in mathematics: how animations can aid understanding of structural problem features and solution procedures. *Instructional Science*, v. 38, n. 5, p. 487–502, 2010.

SCHUNK, D. H.; SWARTZ, C. W. Goals and progress feedback: effects on self-efficacy and writing achievement. *Contemporary Educational Psychology*, v. 18, n. 3, p. 337–354, 1993.

SCHUNK, D. H.; SWARTZ, C. W. Process goals and progress feedback: effects on children's self-efficacy and skills. *In*: AMERICAN EDUCATIONAL RESEARCH ASSOCIATION ANNUAL MEETING, 1991, Chicago. *Proceedings...* [Washington: AERA], 1991. Disponível em: https://files.eric.ed.gov/fulltext/ED330713.pdf. Acesso em: 4 mar. 2024.

SCHWORM, S.; RENKL, A. Computer-supported example-based learning: when instructional explanations reduce self-explanations. *Computers & Education*, v. 46, n. 4, p. 426–445, 2006.

SCRUGGS, T. E.; MASTROPIERI, M. A.; SULLIVAN, G. S. Promoting relational thinking: elaborative interrogation for students with mild disabilities. *Exceptional Children*, v. 60, n. 5, p. 450–457, 1994.

SELIGMAN, M. E. P. *Learned optimism*: how to change your mind and your life. New York: Vintage, 2006.

SILVERMAN, R.; HINES, S. The effects of multimedia-enhanced instruction on the vocabulary of English-language learners and non-English-language learners in pre-kindergarten through second grade. *Journal of Educational Psychology*, v. 101, n. 2, p. 305–314, 2009.

SLAVIN, R. E. *Cooperative learning*: theory, research and practice. Englewood Cliffs: Prentice Hall, 1990.

SMITH, B. L.; HOLLIDAY, W. G.; AUSTIN, H. W. Students' comprehension of science textbooks using a question-based reading strategy. *Journal of Research in Science Teaching*, v. 47, n. 4, p. 363–379, 2010.

SOUSA, D. A. *How the brain learns*. 4th ed. Thousand Oaks: Corwin, 2011.

STAR, J. R.; RITTLE-JOHNSON, B. It pays to compare: an experimental study on computational estimation. *Journal of Experimental Child Psychology*, v. 102, n. 4, p. 408–426, 2009.

STEVENS, R. J. Student team reading and writing: a cooperative learning approach to middle school literacy instruction. *Educational Research and Evaluation*, v. 9, n. 2, p. 137–160, 2003.

SWANSON, H. L.; LUSSIER, C.; OROSCO, M. Effects of cognitive strategy interventions and cognitive moderators on word problem solving in children at risk for problem solving difficulties. *Learning Disabilities Research & Practice*, v. 28, n. 4, p. 170–183, 2013.

SWELLER, J. Cognitive load during problem solving: effects on learning. *Cognitive Science*, v. 12, n. 2, p. 257–285, 1988.

TAJIKA, H. et al. Effects of self-explanation as a metacognitive strategy for solving mathematical word problems. *Japanese Psychological Research*, v. 49, n. 3, p. 222–233, 2007.

TAYLOR, K.; ROHRER, D. The effects of interleaved practice. *Applied Cognitive Psychology*, v. 24, n. 6, p. 837–848, 2010.

TERWEL, J. et al. Are representations to be provided or generated in primary mathematics education?: effects on transfer. *Educational Research and Evaluation*, v. 15, n. 1, p. 25–44, 2009.

TONG, F. et al. A randomized study of a literacy-integrated science intervention for low--socio-economic status middle school students: findings from first-year implementation. *International Journal of Science Education*, v. 36, n. 12, p. 2083–2109, 2014.

TOURNAKI, N. The differential effects of teaching addition through strategy instruction versus drill and practice to students with and without learning disabilities. *Journal of Learning Disabilities*, v. 36, n. 5, p. 449–458, 2003.

TOWNSEND, D.; COLLINS, P. Academic vocabulary and middle school English learners: an intervention study. *Reading and Writing*, v. 22, n. 9, p. 993–1019, 2009.

TROIA, G. A.; GRAHAM, S. The effectiveness of a highly explicit, teacherdirected strategy instruction routine: changing the writing performance of students with learning disabilities. *Journal of Learning Disabilities*, v. 35, n. 4, p. 290–305, 2002.

UNIVERSITY OF NEW SOUTH WALES. *Four is the "magic" number*. 2012. Disponível em: https://www.sciencedaily.com/releases/2012/11/121128093930.htm. Acesso em: 4 mar. 2024.

VADASY, P. F.; SANDERS, E. A. Code-oriented instruction for kindergarten students at risk for reading difficulties: a replication and comparison of instructional groupings. *Reading and Writing*, v. 21, n. 9, p. 929–963, 2008.

VADASY, P. F.; SANDERS, E. A. Efficacy of supplemental phonics-based instruction for low-skilled kindergarteners in the context of language minority status and classroom phonics instruction. *Journal of Educational Psychology*, v. 102, n. 4, p. 786–803, 2010.

VADASY, P. F.; SANDERS, E. A.; LOGAN HERRERA, B. Efficacy of rich vocabulary instruction in fourth- and fifth-grade classrooms. *Journal of Research on Educational Effectiveness*, v. 8, n. 3, p. 325–365, 2015.

VAN MERRIËNBOER, J. J. G.; SWELLER, J. Cognitive load theory and complex learning: recent developments and future directions. *Educational Psychology Review*, v. 17, n. 2, p. 147–177, 2005.

VAUGHN, S. et al. Effectiveness of a Spanish intervention and an English intervention for English-language learners at risk for reading problems. *American Educational Research Journal*, v. 43, n. 3, p. 449-487, 2006.

VAUGHN, S. et al. Improving content knowledge and comprehension for English language learners: findings from a randomized control trial. *Journal of Educational Psychology*, v. 109, n. 1, p. 22-34, 2017.

VYGOTSKY, L. S. *Mind in society*. Cambridge: Harvard University, 1978.

WALTON, G. M.; COHEN, G. L. A brief social-belonging intervention improves academic and health outcomes of minority students. *Science*, v. 331, n. 6023, p. 1447-1451, 2011.

WANZEK, J. et al. The effects of team-based learning on social studies knowledge acquisition in high school. *Journal of Research on Educational Effectiveness*, v. 7, n. 2, p. 183-204, 2014.

WASIK, B. A.; BOND, M. A. Beyond the pages of a book: interactive book reading and language development in preschool classrooms. *Journal of Educational Psychology*, v. 93, n. 2, p. 243-250, 2001.

WILLIAMS, J. P. et al. An intervention to improve comprehension of cause/effect through expository text structure instruction. *Journal of Educational Psychology*, v. 106, n. 1, p. 1-17, 2014.

WILLIAMS, J. P. et al. Teaching cause-effect text structure through social studies content to at-risk second graders. *Journal of Learning Disabilities*, v. 40, n. 2, p. 111-120, 2007.

WILLINGHAM, D. T. Ask the cognitive scientist: students remember... what they think about. *American Educator*, v. 27, n. 2, p. 37-41, 2003.

WILLINGHAM, D. T. Critical thinking: why it is so hard to teach? *American Educator*, v. 31, n. 2, p. 8-19, 2007.

WOLOSHYN, V. E.; PRESSLEY, M.; SCHNEIDER, W. Elaborative-interrogation and prior knowledge effects on learning of facts. *Journal of Educational Psychology*, v. 84, n. 1, p. 115-124, 1992.

WONG, R. M.; LAWSON, M. J.; KEEVES, J. The effects of self-explanation training on students' problem solving in high-school mathematics. *Learning and Instruction*, v. 12, n. 2, p. 233-262, 2002.

WOOD, C. et al. The effect of e-book vocabulary instruction on Spanish-English speaking children. *Journal of Speech, Language, and Hearing Research*, v. 61, n. 8, p. 1945-1969, 2018.

WOOD, E.; HEWITT, K. L. Assessing the impact of elaborative strategy instruction relative to spontaneous strategy use in high achievers. *Exceptionality*, v. 4, n. 2, p. 65-79, 1993.

WOODWARD, J. Developing automaticity in multiplication facts: integrating strategy instruction with timed practice drills. *Learning Disability Quarterly*, v. 29, n. 4, p. 269-289, 2006.

XIN, Y. P.; JITENDRA, A. K.; DEATLINE-BUCHMAN, A. Effects of mathematical word problem-solving instruction on middle school students with learning problems. *The Journal of Special Education*, v. 39, n. 3, p. 181-192, 2005.

ZHOU, N.; YADAV, A. Effects of multimedia story reading and questioning on preschoolers' vocabulary learning, story comprehension and reading engagement. *Educational Technology Research and Development*, v. 65, n. 6, p. 1523-1545, 2017.

Índice

A letra *f* após o número de página indica uma figura.

A

alunos
    diversos, 172–173
    especialistas vs. novatos, 134–135
alunos, conhecendo seus, 29–30
ameaça do estereótipo, 36–37
ampliação e aplicação da aprendizagem
    descobertas das pesquisas, 133–140
    estratégia de escrita cognitiva, 139–147
    estratégia de investigações orientadas, 146–154
    estratégia de resolução estruturada de problemas, 153–164
    estratégias de ensino relacionadas, 11*f*
animações, compreensão conceitual e, 70–72
aplicação inicial orientada com *feedback* formativo
    estudos empíricos sobre, 191–192*f*
    fase da aprendizagem relacionada, 11*f*
    propósito da, 88–89
aplicação inicial orientada com *feedback* formativo, dicas de sala de aula
    identifique padrões de erro e forneça *feedback* direcionado, 92–95
    mude para o *feedback* sobre o progresso na mudança de domínio, 94–96
    observe os alunos durante a aplicação inicial, 92–94
    ofereça *feedback* formativo específico e prático, 94–95, 95*f*
    use o princípio "três vezes é bom", 94–96
aplicação inicial orientada com *feedback* formativo, princípios norteadores
    feedback sobre o progresso ajuda na automatização, 90–92
    inicie com o ensino direto e a modelagem de estratégia, 88–90
    observação com *feedback* personalizado é benéfica, 89–90
    reflexão e raciocínio favorecidos pelo *feedback* formativo, 89–91
    três respostas corretas contribuem para o domínio, 91–92
aprendizagem. *Ver também* aprendizagem profunda; nova aprendizagem
    cognitivamente desafiadora, relação com o interesse, 21–23
    conexões pessoais se relacionam com motivação e desempenho, 19–22
    consolidação, 79–80
    energia mental necessária para, 33–35
    ensino direto e, 53–54
    metas como recompensa, 34–35
    por investigação, 136–140
    script, 130
    teoria socioconstrutivista da, 96–97

aprendizagem anterior
  ative para criar uma lacuna de conhecimento, 22-25, 23-25f
  exercícios de escrita cognitiva para ampliar e aplicar, 141-142
  na consolidação da aprendizagem, 79-80
aprendizagem cooperativa 167f.
  Ver também consolidação da aprendizagem com o auxílio dos pares
aprendizagem prática, 19-21, 150-151
aprendizagem profunda
  escrita cognitiva para assegurar, 150-152
  modelos mentais para, 134-135
  motivadores da, 15-18
  prática e experiências do mundo real para, 150-151
  vocabulário para, 53-54
armazenamento da memória, 105-109
autoexplicações para resolução estruturada de problemas, 155-157
automatização de processos, 52-54, 90-92
auxiliares de memória para problemas complexos, 160-161
avaliação, 123-125

C

capacidade, relação do esforço com a, 14-15
cérebro humano
  automatização de processos, 52-54
  bits de informação processada por segundo, 13-14
  curiosidade e, 17-18, 34-35
  memória e, 51-53, 75-76, 78-80
  modo de baixo esforço, superando o, 17-18, 22-23, 34-35, 37-39
  necessidade de intervalos, 80-81
  processos de codificação e consolidação, 77-80
  sistemas operacionais, 33-35

Classroom Instruction that works, levando à *Novas formas de ensinar em sala de aula*, 165-166, 166-167f
codificação da nova aprendizagem, 77-80, 148-150
codificação visual/verbal, 52-53
colocando em prática, 167-170
comprometimento com a aprendizagem.
  Ver também metas
  compreensão do esforço e do sucesso no, 35-37
  descobertas das pesquisas, 33-37
  estratégia de definição e monitoramento de metas, 36-41
  estratégias de ensino relacionadas, 11f
conceitos abstratos, compreendendo, 71-72
conflito cognitivo, uso para estimular a curiosidade, 24-29
conhecimento
  declarativo, via do, 171f
  procedimental, esquemas para, 71-73
  procedimental, via do, 171f
  socialmente construído, 96-97
consolidação da aprendizagem.
  Ver também consolidação da aprendizagem com o auxílio dos pares
  ajuda com perguntas reflexivas, 83-85
  encorajando explicações sobre o próprio raciocínio, 83-84
  estratégia de aplicação inicial orientada com *feedback* formativo, 88-96
consolidação da aprendizagem com o auxílio dos pares. *Ver também* consolidação da aprendizagem
  estudos empíricos sobre, 193-194f
  fase da aprendizagem relacionada, 11f

propósito da, 96–97
consolidação da aprendizagem com o auxílio dos pares, dicas de sala de aula
   divida as aulas para pausa e processamento, 100–101
   incorpore perguntas de alto nível e explicações dos alunos, 100–102, 102f
   planeje estrategicamente grupos de habilidades mistas, 100–101
   use várias estruturas, 101–102, 103f
consolidação da aprendizagem com o auxílio dos pares, princípios norteadores
   atividades estruturadas são a chave, 97–98
   complementar o ensino direto, 97–98
   responsabilidade individual é integrada à interdependência positiva, 97–79
   uso de grupos de habilidades mistas, 98–79
controle do destino, sucesso e, 36–37
controvérsias, usando para estimular a curiosidade, 24, 26–27
curiosidade
   cérebro e, 17–18, 34–35
   dicas para estimular, 22–30, 23–25f
   estímulos de interesse cognitivo para, 17–23
   redução da, tempo na escola e, 15–17
   retenção da aprendizagem e, 17–18
curva de esquecimento, 107–108

D

dar sentido à aprendizagem
   descobertas das pesquisas, 78–81
   estratégia de aplicação inicial orientada com *feedback* formativo, 88–96
   estratégia de consolidação da aprendizagem com o auxílio dos pares, 96–103
   estratégia de perguntas de alto nível e explicações dos alunos, 80–89
   estratégias de ensino relacionadas a, 11f
definição e monitoramento de metas
   benefícios, 36–37, 49
   estudos empíricos sobre, 178–179f
   fase da aprendizagem relacionada, 11f
definição e monitoramento de metas, dicas de sala de aula
   certifique-se da especificidade, 43–45, 45f
   desenvolva metas de domínio, 46–48, 48f
   ensine explicitamente, 41–44
   hábitos mentais positivos, 48–49
   internalize a importância, 41–44
   monitore o progresso, 44, 46–47, 46f
   use frases em primeira pessoa para personalizar os objetivos como critérios de sucesso, 44, 46–47
definição e monitoramento de metas, princípios norteadores
   definição de metas de domínio, 39–41
   definição de metas específicas, 37–40
   mentalidade de crescimento, importância da, 40–41
   uso de *feedback*, 39–40
   uso de metas concretas e alcançáveis em tarefas diretas, 37–39
demonstrações
   mostrar e explicar, 67–68
   passo a passo, 65–67
desamparo aprendido, 35–36
desempenho, conexões pessoais relação com, 19–22
desenhos, usados para visualizar os problemas, 161–162

dever de casa, 14-15, 130, 167f.
Ver também prática de recuperação;
prática independente, mista e espaçada
diferenças de aprendizagem, 156-159
diferenças de desempenho, 122-125

E

engajamento, 14-17, 19-21
ensino
   ancorado aprimorado, 18-19
   usando estratégias para, 169-170,
      171f, 172-173
ensino, profissionalizando o, 1-3
ensino de vocabulário
   benefícios, 53-54
   estudos empíricos sobre, 180-181f
   fase da aprendizagem relacionada, 11f
   modelo de Frayer para, 61f
   para resolução estruturada de
      problemas, 156-157
ensino de vocabulário, dicas de sala de aula
   ajude a analisar novas palavras de
      várias maneiras, 60-61
   desenvolva padrões para identificar
      vocabulário específico das áreas,
      59-60, 60f
   ensine dispositivos linguísticos para
      expandir o vocabulário, 61-63, 63f
   ensine palavras do vocabulário
      acadêmico adequadas à faixa
      etária, 59-61
   ofereça várias oportunidades de
      prática e aplicação, 61-63
ensino de vocabulário, princípios
   norteadores
   análise de palavras exige ensino
      direto, 57-58
   aquisição de palavras funciona
      melhor com variedade, 54-54
   ensino de termos acadêmicos e
      específicos das áreas exige ensino
      direto, 56-58

   ensino direto é benéfico, 56-58
   estratégias de aprendizagem de
      vocabulário exigem ensino direto,
      57-58
   qualidade é mais importante do que
      quantidade, 56-57
   uso para complementar a
      compreensão conceitual, 58-59
ensino e modelagem de estratégias
   benefícios, 62-63
   descobertas das pesquisas, 64-65
   estudos empíricos sobre, 180-184f
   fase da aprendizagem relacionada, 11f
ensino e modelagem de estratégias, dicas
   de sala de aula
   ensine diretamente estratégias de
      raciocínio, 67-70, 69f
   identifique e ensine diretamente
      habilidades para dominar as metas
      de aprendizagem, 66-68, 68f
   mostre e explique ao demonstrar
      novas habilidades e
      procedimentos, 67-68
ensino e modelagem de estratégias,
   princípios norteadores
   demonstração passo a passo
      aumenta a eficácia, 65-67
   estratégias de raciocínio precisam ser
      ensinadas e demonstradas, 66-67
   habilidades essenciais precisam de
      ensino direto, 64-66
escrita cognitiva
   estudos empíricos sobre, 200f
   fase da aprendizagem relacionada, 11f
   para assegurar a aprendizagem
      profunda, 150-152
   propósito da, 139-140
escrita cognitiva, dicas de sala de aula
   comece com o que você quer que os
      alunos pensem, 141-143, 143f
   desenvolva ferramentas e orientações
      para estruturar a, 144-145, 145f

ensine e modele habilidades de raciocínio, 143–145, 144*f*
ofereça oportunidades de compartilhar e revisar, 145–147, 146*f*
use rubricas em todas as tarefas, 144–147
escrita cognitiva, princípios norteadores
   ampliação e aplicação da aprendizagem anterior com exercícios, 141–142
   estratégias de pensamento crítico são ensinadas com exercícios, 140–141
   estruturação de oportunidades para pensar sobre a aprendizagem, 140–141
esforço. *Ver também* definição e monitoramento de metas
   capacidade em relação ao, 14–15
   reforçando o, 167*f*
   sucesso, relação com, 35–37
esquemas para orientar e favorecer o conhecimento procedimental, 71–73, 75–76
estimular o interesse cognitivo, dicas de sala de aula
   ative a aprendizagem anterior para criar uma lacuna de conhecimento, 22–25, 23–25*f*
   conheça seus alunos, 29–30
   faça conexões relevantes, 27–29
   use ganchos de curiosidade, 24–29, 28*f*
estímulos, 167*f*. *Ver também* estímulos de interesse cognitivo
estímulos de interesse cognitivo
   benefícios do uso, 17–19
   estudos empíricos sobre, 176–177*f*
   fase da aprendizagem relacionada, 11*f*
estímulos de interesse cognitivo, princípios norteadores
   conexões pessoais aumentam a motivação e o desempenho, 19–22
   experiências práticas de aprendizagem aumentam o interesse, 19–21
   interesse está relacionado a atividades cognitivamente desafiadoras, 21–23
   resultados de aprendizagem estão relacionados a estímulos eficazes, 18–21
estratégias de ensino das fases da aprendizagem, 11*f*
estratégias de raciocínio, ensino, 67–70, 69*f*
exemplos resolvidos, uso para desenvolver novas habilidades e compreensões, 71–73
experiências de aprendizagem reais aprofundam a aprendizagem, 150–151

F

feedback. *Ver também* aplicação inicial orientada com *feedback* formativo direcionado, 92–95
   efeitos prejudiciais, 80–81
   eficácia das metas e, 39–40
   formativo, específico e prático, 94–95, 95*f*
   formativo, favorecendo a reflexão e o raciocínio, 89–91
   momento do, 79–81
   personalizado, 89–90
   progresso, 90–92, 94–96
   resposta correta em tempo adequado, 111–114
foco na diversidade nas pesquisas, 5–9
foco na equidade nas pesquisas, 5–9
foco na inclusão nas pesquisas, 5–9
foco na nova aprendizagem. *Ver* nova aprendizagem

G

ganchos de curiosidade, 24–29, 28*f*
guarda-chuva de conceitos, 18–21

H

habilidades de pensamento crítico, 135-137
habilidades de raciocínio, modelagem e ensino, 143-145, 144f
hábitos mentais positivos, 48-49
hipóteses, geração e teste. *Ver* escrita cognitiva; investigações orientadas; resolução estruturada de problemas

I

ilustrações, compreensão conceitual e, 70-72
interessar-se. *Ver* interesse pela aprendizagem
interesse pela aprendizagem
    descobertas das pesquisas, 13-18
    dicas para estimular, 22-30, 23-25f
    estímulos de interesse cognitivo para, 17-23
    estratégias de ensino relacionadas, 11f
    redução, tempo na escola e, 15-17
    relação com a aprendizagem cognitivamente desafiadora, 21-23
    relação da aprendizagem prática com, 19-21
    retenção da aprendizagem e, 17-18
investigação, aprendizagem por, 136-140
investigações orientadas
    estudos empíricos sobre, 201f
    fase da aprendizagem relacionada, 11f
    propósito, 146-149
investigações orientadas, dicas de sala de aula
    assegure o retorno ao pensamento sobre conceitos-chave, ideias principais e compreensões duradouras, 152-154
    comece com o que os alunos devem pensar e o que precisam ver, 151-152
    identifique o que ensinar vs. o que deve ser descoberto, 151-154
    use o modelo de aprendizagem para planejar sua investigação, 152-154, 154f
investigações orientadas, princípios norteadores
    equilíbrio entre autonomia do aluno e aprendizagem orientada pelo professor, 149-151
    exercícios de escrita cognitiva asseguram a aprendizagem profunda, 150-152
    experiências de aprendizagem práticas e reais aprofundam a aprendizagem, 150-151
    pensar profundamente sobre a aprendizagem ajuda a codificar a nova aprendizagem, 148-150

L

lacuna de conhecimento, 22-25
lócus de controle, 36-37

M

materiais manipuláveis, compreensão conceitual e, 70-72
memória. *Ver também* prática e reflexão; prática independente, mista e espaçada
    cérebro e, 51-53, 75-76, 78-80
    de trabalho, 75-76, 79-81
    estudar, 106-107
    repetição e, 130
memória de longo prazo
    aprendendo por meio de investigação para desenvolver, 136-139
    codificação da nova aprendizagem em, 148-150
    estratégia de prática de recuperação, 107-116

prática intercalada para, 107–109
repetição para, 106–107
memória de trabalho, 75–76, 79–81
mentalidade de crescimento vs. fixa, 40–41
metanálise, estudos, 3–7
metas
    de desempenho, reformuladas como domínio, 48*f*
    de domínio, 46–48, 48*f*
    domínio vs. desempenho, 35–36, 39–41
    eficazes, 37–39
    específicas vs. vagas, 37–40
    fórmula expectativa × valor para alcançar metas, 34–36
    na aprendizagem com recompensas, 34–35
mistérios, usando para estimular a curiosidade, 24–25
modelos mentais, 134–136, 138–139, 155–157
mostre e explique ao demonstrar, 67–68
motivação
    ancorando a aprendizagem em problemas reais para, 153–156
    problemas da vida real e, 159–160, 160*f*
    recompensas internas vs. externas para, 15–18
    relação das conexões pessoais com, 19–22
    sucesso e, 14–15

N

nova aprendizagem
    codificação, 77–80, 148–150
    descobertas de pesquisa, 51–54
    estratégia de ensino de vocabulário, 53–63, 61*f*, 63*f*
    estratégia de ensino e modelagem de estratégias, 62–70
    estratégia de visualizações e exemplos concretos, 70–76
    estratégias de ensino relacionadas, 11*f*
    tempo de retenção, 49

O

objetivos, estabelecendo, 167*f*. *Ver também* definição e monitoramento de metas
organizadores gráficos, uso para visualizar os problemas, 161–162, 163*f*
orientadas, investigações. *Ver* investigações orientadas
otimismo aprendido, 35–36

P

pensamento esforçado, 33–34
pensamentos em voz alta aprimoram a resolução estruturada de problemas, 155–157
pensar sobre a aprendizagem
    escrita cognitiva estrutura oportunidades para, 140–141
    para codificar a nova aprendizagem, 148–150
    perguntas de alto nível para reforço, 85–86
    perguntas que resultam em melhores resultados de aprendizagem, 82–83
    use perguntas-surpresa (e uma nova pergunta) para garantir, 85–88
perguntas. *Ver* perguntas de alto nível e explicações dos alunos
perguntas de alto nível e explicações dos alunos
    estudos empíricos sobre, 188–187*f*
    fase da aprendizagem relacionada, 11*f*
    papel cognitivo, 80–83
perguntas de alto nível e explicações dos alunos, dicas de sala de aula
    dê oportunidades de responder e explicar o raciocínio com os colegas, 87–89

estimule explicações que tornem a
   aprendizagem visível, 85-86
favoreça a reflexão sobre a
   aprendizagem, 85-86
use a técnica da pergunta-surpresa
   (e uma nova pergunta) para
   garantir que todos os alunos
   pensem sobre a aprendizagem,
   85-88
use tempo de espera, 87-88
perguntas de alto nível e explicações dos
   alunos, princípios norteadores
   encorajar explicações sobre o
      raciocínio contribui para a
      consolidação, 83-84
   perguntas que estimulam o
      pensamento sobre a aprendizagem
      contribuem para melhores
      resultados, 82-83
   perguntas reflexivas ajudam na
      consolidação, 83-85
   qualidade é mais importante do que
      quantidade, 84-85
   técnicas de perguntas-surpresa vs.
      respostas voluntárias, 84-85
pesquisa educacional
   com base científica, 2-5
   estudos de metanálise, 3-7
pontuações de índice de progresso, 5-7
prática de recuperação
   estudos empíricos sobre, 195-196*f*
   fase da aprendizagem relacionada,
      11*f*
   propósito da, 108-110, 112-113
prática de recuperação, dicas de sala de
   aula
   alcance um equilíbrio entre práticas
      aceleradas e reflexivas, 113-116
   faça mais perguntas, dê menos
      notas, 113-114
   forneça *feedback* oportuno sobre as
      respostas corretas, 113-114

prática de recuperação, princípios
   norteadores
   entendendo a eficácia, 109-110
   prática acelerada auxilia fluência,
      mas não habilidades mais
      complexas, 111-113
   uso de *feedback* oportuno sobre
      respostas corretas, 111-112
   uso para auxiliar o domínio inicial e
      repetição em seguida, 112-113
prática de reforço. *Ver* suporte
   direcionado
prática e reflexão. *Ver também* prática
   independente, mista e espaçada;
   suporte direcionado
   descobertas das pesquisas,
      105-109
   ensinando estratégias relacionadas,
      11*f*
   estratégia de prática de recuperação,
      108-116
   estratégia de práticas independentes,
      mistas e espaçadas, 115-122
   estratégia de suporte direcionado,
      121-130, 128*f*
prática em bloco, 116-117
prática independente, mista e espaçada,
   107-109, 116-118, 197*f*
   estudos empíricos sobre, 197*f*
   fase da aprendizagem relacionada,
      11*f*
   propósito da, 115-116
prática independente, mista e espaçada,
   dicas de sala de aula
   elabore oportunidades em planos de
      unidade, 118-119
   misture as oportunidades de prática
      repetida, 118-121, 120*f*
   misture o formato e a apresentação
      dos problemas, 120-122
   use o cronograma 3×3 para a prática
      independente, 121-122

prática independente, mista e espaçada, princípios norteadores
   cronograma 3×3 aumenta a retenção, 117–119
   mistura na apresentação de problemas ajuda na retenção, 117–118
   prática em bloco leva a uma aprendizagem rápida e a um esquecimento rápido, 116–117
   prática intercalada ajuda na retenção, 116–118
problemas, usando para estimular a curiosidade, 24, 26–27
problemas da vida real, motivação e, 153–156, 159–160, 160*f*
professores, desenvolvimento profissional dos, 1–3
profissões, características das, 1–3
projeto de pesquisa, *Novas formas de ensinar em sala de aula*
   ciência da aprendizagem, *links* para, 9–10
   estratégias identificadas, 8–10, 11*f*
   estratégias originais e novas, 166–167*f*
   foco na diversidade, na equidade e na inclusão, 5–9
   metodologia, 5–9
   orientação prática por estratégia, 9–10
   pesquisas que fundamentam, 175–203
   pontuações de índice de progresso no, 5–7
   relação entre as fases da aprendizagem e as estratégias de ensino, 11*f*
   tamanhos de efeito no, 5–8

Q
qualidade do professor, sucesso e, 14–15

questionário para lembrar. *Ver* prática de recuperação

R
recompensas internas vs. externas para motivação, 15–18
reconhecimento, 167*f*. *Ver também* definição e monitoramento de metas
repetição, memória e, 130
representações não linguísticas, 167*f*. *Ver também* visualizações e exemplos concretos
resolução de problemas, 138–140, 153–156. *Ver também* resolução estruturada de problemas
resolução estruturada de problemas
   estratégias que usam de modo eficaz, 158–160
   estudos empíricos sobre, 203*f*
   fase da aprendizagem relacionada, 11*f*
   propósito da, 153–155
resolução estruturada de problemas, dicas de sala de aula
   ajude a reconhecer e classificar tipos de problemas, 161–162, 162*f*
   ajude a usar organizadores gráficos e desenhos para visualizar, 161–162, 163*f*
   ancore a aprendizagem em problemas complexos e relacionáveis, 159–160, 160*f*
   ensine conversa interna positiva, 162–164
   ensine habilidades metacognitivas, 162–164
   forneça processo e auxílio à memória para lidar com problemas complexos, 160–161
resolução estruturada de problemas, princípios norteadores
   ancoragem em problemas da vida real aumenta a motivação e

aprimora as habilidades,
  153-156
autoexplicações aprimoram
  a resolução estruturada de
  problemas, 155-157
ensino direto de vocabulário
  aumenta os efeitos da resolução
  estruturada de problemas,
  156-157
esquemas de resolução de problemas
  exigem ensino direto, 155-156
pensamentos em voz alta aprimoram
  a resolução estruturada de
  problemas, 155-157
reconhecer as estruturas dos
  problemas pode eliminar
  diferenças de aprendizagem,
  156-159
tarefas eficazes fazem parte de outras
  estratégias comprovadas, 158-160
resumindo, 167f. *Ver também* escrita
cognitiva; ensino e modelagem de
estratégias
retenção da aprendizagem
  cronograma 3×3 para, 117-119
  curiosidade e, 17-18
  misturar a apresentação dos
    problemas para, 117-118
  prática intercalada para, 116-118

S

semelhanças e diferenças, identificando.
  Ver estímulos de interesse cognitivo;
  resolução estruturada de problemas
status socioeconômico, sucesso e, 14-15
sucesso
  controle do destino e, 36-37
  fatores ligados ao, 14-15, 36-37
  relação do esforço com, 35-37
suporte direcionado
  estudos empíricos sobre, 198-199f
  fase da aprendizagem relacionada, 11f
  propósito do, 121-123, 126-127
suporte direcionado, dicas de sala de
  aula
  assegure que a instrução de Nível
    1 ofereça oportunidades para
    domínio de conhecimentos e
    habilidades essenciais, 126-129
  estruture como miniciclos de
    aprendizagem, 127-129, 128f
  faça verificações regulares para
    evitar o fracasso, 127-129
  ofereça a pequenos grupos, 127-129
  use dados para finalizar, 128-130
suporte direcionado, princípios
  norteadores
  dados de avaliação formativa são
    fundamentais para direcionar
    os suportes de aprendizagem,
    123-125
  diferenças de desempenho podem
    ser eliminadas, 122-125
  profissionais treinados para maior
    eficácia, 123-126
  uso para complementar, não
    substituir, o primeiro ensino,
    125-127
suspense, usando para estimular a
  curiosidade, 24, 26-27

T

tamanho(s) de efeito, 5-8
tarefas de escrita para favorecer o
  pensamento crítico, 136-137
tempo de espera, 87-88
teoria socioconstrutivista, 96-97
tomando notas, 167f. *Ver também* escrita
  cognitiva; ensino e modelagem de
  estratégias
tornar o raciocínio visível, 85-86,
  135-136
traços de memória, 77-78
"três vezes é bom", princípio, 94-96

V

visualizações e exemplos concretos
  estudos empíricos sobre, 185–187*f*
  fase da aprendizagem relacionada, 11*f*
  propósito de, 70–71
visualizações e exemplos concretos, dicas de sala de aula
  ajude a visualizar processos com esquemas e diagramas, 75–76
  ilustre ideias abstratas com exemplos concretos, 73–74
  reflita sobre o que você deseja que os alunos vejam e visualizem enquanto aprendem, 73–74, 74*f*
visualizações e exemplos concretos, princípios norteadores
  esquemas orientam e favorecem o conhecimento procedimental, 71–73
  ilustrações, animações e materiais manipuláveis contribuem para a compreensão conceitual, 70–72
  uso de exemplos resolvidos para desenvolver novas habilidades e compreensões, 71–73
  uso para compreensão de conceitos abstratos, 71–72